钢铁企业质量经营

那宝魁　编著

北　京
冶　金　工　业　出　版　社
2011

内 容 简 介

质量经营是质量管理发展的新模式，它扩大了质量管理的范围和内涵，它不仅关注顾客要求和企业的经济效益，更关注所有相关方的要求和社会责任，在保证产品和服务质量的前提下，更关心节能减排和安全生产，将无形资产与人力、物力、财力和信息全部按资源进行管理，坚持持续改进，提高企业的竞争力。

本书结合钢铁企业实际对质量经营进行了比较详细的阐述，主要内容包括：发挥领导作用、关注顾客要求、系统创新和技术创新、人力资源管理、无形资产管理、生产过程控制、重视质量成本、生产现场管理、标准化管理、节能减排管理、安全生产管理、采购和供方管理、监视测量和数据分析、信息化管理、持续改进和质量经营评价等。

本书可供钢铁企业领导和从事质量工作的管理人员和技术人员学习，也可供大专院校相关专业的师生参考。

图书在版编目(CIP)数据

钢铁企业质量经营/那宝魁编著．—北京：冶金工业出版社，2011.11

ISBN 978-7-5024-5769-3

Ⅰ.①钢…　Ⅱ.①那…　Ⅲ.①钢铁工业—工业企业管理：质量管理—中国　Ⅳ.①F426.31

中国版本图书馆 CIP 数据核字(2011) 第 197239 号

出 版 人　曹胜利

地　　址　北京北河沿大街嵩祝院北巷 39 号，邮编 100009

电　　话　(010)64027926　电子信箱　yjcbs@cnmip.com.cn

责任编辑　李培禄　张　晶　美术编辑　李　新　版式设计　孙跃红

责任校对　禹　蕊　责任印制　李玉山

ISBN 978-7-5024-5769-3

北京兴华印刷厂印刷；冶金工业出版社发行；各地新华书店经销

2011 年 11 月第 1 版，2011 年 11 月第 1 次印刷

169mm×239mm；16.25 印张；282 千字；243 页

38.00 元

冶金工业出版社投稿电话：(010)64027932　投稿信箱：tougao@cnmip.com.cn

冶金工业出版社发行部　电话：(010)64044283　传真：(010)64027893

冶金书店　地址：北京东四西大街 46 号(100010)　电话：(010)65289081(兼传真)

(本书如有印装质量问题，本社发行部负责退换)

序　言

随着科学技术和国民经济的发展，企业管理水平也在不断地提升。我国钢铁企业的质量管理也同样，在贯彻实施全面质量管理（TQC）的基础上，按ISO9000标准规范质量管理的全过程，对产品和服务质量有控制，有保证，提高了顾客的满意度，也提高了企业的竞争力。但是，在市场激烈竞争的形势下，企业的关注焦点不仅仅是顾客，而应是所有相关方的利益和社会责任。因此质量管理不应只局限于产品和服务的质量，而应扩大到企业所有的经营过程，对于由“钢铁大国”向“钢铁强国”过渡的中国钢铁行业来说，质量管理也在向质量经营过渡，这也是质量管理发展的必然趋势。

那宝魁同志编著的《钢铁企业质量经营》一书，是他结合钢铁企业实际和多年的管理经验编写而成的，对质量经营进行了比较深入浅出的解读。在2006年，他曾编写过一本《解读质量管理》，当时中国钢铁工业协会会长吴溪淳同志在序言中说：“那宝魁同志是我国钢铁行业乃至整个冶金行业公认的质量管理专家，是我国冶金行业贯彻实施ISO9000标准的开拓者，是我国冶金行业开展质量管理体系认证工作的先驱者，对我国冶金行业质量管理水平的提高做出了显著的贡献。”我认为他也是我国钢铁行业质量经营的启蒙者。1994年从冶金工业部退下来回到钢铁研究总院担任技术顾问，他一直坚持学习与研究，关心技术创新和质量管理，与钢铁企业保持沟通与交流，并经常去企业讲课和培训辅导，这对一位年过七旬的老人来说，也是非常不容易的。

我认为《钢铁企业质量经营》这本书的出版发行，对钢铁企业质量管理的提升一定会有很好的启发和参考作用，并希望有助于我国钢铁企业的质量经营有所创新和发展。

2011 年 8 月 5 日

前　言

1988年冶金工业部领导把我从科技司调到新组建的质量司担任司长工作，这也是我学习质量管理的起点。到任后我首先到武钢调查研究和学习“质量效益型”企业的管理经验，使我对全面质量管理在钢铁企业中如何贯彻实施受到了启发。武钢在消化吸收一米七轧机系统过程中，一直坚持以全面质量管理为中心，围绕一米七轧机系统建立了以14种产品系列为龙头的“一条龙”质量保证体系，使产品在生产过程中实行了从原料进厂到成品出厂的全过程的质量控制。另外，还在直接对产品性能、成分、精度、可靠性和安全性有影响的关键工序建立了管理点。当时一米七生产现场已有三级工序管理点93个，并发展成监控型、控制型、管理型和联合型4种模式，构成了全方位的工序控制。在当时部党组的领导下，在中国质量管理协会的支持下，武钢的经验得到了提升，由国务院办公室发文在全国进行推广，冶金行业的质量管理进入了一个新的发展阶段，开始向结合企业自身实际的质量管理模式转变。

在学习推广武钢“质量效益型”经验时发现，武钢产品的双标率已经达到96%，其中国际先进水平占92%，产品质量和服务质量连续3年在用户评议中名列前茅；国优产品金牌奖4枚，银牌奖6枚，在全国也处于领先水平。其他钢铁企业获金牌奖和银牌奖的也不少，但是当时高质量的产品仍然依靠进口。在学习推广武钢质量效益型经验的同时，我们意识到提高产品实物质量应是质量管理的主要目标，于是我向部领导建议开展“实物质量金杯奖”活动，将质量管理从提高双标率转变为提高实物质量为目标，不应只满足标准要求，更重要的是满足顾客对实物质量的要求，从国优产品金牌奖中由顾客和专家评选金杯奖。部领导非常重视和支持这一建议，冶金行业的质量管理又进入了一个新的阶段，从追求“双标率”向提高实物质量、满足顾客要求的质量管理模式转变。一直到现在很多用户在选择产品时还非常关注获得“实物质量金杯奖的产品”。在推行“实物质量金杯奖”的同时，我提议、组织和参与编写了《钢的质量现代进展》和《冶金产品质量分析》(1)(2)等书。

1991 年 4、5 月在冶金部领导的带领下，我随团访问和考察了日本、德国和意大利的钢铁企业；11 月份我和冶金企业负责质量管理工作的领导参加了日本的“质量月”活动。在日本钢铁企业参观时感受到他们非常重视提高员工质量意识，而且全员参与改进活动，有的企业向员工说，顾客需求有 7 个特点：强调爱好、追求流行、希望便宜、以稀为贵、交货要快、样式要新和质量要好。企业便向员工提出 7 项要求：产品多样化、加快更新开发、努力降低成本、批量要少、交货要快、品种要多、质量要好。日本日新制钢的社长甲斐先生与我们交流时说，他投身钢铁工业四十多年，主要干了两件事：提高质量和优化工序。后来我们还会见了来参加日本“质量月”活动的美国著名质量专家戴明先生，知道了他的质量管理理论和 14 条主张，从中我领会到质量管理的核心内容并需具体实践。后来在部领导的支持下，成立了冶金工业质量管理协会，组织企业深入推广全面质量管理和开展 QC 小组活动。

在日本考察期间，我在日本铁钢联盟遇见了 1980 年我在新日铁基础研究所研修时的“同寮”大坪孝至先生（后来被推选为国际 IAF 主席）。他告诉我他正在代表日本钢铁行业参加日本经团连筹办的日本合格评定机构。我从他那里知道了 ISO9000。在他的帮助下，1993 年 9 月我和国家技术监督局质量监督司司长（后来是国家技术监督局认证办公室主任）丁其东同志与宝钢、武钢等企业领导一起到日本考察如何贯彻实施ISO9000。1994年经部领导批准，由冶金工业质量协会支持，成立中国冶金工业质量认证中心。1995年4月我与钢铁企业的质量管理工作者一起到美国去进行ISO9000培训。后来，又多次组织国际交流，ISO9000质量管理标准在全国冶金行业逐步贯彻实施，钢铁企业的质量管理工作进入了规范化和标准化的新阶段。

1994年从冶金工业部质量司退下来，回到钢铁研究总院以后，我一直坚持从日本的《品质管理》和美国的《Quality Management》两本期刊中关注国外质量管理的新动态，并经常到国内钢铁企业去协助贯彻实施质量管理标准。我还参加过中质协组团、在泰国和墨西哥召开的亚洲和国际质量管理研讨会，我从理论和实践中不断学习、提高水平和享受快乐。2006～2009年冶金工业出版社出版了我相继编写的《解读质量管理》、《钢铁企业安全生产管理》和《“绿色钢铁”和环境保护》三本书。2009年我还主编并出版了《钢铁材料质量检验实用手册》一书。

21世纪初，我发现日本开始将质量管理向质量经营转移，这也许是日本应对金融危机的措施之一。美国也在把质量管理从产品生产过程逐步转移到企业的所有管理过程。我对此非常感兴趣，并坚持学习和解读，偶尔在《中国冶金报》上发表一些体会和收获，并与一些钢铁企业沟通。我认识到，企业的任何管理都应讲究质量。质量管理不仅限于保证产品质量，也应为企业所有的经营管理服务，于是我开始不断地收集和整理质量经营的资料，并编成了这本小册子《钢铁企业质量经营》。

我要特别感谢中国工程院副院长、中国工程院院士、钢铁研究总院院长干勇教授给本书作序，对这本书的编著和出版予以支持和鼓励。中国钢研科技集团科技质量部主任杜挽生、中国质量协会冶金工业分会常务副理事长管炳春和国家钢铁产品质量监督检验中心主任鲍磊同志在我编写过程中也给予了支持和帮助，在此一并表示衷心的谢意。

我已年过七旬，记忆力和理解力逐渐减弱，我对这本小册子的内容和形式也不甚满意。“夕阳无限好，毕竟是黄昏”，心气很高，能力有限，只能把自己的认识和理解写下来，作为我后半生从事质量管理工作的纪实之一。如果对钢铁企业的质量管理工作者有参考价值的话，我将感到非常高兴。认识有误或理解有错，在所难免，希望得到指导和纠正，让我老有所学、老有所获和老有所乐。

那宝魁

2011 年 8 月 15 日

目　　录

第1章

质量经营概述

1.1 什么是质量经营

质量经营的英文叫法有两种，一种叫“Quality Operation”；另一种叫“Management by Quality”。日本东京大学教授久米均先生在其《质量经营入门》一书中说：“使企业能保持中长期稳定发展的经营叫做好经营”。“‘质量经营’作为实现以上定义的好的经营的方法”。“通过质量确立产生获得效益的事业基础，通过质量持续发展企业的经营”。用通俗一点的语言来解释就是用质量来运行企业，用质量去管理经营。久米均先生将质量经营定义为：质量经营 = TQM + α。

回忆质量管理的发展过程，20 世纪的质量管理曾经经历了质量检验、统计质量控制和全面质量管理（TQC）三个发展阶段。质量检验主要是用产品标准来衡量产品质量；统计质量控制是从过程控制来保证产品质量；全面质量管理（TQC）是从整个管理体系来满足顾客要求。质量管理的发展过程，就是经济发展和社会进步的过程。到了 21 世纪，经济和技术有了飞跃的发展，市场竞争也日益激烈。质量管理已经不能只局限于“顾客要求”，而在向“顾客满意”转移，甚至顾客满意不再是质量管理过程的输出，而是质量管理过程的输入。

特别是当前，全球市场快速发展，国际竞争日益激烈。质量不再是企业给予的，而是顾客要求的。质量概念不仅包括使用功能，也包括应用价值。质量要求既包括明示的，也包括隐含的。顾客对质量的要求在不断地变化和提高。为了赢得顾客，不仅需要充分地了解顾客要求，为了使顾客满意还必须满足和超越顾客的要求，提供增值的产品和服务。企业的领导不仅应树立满足和超越顾客要求的质量观念，还应树立科学发展观，履行社会责任，节能减排保护环境和“以人为本”实现安全生产。质量经营是指在市场经济条件下，企业在经营管理活动中以顾客为中心，以创造相关方（顾客、员工、投资方、供方和社会）价值为目标，追求卓越的经营绩效模式。质量经营是以质量为中心追求效益的经营。通过质量管理来提高经营质量，追求企业效益的经营，把质量与经营结合在一起追求完美和卓越的经营管理。

简单一句话：用质量去管理企业，用质量去经营企业，用质量去发展企业。也就是说，在全球市场激烈竞争的形势下，质量管理已经突破了产品和服务质量范围，也超越了企业传统的管理范围，与企业的价值观、理念、战略、使命、顾客、市场和经营等密切融合向质量经营发展。

质量经营是指在市场经济条件下，企业的经营管理应以顾客为中心，关注相关方（顾客、员工、投资方、供方和社会）的要求，追求卓越绩效的一种经营模式。质量经营中的“质量”是一个广义的质量概念，包括企业所有过程和活动的质量。质量经营中的“经营”也是一个广义的经营概念，包括经营的理念、战略、过程、方法、资源和结果。从日本科技连组织的质量经营的调查来看，质量经营主要包括：最高管理者的承诺、理念和领导作用、满足顾客和相关方的要求、持续改进、技术创新和新产品开发、无形资产管理、标准化管理、质量教育和人才培养、可视化现场管理和信息化管理等。

1.2 质量经营是怎样形成的

质量管理如图 1-1 所示，大致经历了 4 个阶段：

（1）质量检验阶段：在 20 世纪之前，产品质量主要依靠操作者的技能和

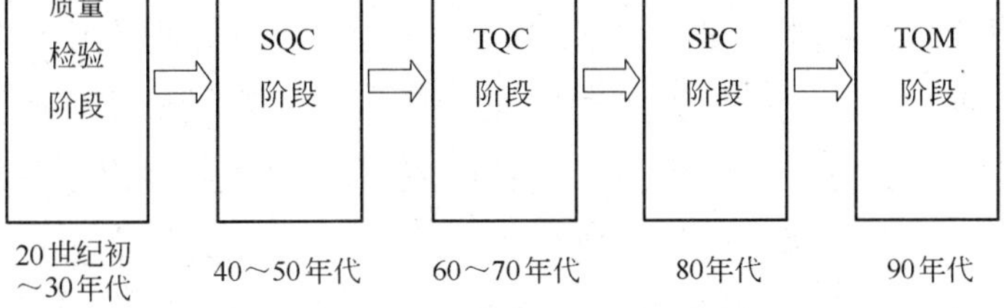

图 1-1 质量管理模式发展阶段

经验来保证，属于“操作者的质量管理”。20世纪初，以F. W. 泰勒为代表提出了质量检验的质量管理理论，使产品的质量检验从加工制造中分离出来，但都属于事后检验的质量管理方式。

（2）统计质量控制（SQC）阶段：1924年，美国数理统计学家W. A. 休哈特提出控制和预防缺陷的概念，即运用数理统计的原理解决产品质量问题。以数理统计理论为基础的统计质量控制，在第二次世界大战期间得到了应用和推广。

（3）全面质量管理（TQC）阶段：在20世纪60年代初，美国A. V. 费根鲍姆提出全面质量管理的概念，后来在日本得到了应用和发展。全面质量管理是在充分满足顾客要求的前提下进行生产和提供服务控制，并由企业各部门的质量管理过程构成为一个质量管理体系。日本的全面质量管理包括全过程的、全面的和全员的质量管理。

（4）统计过程控制（SPC）阶段：在20世纪60年代美国又提倡统计过程控制。在生产过程中，产品特性参数的波动是不可避免的。波动有正常波动和异常波动两种。正常波动是不可避免的，异常波动是由系统中异常因素造成的。它们对产品质量影响很大。统计过程控制就是应用统计分析技术对生产过程进行实时监控，科学地区分出生产过程中产品质量的随机波动与异常波动，从而对生产过程的异常趋势提出预警，以便使生产管理人员及时采取措施，消除异常，恢复过程的稳定，从而达到提高和控制质量的目的。

回顾质量管理的发展过程，我们可以清楚地看到，在解决质量问题中所运用的方法和手段是在不断发展和完善的；而这一过程又是与科学进步、经济发展和生产力水平的不断提高密切相关的。在国际市场不断扩大、竞争日益加剧的今天，质量管理只限于产品及服务特性的改进和满足顾客要求已经不能适应时代的发展。质量管理必须进入新的阶段，不仅应关注顾客，同时也应满足相关方的要求，完成应尽的社会责任。质量管理不仅应控制和保证产品和服务质量，也应提高企业管理和经营水平。这就是质量经营形成的背景。也就是说，随着技术、经济和社会的发展，对企业提出了新的挑战，人们不仅应改进和完善解决质量问题的方法和手段，还必须完善和丰富企业的经营思想和方法，质量管理的发展已进入一个新的阶段——质量经营阶段。质量经营就是在这样的背景下诞生的。

1.3 质量经营的发展过程

质量管理与其他管理科学一样也在不断地创新和发展，从质量检验阶段、统计质量控制阶段、全面质量管理阶段和统计过程控制阶段，现在正在向质量经营阶段发展。但是质量经营的思路在早些时候已经陆续萌发。20世纪60年代，在费根鲍姆的《Total Quality Control》一书中，就曾经提出"TQC是为了能够在最经济的水平上，并考虑到充分满足用户的条件下，进行市场研究、设计、生产和服务，把企业的研制质量、维持质量和提高质量的活动构成为一体的有效体系"。这一提法就意味着费根鲍姆早在半个世纪前就已经提出质量管理应与市场动向、设计开发、产品生产和服务提供过程一体化。在20世纪80年代初，费根鲍姆在其《Total Quality Control》第三版中，又提出了全面质量管理还应关注产品质量的经营决策和战略目标的制定与实施。全面质量管理已经不再只局限于质量职能领域，而发展成为以质量为中心的，综合的、全面的、全过程的、全员参与的管理体系。在20世纪80年代后期，美国又提出卓越绩效管理模式，其核心是强调组织的顾客意识和创新活动，追求卓越的经营绩效。美国著名质量专家朱兰认为，卓越绩效模式的本质是对全面质量管理的标准化、规范化和具体化。卓越绩效模式不仅得到了美国企业界的认可，也得到了世界范围的赞同。因为这种模式有助于推动企业获得明显的经营效果，质量管理逐步与经营结合。这个结合表现了"质量"概念的新变化，"质量"不再只是表示狭义的产品和服务的质量，而且也不再仅仅包含工作质量，"质量"已经成为"追求卓越的经营质量"。"质量经营"是以追求企业效率最大化和顾客与相关方的价值最大化为目标，作为企业系统运营的质量管理。

1993年日本质量管理专家、东京大学教授久米均先生出版了《质量经营》一书，当时虽然也提到质量管理与经济发展的密切关系，但是他在2005年再版（其实是新著）《质量经营》时提出，"为了应对技术革新以及市场变化，经常检查企业经营实际的状态是很重要的，但不能忘记一般需要的两项活动。其一是由下面支撑应对变化的活动，另一个是超越变化的活动。"他说："为了实现经营革新，必须有相应的力量，制定出发生变化的方法策略，同时还要具有展开贯彻到末端的执行力、持续力的保证，才有可能进行革新。

锻炼这个力量的是质量经营。”

后来，国际标准化组织在修订ISO9000质量管理标准时，特别是从1994版本向2000版本转换时不仅把标准的名称从“质量管理和质量保证”改为“质量管理体系”，并且提出8项质量管理原则，其中不仅要求“以顾客为关注焦点”，而且提出与供方建立互利的关系。质量管理不仅仅限于产品生产和服务提供过程，也包括营销、采购、设计和开发过程，其中提出对过程进行监视和测量，这个过程是质量管理体系的所有过程，将质量管理扩展到从顾客要求到顾客满意的全过程。

日本从2005年开始由日本科技连盟主办，日本经济新闻社协助举办企业质量经营度调查。质量经营调查的主要内容包括经营者的承诺、质量教育和人才培育、标准化和管理体系、现场管理和改进、应对顾客和质量保证、新产品开发等6个因子。质量经营在日本已经成为顶尖级企业的一种重要的经营模式。

1.4 质量经营是市场竞争的产物

现代科学技术和经济社会的发展，加速了世界经济一体化进程。各国的经济发展对贸易的依存度日益增强，人类社会正在步入国际化的新时代。特别是20世纪90年代开始，国际贸易处于一个新的增长期，其发展速度不仅超过世界经济增长速度，还明显地高于80年代的发展水平。世界贸易的增长速度已明显地超过了世界经济的增长速度，贸易对世界经济增长的作用也日趋增强。到目前为止，世界贸易整体上维持了相对均衡的增长态势。随着贸易的迅猛发展，世界各国的贸易依存度不断提高，各国之间经济关系日趋紧密。1985年世界各国按商品出口计算的贸易依存度只有9%，1992年提高到16%，1995年达到了18.5%。20世纪80年代中期以来世界贸易依存度的上升趋势日益明显。20世纪90年代后期世界贸易依存度超过了20%，21世纪以来已接近25%。

在这种形势下，企业采用何种经营竞争战略，取决于两方面的因素，一是企业所处的产业竞争环境，二是这种环境下企业的地位和状况。产业竞争环境和企业状况不同，选择的战略也不同。质量经营就是针对竞争环境和企业实际决定经营竞争战略。经营竞争战略的核心是提高竞争力，提高竞争力的关键是质量，不仅是产品和服务质量，也包括管理和经营质量，只有产品或服务质量提高了，才能充分体现其价值；只有管理和经营质量提高了，才能具备贸易的优势，提高在国际贸易中的地位，增强在国际市场的竞争能力。从20世纪90年代以来，经营管理者们意识到，为了满足市场和顾客不断变化和提高的要求，并在激烈的竞争中取胜，创新是非常重要的。创新不仅是对产品、服务和过程的改变，也包括管理的创新。为企业的利益相关方创造新的价值，把企业的绩效提升到一个新的水平，创新对于企业经营的各个方面都是非常重要的。首先需要高层领导积极推动和参与创新活动，建立改进和创新活动的激励机制、营造勇于承担风险的企业文化、与所有相关方和受益者建立合作互利的伙伴关系、追求质量经营体系等观念已逐渐成为世界顶尖级企业的共识，包括生产系统化、工序标准化、量度精细化、改进持续化和员工职业化等。

1.5 质量经营是质量管理的发展与提升

质量管理最初是以提高产品或服务质量为目的的，强调关注顾客要求（产品标准）和生产过程控制（操作规程）。但是随着顾客要求的不断提高和变化，只靠生产过程控制是不行的，必须从营销开始识别、确定和评审顾客要求，而采购按顾客要求对供方进行控制。加强设计和开发，严格检验和试验，防止不合格品的产生和交付，并广泛开展持续改进活动。也就是说像ISO9000的要求那样，把质量管理扩展到过程管理和体系管理，把工作质量也纳入质量管理范畴。

但是，随着时代的进展、技术的进步和国际市场的一体化，只重视产品或服务质量和工作质量是不行的，甚至只靠企业本身也是不行的，必须取得相关方的理解和合作。将质量管理发展和提升到经营质量管理，有的专家甚至说，“质量经营是社会性质量管理”。质量经营把关注顾客要求扩张到对国际形势、市场动向和竞争对手信息的调查、分析和判断。根据企业自身的条件，确定本企业的发展方向和战略，确定企业的治理方法，培育人才，激励创新，节能减排，降低成本，规避风险，研发创新型产品，提供差异性服务，并采取适宜的方式进行评审和改进。

但是，质量经营并不是一种固定的管理模式，在日本鼓励各行业、各企事业单位，根据各自的特点，开展质量经营，并相互交流，完善质量经营的内涵和经验，逐步形成一种比ISO9000和卓越绩效更先进、更实用和更有效的质量管理方法。例如日本东芝提出打造针对“质量东芝”的质量经营，主要是强化创新，提高品牌效益；富士通的提法是“无限地追求质量”，为了富士通的品牌，培育人才，改进业务；富士胶卷的口号是“质量决定一切”，重点在改革意识，培育人才，强化研究开发、创新产品来提升质量经营，推进第二次创业，应对经营环境的竞争。

从上述案例可以看出，质量经营是质量管理的发展、提升和创新。质量经营与质量管理相比，更具有社会性、经济性和系统性。质量的好坏不仅从直接的用户，而是从整个社会的角度来评价，甚至关系到生产安全、环境保护、生态平衡等问题。质量不仅从某些技术指标来衡量，还从成本、价格和使用价值等来综合评价。在确定质量水平或目标时，不能单纯追求技术的先进性，还应考虑经济的合理性，使质量和价格合理平衡。质量经营是一个由设计开发、生产制造和使用等组成的复杂系统。产品和服务质量应具有多元评价的目标和指标体系。

质量管理不能只局限于产品生产或服务提供过程，应向经营管理中渗透。关注的焦点，不仅是顾客和向顾客提供的产品或服务，还应关注相关方（投资方、员工、供方和社会）的要求、工作质量和经营业绩，也就是说今后的质量管理应向质量经营方向发展，包括方针目标管理过程，与顾客有关的过程，供方和外包方管理过程，人财物等资源管理过程，设计和开发过程，产品生产和服务提供过程，产品和服务检验过程，活动、过程和体系考核过程，消除废品和持续改进过程等。用市场竞争力来衡量企业的产品质量、服务质量、工作质量和经营质量。质量经营应是转变发展方式的重要管理模式之一。

1.6 质量经营的基本要求与运行模式

质量经营首先是企业领导的经营思路，是企业领导对经营环境、经营使命与经营业绩的认识、选择与实践。质量经营的关键在于企业领导对经营环境的正确认识，特别是对顾客要求、市场形势、企业和竞争对手的实力对比要有正确的判断。只有判断正确，质量经营业绩才能有效和卓越。其次，质量经营也必须让全体员工和相关方加以理解，将企业领导的思路变为员工和相关方的实际行动，质量经营才能获得实际效果。质量经营与其他经营思路一样，是不断改进和提高的，应与本企业实际相结合，不断探索，不断改进，以适应环境变化的要求。

质量经营的运行模式还处于发展阶段，从目前发展来看，质量经营的前提是最高管理者的理念和作用，包括企业领导对社会发展、市场形势、顾客需求和技术创新的认识，对企业使命的认识以及对完成使命的核心竞争力的认识。只有领导的上述认识是正确的或有预见的，领导作用才能充分发挥，质量经营才能取得成效。质量经营的核心是技术创新和持续改进，不断地研究和开发新技术、新工艺、新设备和新产品，满足顾客的增值要求和相关方互利共赢的要求。质量经营不仅重视有形资产的管理，也关注无形资产管理，重视品牌和形象等作用，以顾客满意为目标，开展全方位的质量营销。为了保证质量经营能够实现预期目标，人才培育和教育非常重要，员工的能力和意识是质量经营的基础。质量经营也特别注重标准化管理、可视化管理和信息化管理，使质量经营落实到基层，实现规范化、形象化和透明化。图 1-2

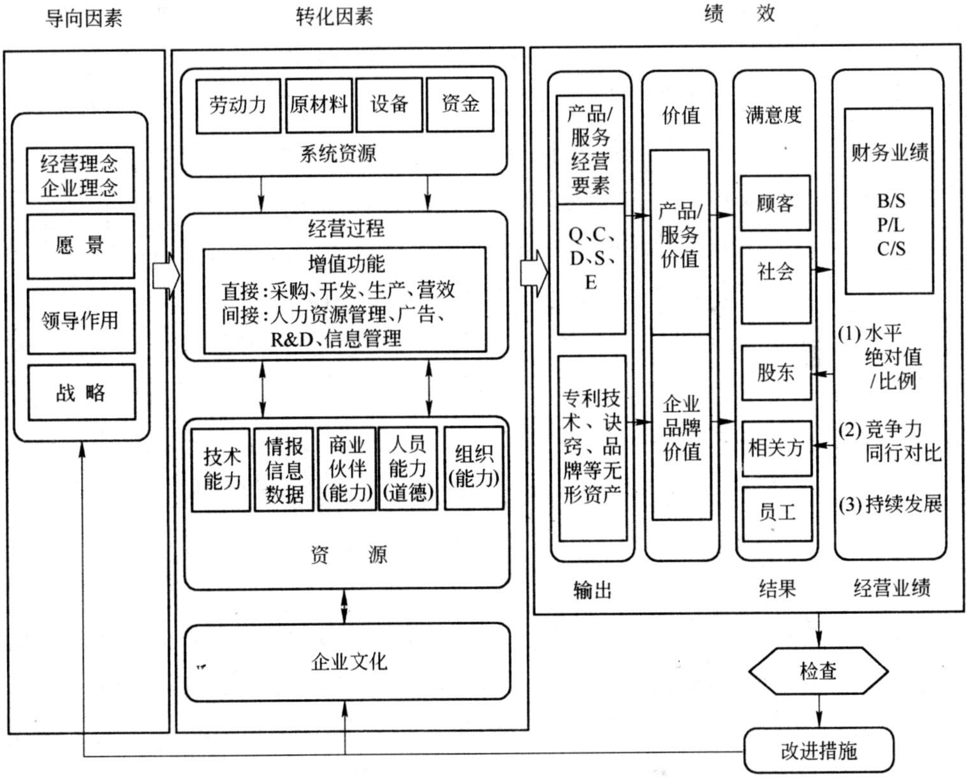

图 1-2 质量经营模式示意图

（引自日本《クオリテイマネジメント》，January，2003，p65）

是质量经营的模式示意图。从图中可看出，领导的经营理念、愿景、战略和作用是质量经营的导向因素。在经营管理过程中把劳动力、资金、基础设施与设备、原材料等有形资源与员工能力和意识、企业文化与信息数据等无形资源相结合，纳入经营管理过程，所预期的绩效不仅仅是向顾客提供增值的产品（包括质量、成本和交付期、环境和安全生产要求），创造产品或服务价值，也打造企业品牌价值，同时提高投资方、员工、相关方和社会的满意度。作为绩效的不仅仅是经济效益，也包括提高经营管理水平和竞争力，实现可持续发展。

1.7　质量经营的主要过程

如图1-3所示，质量经营与其他管理一样，也是一个过程。它与质量管理不同之处在于过程的输入、输出和过程的运行。质量经营的输入不只是顾客要求，还包括投资方、员工、相关方和社会的要求以及根据这些要求形成的企业的经营理念、愿景、使命、价值观和战略方针与目标，以此为质量经营的出发点。质量经营的过程不仅仅是以产品生产和服务提供为主，而是采购、开发、生产和营销等所有过程的增值过程。所需要的资源不只是人、机、料、法、环，重要的资源还有组织能力、人员能力、技术能力、伙伴能力和信息能力。在质量经营过程中企业文化也具有重要作用。

质量经营的输出也不仅是向顾客提供满意的产品和服务，还包括产品和服务的质量、价格和交付期，产品和服务的环境和安全特性，企业的专利、诀窍、品牌等无形资产也是质量经营的重要输出。赢得的不仅是顾客满意，也包括投资方、员工、相关方和社会的满意。质量经营所获取的业绩不仅仅是经济效益，更重要的是提高竞争力和可持续发展的能力，具有良好的企业形象，成为卓越绩效的典型。

质量经营过程与其他管理过程一样，也必须按过程方法、系统方法、信息方法和PDCA循环来进行。过程方法是使质量经营过程增值，系统方法是使质量经营过程优化，信息方法是使质量经营过程及时获取和反馈信息，使质量经营过程适时有效运行。过程方法必须识别输入（要求）和输出（结果），并对过程进行控制。系统方法必须识别相关过程及其关系，使其协调运行和系统优化。信息方法必须确定信息内容和获取方式，并建立模型运用数

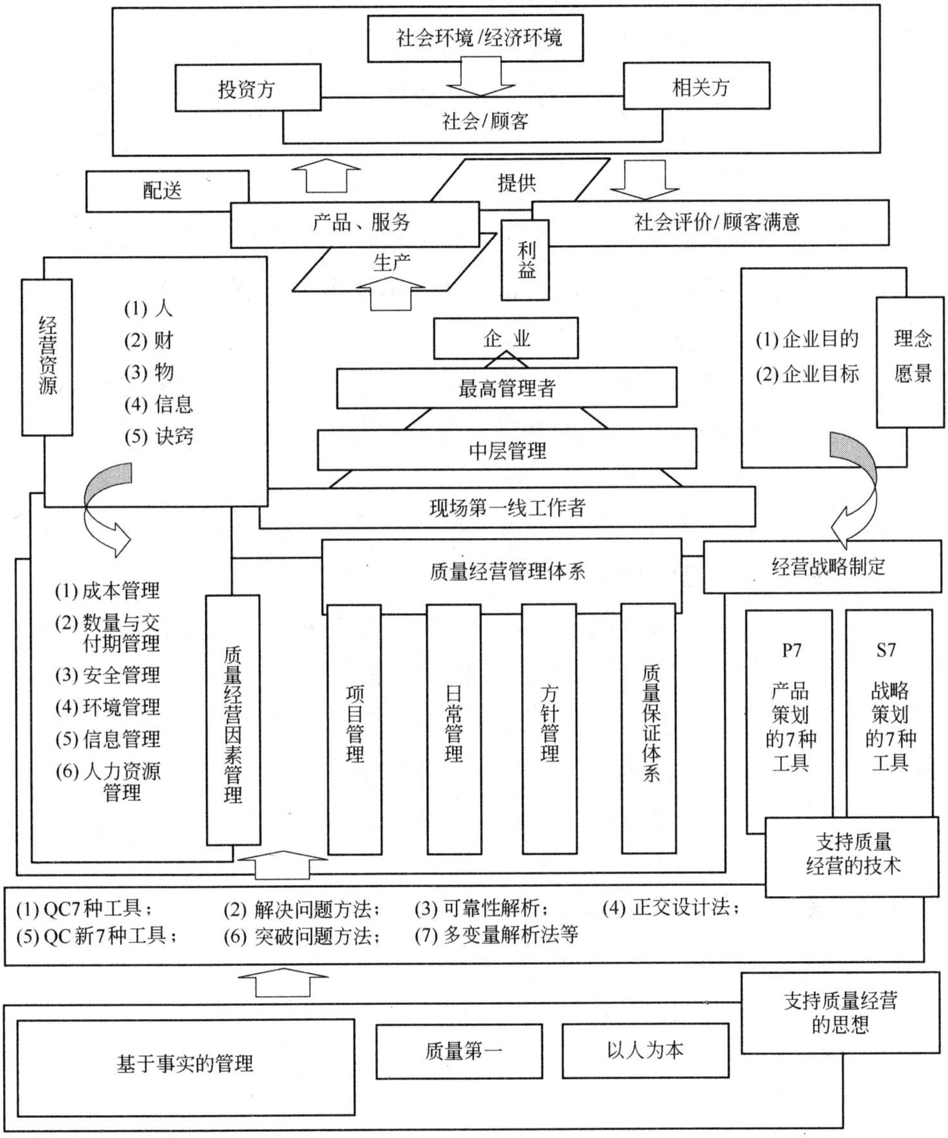

图 1-3 质量经营组成要素图

（引自日本《クオリテイマネジメント》，January，2010，vol. 61，No. 61，p53）

字化分析与利用网络及时展示给有关方面，让参与质量经营过程的各部门和各单位积极地按 PDCA 循环有效地参与和改进。

日本为了适应国际市场竞争形势和提高企业竞争力，从 21 世纪初期便开始推行质量经营模式，日本科技连与日本经济新闻社合作，每年对企业质量经营进行调查研究，并把重点放在以下6个方面：

（1）最高管理者的承诺。在质量经营过程中最高管理者应承诺建立质量方针，并采用PDCA方式进行管理。在质量经营过程中必须发挥领导作用和兑现领导承诺，亲自进行质量诊断。企业的领导应对质量事故和风险进行有效控制，并关注质量成本。

（2）质量培训和人才培养。在质量经营过程中企业应重视质量教育和人才培育。开展质量教育、技术培训和技能传承以及QC小组活动，提高员工业务水平和满意度。

（3）标准化和管理体系。在质量经营过程中应重视标准化和管理体系的工作，在ISO9000和ISO14000的基础上健全和提高标准化管理和管理体系的水平。

（4）现场管理和改进。现场管理的重点在于降低质量成本，并强化采购和外包过程的管理。这两个过程对降低成本具有重要作用。

（5）适应顾客要求和质量保证。为了满足顾客要求应提高设计和制造水平，降低质量事故和顾客抱怨，提高质量保证能力和顾客满意度。

（6）新产品开发。加强新产品开发，在开展同行业对比的前提下开发具有市场竞争力的产品。提高新产品在销售额中的比例。

从日本所开展的质量经营调查活动来看，据调查结果表明，日本已经有半数以上的企业采用PDCA循环进行精细化管理。

精细化的策划，包括最高管理者的承诺，根据企业的愿景、使命和价值观、经营战略和发展方向建立的质量方针、质量目标和指标；并根据市场形势制定风险防范规划、降低质量成本的目标等。

精细化的实施，包括明确管理职责、提高人才水平、规范操作程序、降低质量成本、加强现场管理、提高质量保证能力和顾客满意度以及企业文化水平。

精细化的检查，包括产品检查、过程检查、体系审核和评审、最高管理者的诊断、倾听顾客和员工意见等。

精细化的改进，包括持续改进和新产品开发。2009年日本企业新产品产值占企业销售总额的27%，有三分之一的企业其产品居行业领先地位。

久米均先生在其《质量经营入门》一书中提到，质量经营包括日常管理、持续改进和经营革新。

1.8 质量经营的日常管理

质量管理的目的是预防不合格品的产生和交付，所以其日常管理主要是依靠标准化作业。GB/T 20000.1—2002《标准化工作指南 第1部分：标准化和相关活动的通用词汇》中对标准化的定义是：为了在一定范围内获得最佳秩序，对现实问题或潜在问题制定共同使用和重复使用的条款的活动。标准化有利于过程的统一、简化和协调。在质量管理过程中为了实现标准化作业，产品有标准，作业有规程，检验也有准则。但是，对其他过程的管理不规范，所以在GB/T19001中的8.2.3过程的监视和测量中对此规定得不具体，管理得不规范。

质量经营的日常管理不是以防止不合格品为主，应对设计、开发、采购、生产、营销和服务等所有过程规范化。例如对设计和开发过程的要求不仅仅限于针对顾客对产品质量的要求而进行的设计和开发控制，有策划，有输入，有输出，有评审、验证和确认，并对修改也进行控制等，还应考虑环境保护、安全生产和可持续发展的要求，设计和开发资源节约型和环境友好型产品和技术。采购过程不仅对供方进行评价和选择，按质量要求进行采购，按规定进行验收，而且应考虑采购成本、低碳原料、节能资源和建立互利共赢关系。生产过程不仅有标准、有规程、有适宜生产设备、有必要的检测器具、有监控记录等，还必须考虑生产过程的节能减排和文明生产。营销过程不仅要求确定和评审顾客要求，与顾客沟通和了解顾客满意程度，还必须与顾客建立长期战略伙伴关系，并扩大市场占有率。对钢铁企业来说，质量管理的服务过程只是售后服务，解决交付过程保护产品质量和交付后正确处理质量异议等，对质量经营来说，钢铁企业的服务过程应包括对钢材加工配送企业合理定价、准时交付、优化库存和互利共赢。

1.9 质量经营的持续改进

持续改进是质量管理的基本原则之一，是企业永恒的主题。质量管理的持续改进是利用产品和过程的监视和测量、体系的审核和评审以及相关方的信息，进行分析和思考寻求持续改进的机会。持续改进的方法是PDCA循环。

钢铁企业多数采用 QC 小组活动方式进行持续改进。虽然也有一些成效，但是并没有像日本的企业那样，完全纳入企业经营的主要管理方法，没有成为企业管理者充分发挥和利用员工积极性和创造性的管理方式，更没有将持续改进的思路和方法用于企业领导的经营管理过程中。

质量经营的持续改进，不仅仅是员工参与改进的方法，也应当是部门、单位以及管理者持续改进经营和绩效的方法。将持续改进从全员参与提升到领导作用中去，成为质量经营的持续改进。每年不仅有员工的 QC 小组发表会，还有部处级干部质量经营持续改进研讨会和企业领导的持续改进论坛。日本的《质量管理》期刊每期首页都有企业领导文章（Top Interview），刊登主要企业领导对质量的观点和实践。

质量经营的持续改进与质量管理的持续改进相比，范围更宽、档次更高、速度更快、成果更大。质量经营特别重视经营管理层的持续改进，不限于解决现场问题，更重要的是解决和改进经营管理中存在的问题。例如如何改进人才教育和培训问题，如何提高顾客满意和员工满意问题，如何使方针目标有效展开和分解问题等。质量经营的持续改进不仅局限于质量，也包括成本、交付期、环境保护、安全生产、降低故障、减少库存和提高效率。质量经营的持续改进不仅限于遵守规程达到设定的目标，而是优化规程和超过预期目标，追求更卓越的绩效。

1.10 质量经营的改革创新

质量经营与质量管理不同之处在于没有固定模式。质量经营的特点在于改革和创新。按质量管理的模式进行管理可以符合标准要求，但难以改革和创新。完成质量管理体系认证只能说符合固定管理模式要求，并不能证明在管理过程中有所改革和创新。持续改进是渐进型变化，而改革创新是飞跃型发展。持续改进是连续性的，改革创新是阶段性的。两者是互补的，但也是有区别的。持续改进是改进现状，而改革创新是突破现状。

质量经营的改革创新与技术创新一样，也必须注意过程管理，包括信息管理、决策管理、计划管理和适时管理。信息管理主要是质量经营的改革创新信息的获取、整理、分析和传递，作为质量经营改革和创新的依据。外部信息主要包括市场信息、竞争对手的信息、技术信息、经营信息和政策信息等；内部信息包括人财物等资源信息、运行信息和监控信息等。决策管理是指在信息管理的基础上对改革创新机遇的把握，对投资能力、盈利水平、资源能力、技术开发能力、生产制造能力、营销能力等进行综合分析与判断，保证决策的正确性。计划管理是在决策后的计划、组织和协调工作。适时管理（Just in Time）是质量经营改革创新过程中的最重要管理方法之一。

质量经营的日常管理是规范和保持现状，质量经营的持续改进是改进和提升现状，质量经营的改革创新是突破和改变现状。

质量经营本身就是反映企业管理的特色，包含有企业领导者和管理者对经营管理的思路和方法。企业具体情况不同，经营思路方法也不同。在质量管理的基础上应倡导企业进行改革和创新管理模式，结合本企业实际打造有本企业特色的质量经营模式。

第2章

发挥领导作用

经营理念是企业领导追求企业绩效的思路，经营理念也是企业领导的经营意图和价值判断。经营理念的构成要素，包括有企业使命、价值观、企业文化、发展战略、方针和目标等的内容。企业领导在树立经营理念时应关注时代潮流的发展、社会形势的变化、企业的强项和弱项、追求的发展方向和渴望实现的愿景。质量经营也是企业领导经营理念、愿景、使命、价值观、发展战略、方针和目标的体现。质量经营是企业领导在以顾客为关注焦点的基础上，考虑到企业投资方、员工、供方等相关方的利益和社会责任，而推出的经营原则、方针、目标和方法。在质量经营中的领导作用主要体现在以下几个方面。

2.1 建立先进的经营理念

我们记得2008年北京奥运会曾经提出“绿色奥运，人文奥运，科技奥运”三大理念。这三大理念反映了中国期待通过举办奥运会提高环境保护意识、改进人文环境和提升创新水平。这三大理念表现出中国对自然、对人类、对社会发展的理想和观念。一般说来，理念是指正确的理想和观念。

质量经营理念的核心是：质量不仅是产品的特性，也包括工作和经营的特性，只关注产品质量，不注意工作质量和经营质量，企业不可能取得卓越绩效。质量管理不仅要满足顾客和投资方要求，也应满足员工和相关方要求，并履行社会责任。质量经营不仅以质量为经营过程的出发点和落脚点，也同时关注环境保护和安全生产。与北京奥运会曾经提出“绿色奥运，人文奥运，科技奥运”三大理念相似，质量经营的理念也应是“绿色质量，人文质量，科技质量”。

日本东芝的质量经营理念是“永远追求质量”；富士通的质量经营理念是“追求无限的质量”；有的企业将“顾客至上、地球为友”作为经营理念，把“永远优先以顾客的观点来看待产品和服务质量”作为质量理念。还有的企业提倡“从内心质量到公司质量全面树立质量第一的理念”。

质量经营的理念有以下4条关键内容：

(1) 以顾客的质量观点思考质量，顾客的质量观点不仅仅限于满足明示的要求、隐含的要求和增值的要求，而且还包括适用性、多变性、差异性、经济性和综合性的要求。

(2) 产品和服务质量必须让顾客高兴，为此必须保证顾客采购后的成本(TCO Total Cost of Ownership) 仍然低，使顾客有增值空间。

(3) 工作质量就是要求员工站在顾客的立场作好本职工作，为向顾客提供满意的和高兴的产品或服务而行动，员工必须有这样的意识。

(4) 公司质量是依靠员工的内心质量打造的，使质量持续改进和改革创新，始终贯彻“质量第一”的理念。

现在，我国提倡研究、开发、生产和提供环境友好型和资源节约型的产品和技术，体现了质量的社会责任，但是以顾客需求和利益为出发点和落脚点的理念仍然有一定的差距，追求企业本身效益的最大化仍然占主要地位。

宝钢秉承“打造服务最好、速度最快、成本最低的最优营销价值链”的服务理念，长期以来一直坚持以用户需求为导向，坚持三个“就是”的承诺，即用户的标准就是宝钢的标准、用户的计划就是宝钢的计划、用户的利益就是宝钢的利益。宝钢致力于与用户结为战略伙伴，强化与用户的协同效应，重视服务增值对最优营销价值链的贡献，追求与用户实现共赢。宝钢的这种经营理念实际上就是质量经营理念。

2.2　描绘企业的发展愿景

“愿景”原来在港台地区使用较多。在大陆最早出现是在2005年4月29日胡锦涛与原国民党主席连战的会谈公报中。愿景现在已经成为企业领导者必备的一种承诺和责任。企业领导在经营中非常重要的一点就是确定企业未来的发展方向和前景。愿景就是企业的发展方向和向往与追求的前景，是最高管理者对企业未来的设想和企业的发展蓝图。美国的吉姆·柯林斯在其《基业长青》一书中讲到：“愿景已成为最滥用，却最不为人理解的词汇之一”，“一个构思良好的愿景包括两个主要方面——核心理念和未来前景”，

“追求愿景意味着实现组织和战略的协调，用以保存核心理念，刺激进步，以实现展望中的未来。只有两者的协调才可以把梦想变成真实，把好的意愿变成具体的现实。”

鞍钢的愿景是成为钢铁行业的“排头兵”。宝钢的愿景是“成为绿色产业的驱动者、钢铁技术的领先者、员工与企业共同发展的公司典范”。武钢的愿景是“建钢铁精品基地，创国际知名品牌。跻身世界500强行列。成为自主创新能力和市场竞争力强大的国际一流企业。”沙钢的愿景是“建设具有强大核心竞争力和鲜明特色的精品板材、精品长材生产基地，成为资源高效利用、生产与环境、企业与社会和谐友好的绿色钢城，争取年销售收入超1500亿元，奋力跻身世界500强。”

目前，我国不少企业还没有明示的愿景，多数企业没有把愿景当成企业向往和追求的蓝图，发展方向和目标不清楚，走一步算一步。还有的企业虽然也有“愿景”，但是比较空洞，例如“采用高水平技术，生产高附加值产品，为高科技顾客服务，赢得企业最大经济效益。”质量经营要求企业领导根据企业自身特点、市场和顾客需求形势，关注相关方的利益，策划与践行具有发展前途的蓝图，为社会展示企业的发展方向，鼓励员工为实现企业追求的前景而共同努力。

2.3　明确企业承担的使命

使命指企业的角色，企业使命是企业在社会经济发展中所应担当的角色和责任，企业致力于完成的是什么，是企业生存发展的作用定位。使命界定的内涵不仅是所服务的顾客或市场，也包括与众不同的能力，或所运用的技术，使命永远刺激企业不断地变革和持续地进步。

鞍钢将“以钢铁强国为己任，为股东、为客户、为员工、为社会创造价值”作为企业的使命。宝钢的使命是主动承担促进经济增长、社会进步、环境保护三者协调与和谐发展的社会责任。这种社会责任集中表现为兼顾股东、用户、供应商、员工与社会等利益相关者的需求，实现共同发展。

使命不仅是对本企业的，更重要的是对社会的责任和义务。本企业的存在和发展，应对社会有所贡献。认清使命，责任在身，对最高管理者来说，是一种不可推卸的责任，完成使命，做出贡献，是企业成功的表现之一。只考虑企业本身利益和发展而忽略对社会的责任和使命，例如企业经济效益很高，但对环境污染严重，或安全事故频发，特别是产品结构和质量水平不符合产业政策，没有对国家或地方的可持续发展做出贡献，这样的企业及其最高管理者的经营管理水平是低档次的，忽略了企业应有的使命。吉姆·柯林斯在其《基业长青》一书中也说："使命是永远不能实现的，意味着一个公司要完全投身于它的使命，就要永远刺激变革和进步。"

2.4 树立企业的价值观

价值观指期望企业及其员工精神、行动或行为的准则。企业价值观是企业员工所共有的，支持员工精神的主要价值观。企业价值观是企业生存发展的内在动力，是企业行为规范制度的基础。企业价值观是企业决策者对企业性质、方针目标，经营方式的取向做出的选择，是员工所接受的共同观念。企业价值观有助于帮助企业完成其使命，达成其愿景。质量经营所倡导的企业价值观，要求领导具有远见卓识，不仅认识到顾客驱动卓越，而且尊重员工和合作伙伴的作用，重视社会责任和公民义务，坚持学习、促进创新，快速灵活反应和基于事实决策，运用过程方法和系统方法，创造企业价值和社会价值。企业的价值观是企业的精神和指导原则，有的专家认为价值观是不需要外部调整的永恒的指导原则，是企业固有的，不是出于当时的环境，而是出于自己的需要。真正的价值观是经过时间磨炼而成的，即使环境变化价值观也不一定改变。

鞍钢的核心价值是钢铁强国，造福社会。也就是说，鞍钢的领导认为鞍钢存在的价值是为打造钢铁强国和造福社会服务的。不论环境如何变化，追求创新和改进质量，打造钢铁强国和造福社会是永恒不变的。

据新闻媒体报道，西安有的民营企业通过钢筋"瘦身"来"创造价值"，其实是靠牺牲顾客和社会利益来索取企业效益，这种价值观不仅违反职业道德，也违反法律法规。现在也有部分企业在市场紧俏时，为了提高经济效益，把负公差降到了极限；为了降低生产成本，把不合格品"让步放行"。在产品畅销时不能按期交付，使顾客停工待料；在产品滞销时提前交付，使中间商库存增多。忽视相关方的利益，损害了上游的合作对象。有些企业对社会责任的意识不强。除了纳税以外对节能减排等仍然缺乏主动性和责任心。这样的企业的价值观暴露了他们的理念存在严重问题，他们没有将为社会福祉、技术进步和持续发展做出贡献纳入其核心价值观。

2.5 形成有特色的企业文化

企业文化是由企业的理念、使命和价值观等组成的文化形象。企业文化是企业在实践中，逐步形成的为全体员工所理解和遵守的带有本企业特色的价值观念、经营作风、企业精神和道德规范。例如宝钢的企业文化是：严格苛求是基础，学习创新是关键，争创一流是目标。“严格苛求”就是要求全体员工树立从严和实干的精神，坚持认真和敬业的作风，培育忠诚和诚信的态度，这是宝钢发展的基础。“学习创新”就是鼓励全体员工解放思想、尊重科学、勤于学习、勇于创新，这是宝钢发展的关键。“争创一流”就是引领全体员工面向全球，为振兴民族经济和提高企业竞争力而追求卓越，这是宝钢的发展目标。鞍钢的企业文化与宝钢相似，是“创新、求实、拼争、奉献”。鞍钢的经营理念决定了企业必须坚持创新，只有创新才能为建设钢铁强国做出贡献，只有求实和拼争才能成为行业“排头兵”。只有奉献才能为股东、为客户、为员工、为社会创造价值。沙钢以“自力更生、艰苦奋斗、勇于创新、不断登攀”作为企业文化，这是沙钢从生产钢窗料的小型乡镇企业发展为生产高附加值产品的大型民营企业的精神财富。企业文化表征企业素质，决定产品和服务水平，也必然影响企业的经营和形象。

2.6 制定企业的发展战略

战略起源于军事，并逐渐扩散渗透并应用到社会生活各个领域。战略是关于企业全局可持续发展的观念和规划，发展战略是企业发展的统领性的、全局性的、左右胜败的谋略、方案和对策。愿景、动力和优势是决定企业发展战略的重要因素。企业战略决定着企业的经营模式和管理方式。战略有基本战略和个别战略，基本战略也称为总体战略，主要决策应该做什么业务和怎样去发展这些业务（产品与市场领域、成长方向）。个别战略，包括业务战略，用于谋划怎样在特定产品/市场上实现可持续竞争优势。常见的个别战略有市场营销战略、产品和技术战略、生产运营战略、财务战略、人力资源战略、信息化战略、质量战略等。

鞍钢的战略目标是：到2015年，实现年产钢进入世界钢铁行业前五位，成为钢铁特强、钒产业世界领先、钛产业国内最大、多角化产业协调发展、最具有国际竞争力，能够引领世界钢铁工业发展的特大型跨国集团。为了实现上述战略目标，从投资新建为主向投资新建与兼并重组转变；从内陆发展向沿海发展和国际化经营转变；从“核心技术”的“追随者”向“领跑者”转变；从单一产品输出向技术输出和管理输出转变。

宝钢的战略目标是：到2012年粗钢生产能力达到5000万吨，2015年粗钢生产能力达到6600万吨；在布局上突出长三角和珠三角的战略基点，巩固西部区域发展基础，并有选择、有原则地积极参与未来潜在的并购重组活动。

太钢的发展战略中不仅包括精品战略，推进产品的高端化和特色化，而且实施人才战略，提升自主创新能力。坚持绿色发展战略，建设资源节约型和环境友好型企业，推进产业延伸战略，构建战略供应链。

2.7 坚持方针和目标管理

坚持方针和目标管理是企业为实现以质量为核心的中长期或年度质量经营方针目标，充分调动全体员工积极性，通过个体与群体的自我控制与协调，实现个人或部门目标，从而保证实现企业总体目标和绩效的一种科学管理方法。

在朱兰的质量手册中把方针目标管理叫做“战略展开”。所谓“战略展开”是将以顾客为关注焦点的全体系内的改进活动与战略计划方案整合在一起的一种系统的方法。朱兰特别强调战略计划的制定非常重要，但是战略目标、分目标、年度目标、资源安排和实现目标的行动更重要。

在制定方针时应充分了解和认识本企业的现状，找出问题点作为制定方针的输入。具体来说包括企业的经营理念、经营环境和存在的问题。方针应逐级展开，使方针落到实处。在我国企业中有一种认识，认为目标应当逐级分解，而方针只有一个，不需要分解。其实方针也存在逐级分解（或展开）的问题。在日本，总经理有方针，各职能部门和生产现场也有根据总经理的方针制定的本部门和单位的方针，而且上一级的方针是下一级的方针依据，下一级的方针是上一级方针的基础。上下统一协调，成为一个整体。

目标管理起源于美国，但成功的应用却是在日本。企业的方针必须转化为目标，否则方针是空的。只有各相关职能和层次的目标完成了，企业的总体目标才能得以实现，方针才能得以落实。目标与方针是不可分的，所以日本称为“方针目标管理”。但是，方针与目标仍然有所区别，方针侧重于战略或宏观，而目标偏重于战术或微观。方针目标管理是自上而下的管理，而QC小组活动是自下而上的活动，两者相互补充，构成了质量经营的重要支柱。

方针目标管理必须遵从过程方法原则和PDCA循环的方法。过程方法要求明确输入和输出，规定职责权限和资源支持，规定管理方法和检验方法，并根据检查结果进行处置和改进。方针目标管理必须有明确的职责与权限的分工，不然就会流于形式。首先应从最高管理者作起，因为方针管理是最高管理者实行领导的主要内容和方式。最高管理者不仅应组织制定和发布方针，而且应亲自检查方针目标进展和完成情况。在日本叫做“社长诊断”，实际上就是最高管理者对各部门和单位贯彻实施方针目标管理情况的检查。目标的展开是将目标分解为子目标后再将它分配到基层去，在展开和分解时应当注意由谁来展开和分解，应当采用什么样的过程和需要什么样的资源，规定具体进度和验收方式，其实也是一个PDCA循环。成功的展开要求形成一个基本的架构，不仅能够保证目标的展开和分解，而且能够对目标的实现过程进行控制。如何进行展开和分解是很有讲究的。日本采用一种方法叫“传球”（catch ball）。“传球”是展开和分解过程一种很好的沟通方式。例如上级和下级、部门与部门、单位和单位之间充分交换意见。将目标展开和分解的意见上下左右充分传递和交换，不仅有利于上下之间的理解和左右之间的沟通，树立整体观念和协作精神，也便于了解所实现目标，包括有哪些过程或项目，有哪些部门或单位参加，本部门或单位有哪些参与的过程或项目，如何完成和协作。

日本新日铁原副社长相原满寿美先生在其《管理者是企业的太阳》一书中说：“目标一般是领导制定的，领导应对目标任务负有全责，部下只不过是责任的分担者。如果领导确定一个很高的目标，完不成就责备部下，对部下来说，目标管理就成了‘受责备’的管理了，这样一定会失去信心和干劲的。”“目标是依靠打破现状的创造性劳动来完成的，它是期待性的成果。它不是靠现在所具有的显在的能力完成的，而是靠潜在的能力完成的，所以需要学习未知的知识，进行创造性的劳动和采用革新性技术才能完成的。”

2.8 策划和组建高效精干的管理机构

因为质量经营的管理宽度和幅度很大，企业领导不可能亲自去管理企业的所有工作。为了实现领导的发展战略、方针目标和经营绩效，首先领导必须树立授权思想，即将完成企业发展战略、方针目标和经营绩效的管理权力授给管理机构。例如将人力资源、财务经营、生产管理、内外联系、协调调度等管理权移转给管理机构，不只授予权力，而且还托付完成该项工作的责任。有职有权，尽职尽责。授权是上级对下级的权力下放过程，也是职能的再分配过程。有效的授权是重要的管理技巧和环节。授权得当，上下协调，彼此受益。

在树立授权意识的基础上，根据本企业的实际，适宜地策划组织机构的管理范围和管理层次。管理范围和层次成反比，管理的范围宽，管理的部门和层次就少，管理的部门和层次多，管理范围就窄。层次多难于沟通和交流，层次多难于管理和协调，层次多管理成本也高。领导应根据企业规模、干部能力、员工素质、过程特点和管理水平来策划和组建高效精干的管理机构。

组织结构类型很多，包括有直线制、职能制、直线职能制、模拟分权制、矩阵制、事业部制、委员会制、控股制、网络制等。目前，我国钢铁企业多数是职能制的，个别的也有直线职能制的，由于集团化或股份制，也有部分企业采用事业部制。不论采用哪一种类型的管理机构，必须职权配置适当。

目前国营企业，特别是大型钢铁企业管理机构多，管理范围宽，有的管理工作互相重叠，有的管理工作无人负责；民营企业，特别是中小型钢铁企业管理机构少，空白较多，有职无权，一切老板说了算。另外，管理机构多偏重于为领导服务，忽视对基层的服务；重点对基层考核，缺乏对业务的指导和管理。例如有的企业的企划部不管规划，只管考核，有的甚至专管合同审核，采购和销售部门对合同无权负责。有的设备工程部只管设备招投标，对设备和工程的外包没有按相关方控制程序进行管理。为了实现质量经营，管理机构的策划、组建和职能分配非常重要。不仅应明确管理部门的专项职能，而且还应规定部门之间如何协调与合作，必要时可以组成专门的委员会或项目领导小组，解决跨部门和单位的管理。否则综合性管理部门也难于协调由副总经理主管的某一专项业务部门的工作。

2.9 建立创新、学习、激励和沟通的机制

质量经营与其他管理一样，建立创新机制能使质量经营永远处于主动和领先的状态。没有创新就没有竞争力，没有竞争力就不能够占领市场，不能够占领市场就没有生存空间。近年来我国钢铁企业设备更新很快，有相当一部分装备具有国际先进水平。我国是世界上钢材消费量最大的市场，虽然产能总量过剩，但是还有相当一部分产品，特别是高技术含量和高质量等级的钢材仍然依赖进口。目前我国进出口钢材结构差异较大，进口高技术含量和高质量等级的钢材比例高，出口中低档钢材比例高。这表明我国钢铁企业的创新仍然有一定的差距。为了提高国际和国内市场的占有率和竞争力，建立创新机制是关键。创新的关键在于对未来市场的判断，质量经营要作到"前期介入"，使企业的经营从销售当今的产品转移到对顾客未来需求的识别，并为企业创新找到切入点，从而牵动创新，研究核心技术和原创技术，开发高档次产品，提高企业经营竞争力。

为了提高技术创新能力和质量经营能力，企业领导应建立和推进学习机制，让每一位员工坚持学习、提高水平和持续改进。领导应学习、研究和解决企业在发展中带有全局性和战略性的问题，员工应学习、研究和解决企业在生产和经营中带有挑战性和竞争性的问题。要鼓励干部和员工从工作出发，结合实际开展学习，提高管理水平和技术水平。这种学习不仅仅限于培训和教育，也包括案例分析、行业对比、技能传承和知识扩充。学习是企业文化的重要组成部分。只有坚持学习，企业才能在竞争中取胜。

质量经营也要求领导在企业内部建立起有效的激励机制。激励机制应以尊重员工实现自我价值的需求为基础，采用物质和精神等多种方式来激励员工的积极性和创造性。经营管理先进的企业都以奖励为主，来鼓励员工不断学习，不断创新，而不是靠"扣奖金"、"降工资"等来"体罚"和"鞭策"。

首钢矿业公司将创新型和学习型模式结合在一起，构建"六有"模式：有挑战性目标、有核心骨干、有创新课题、有活动制度、有激励机制、有创新成果。形成了"三级共建"体系和"百队千员"工程，即领导干部带头指

导创新、专业管理层组织团队创新、基层实现创新的应用。在创新中学习，在学习中创新。依靠激励机制驱动学习和创新，以小促变，并评选出“十佳”和“十优”。

沟通也非常重要。沟通包括将领导的意图传达给员工，让他们理解和认同；将员工的反映和表现反馈给领导，让领导知底和知情，这是内部沟通。将顾客和相关方的要求传递给企业领导和员工，并把企业的对应反馈给顾客和相关方，这是外部沟通。有的将沟通叫做“信息交流”，包括发出、传递、接收、处理和反馈。现在，不少企业已经将信息交流“可视化”了，即用公开化和透明化视觉显示来沟通，也可称为“看得见的管理”。例如把合同数量变化、应收应付资金、交付期的准时率、产品产销率、销售利润率、顾客满意率、高端用户使用率、设备完好率和运转率等信息统计分析并形成企业生产经营“晴雨表”。让企业每位员工在视频设备上看到本企业今天是“晴天”还是“阴天”，从而与自己的工作联系起来，这对持续改进质量经营具有非常重要的作用。

2.10 具备企业家的素质和水平

在质量经营中领导的素质和水平起着重要的作用。企业领导者应带头树立符合时代要求的人生价值观、道德行为、远见卓识、经营艺术和人格魅力。

人生价值观就是对人生和价值的看法。人生价值观涵义非常广泛，包括人生政治价值观、经济价值观、文化价值观和法律价值观等，企业领导的人生价值观主要是指企业领导的经济价值观，它对企业的成败具有重要作用。经济生活是人生的基础，经济价值观是人生价值观最重要的内容之一。企业领导的人生经济价值观就是他的人生和企业对社会、对国家、对人类做出力所能及的贡献的观念。目前，中国的经济正在向小康社会发展，企业最大的经济价值，就是为建设中国特色社会主义的经济做出贡献。因此，企业领导在选择人生的经济价值时，应认清使命和位置，发挥作用和做出贡献。企业的生存和发展都应为建设中国特色社会主义经济做出具有人生价值的选择。例如鞍钢领导把将本企业建设成为最具有国际竞争力、能够引领世界钢铁工业发展的特大型跨国集团作为使命，体现了企业领导对社会、对国家、对人类做贡献的人生价值。又如太钢的领导考虑到经济形势复杂多变、市场形势跌宕起伏，将转型发展和实现再跨越作为企业的责任也体现了企业领导的正确的人生价值观。对比之下，陕西“瘦身钢筋”的企业，其领导的人生价值就是损人利己和损公肥私，不仅经济价值观，包括法律价值观也是对社会、对国家，甚至对人类有罪的。现在还有不少地方民营钢铁企业在与国家发展战略和产业政策“博弈”，暴露出这些企业的领导的人生价值观，与国家和人民利益的相悖，其前途也必将没落。

企业家的道德行为也是素质和水平的表现之一。道德行为是一切具有善恶价值并承担道德责任的活动。在企业内对善恶价值有判断，在社会上对道德责任有承担。

企业家的素质和水平也体现在远见卓识和经营艺术上。特别是对未来市场的敏锐洞察力是企业家极端重要的素质。例如国际著名的企业家、微软公司董事长比尔·盖茨当年就预见到，将来每个人的桌上都会有一台个人电脑，而操作系统是微软的产品。比尔·盖茨使计算机成了人们日常生活用品，而且改变了每一个现代人的工作和生活方式。于是比尔·盖茨也成为了世界首富。

海尔总裁张瑞敏说：“企业家只有两只眼睛不行，必须要有第三只眼睛。要用一只眼睛盯住内部管理，最大限度地调动员工积极性；第二只眼睛盯住市场变化，策划创新行为；第三只眼睛用来盯住国家宏观调控政策，以便抓住机遇，超前发展。”可以看出企业能够从优秀发展到卓越，企业家的远见卓识和经营艺术非常重要 。

企业家的人格魅力也表现着企业家的素质和水平。人格魅力是指一个人的人格（包括性格、气质和能力等）具有吸引人的力量。日本新日铁原副社长（副总经理）相原满寿美曾经在该公司的大分厂当过厂长。他为了带领员工完成公司下达的任务，决定与员工建立密切联系。他说：“我主动深入现场，扩大与员工接触的机会。另外，见人我先打招呼，以增进亲切感。但是我的声音大，早晨我与清扫女工打招呼‘早安’，结果吓了她一跳。后来我轻声问候，她也主动向我问好。”“在食堂与员工一起吃自助餐，每当我坐下就与相邻的员工打招呼，边吃边聊，时间长了，包括协力公司的员工都与我说话或开玩笑。”“我的脸很粗糙，眼镜框颜色也深。我的夫人让我换一副更顺眼的眼镜，下车间穿上工作服。一到车间员工就与我交流，我成了员工最了解和知心的厂长，我提出的001目标，即伤亡为0，事故为0，齐心协力建成1号高炉，大家团结在一起，成功地完成了使命。”可见领导的人格魅力具有多么重要的作用和意义。

第3章

关注顾客要求

3.1 以顾客为关注焦点

现代质量管理重要的基本原则之一是“以顾客为关注焦点”。企业所建立和实施的质量管理体系也是以顾客要求为出发点和以顾客满意（CS）为落脚点。企业的生存和发展依存于顾客，没有顾客就没有企业，没有顾客企业就无法生存和发展。如图3-1所示，企业是通过向顾客提供产品或服务，使顾客受益或增值，企业从顾客的受益或增值中得到回报才能够继续生存和发展。企业和顾客通过产品或服务而形成利益共同体，有的形成战略合作伙伴关系。

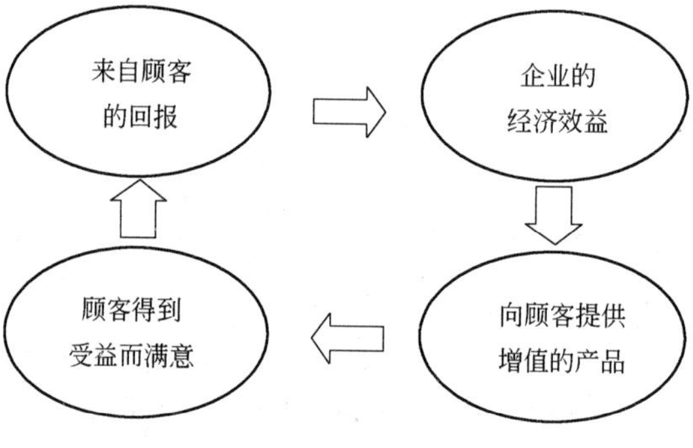

图3-1 企业的经营核心是关注顾客要求和提供满意产品

现在，以顾客为关注焦点是企业经营的核心，企业关注的不仅仅是顾客现实的要求（need），还应考虑顾客隐含的期望（want），并进一步考虑顾客潜在的需求（seed），提供有魅力的产品。

日本的狩野紀昭认为，八项质量管理原则，如图3-2所示可以分为质量原则和管理原则。以顾客为关注焦点是质量原则，其他七项都是管理原则。

管理原则中又分组织原则（领导作用、全员参与、供方的互利关系）和运营原则（过程方法、管理的系统方法、基于事实的决策和持续改进）。也就是说，狩野紀昭认为在八项质量管理原则中以顾客为关注焦点是质量管理的最重要的原则。质量经营当然更重视顾客，并将顾客作为质量经营的核心。

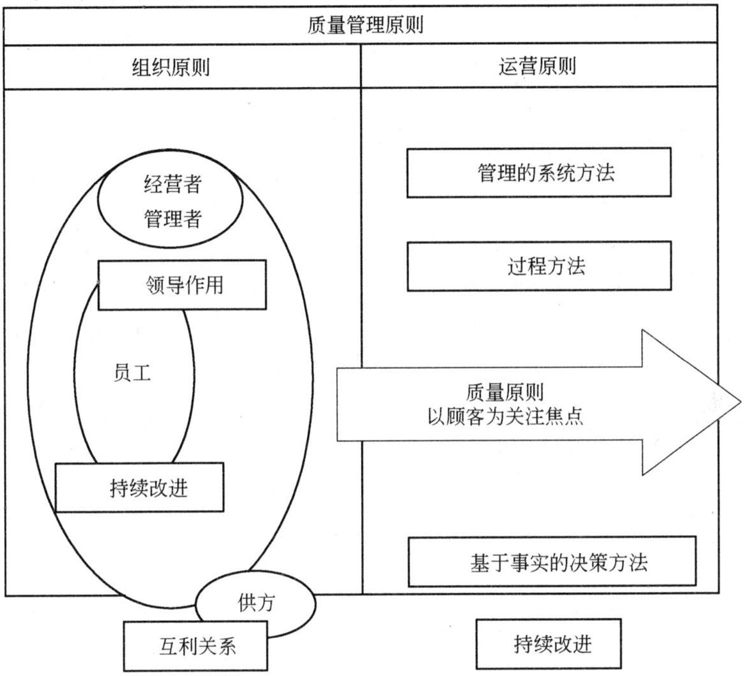

图 3-2 质量管理原则的组成

菲利普科特勒指出：“忠诚的顾客是企业最宝贵的财富，现在日益重视策划出最好的关系组合来争取和稳定顾客。顾客就是企业的资产，只要管理得好并为其服务，顾客就能转化为企业的终身的、丰厚的利益。在激烈的市场竞争中，企业的首要任务，就是采用持续优化的方法满足顾客的需求，以保持顾客的忠诚度。”

以顾客为关注焦点主要体现在以下几个方面：

（1）顾客至上，用户第一。这几乎是市场经济所有企业的观点，企业要把顾客放在经营管理体系中的首位。站在顾客的立场上研究和开发产品，消除不符合顾客要求的设计、生产和服务过程，消除不符合顾客要求的产品和服务，使顾客在使用产品和接受服务时有安全感和认同感，从而有满意反映。

（2）顾客永远是对的。这是海尔集团董事长张瑞敏的说法。顾客是产品的使用者，顾客的要求应是企业的追求目标，顾客的异议应是企业的质量问题；顾客的投诉应是企业的改进方向。

（3）一切为了顾客。一切为了顾客，满足顾客需要，从顾客增值中得到回报。为了顾客其实也是为了企业。企业要根据顾客需要，重视顾客意见，不断完善质量管理和质量经营体系，最大限度地使顾客满意，使顾客增值，让顾客高兴。

为了使企业提供的产品或服务能够满足顾客要求和赢得顾客满意，企业通过各种途径和方法了解和确定顾客的要求，包括明示的要求、隐含的要求、法律法规的要求和企业本身应附加的要求。不仅建立与顾客沟通的信息，而且采用一些措施调查顾客的满意或不满意，以便采取改进措施提高顾客满意和信任程度。但是，顾客满意在质量管理上一直作为对质量管理体系绩效的一种测量，企业监视顾客关于是否满足其要求的感受的相关信息，并规定获取和利用这种信息的方法，但并没有使顾客满意（CS）像销售额或利润率那样成为企业经营的重要指标。受国际金融危机影响，有些工业发达国家的企业逐步意识到顾客满意的重要性，将通过顾客满意度调查，将顾客满意（CS）作为质量经营的重要原则，认为顾客的声音左右着企业的命运，顾客满意从质量管理体系的落脚点转变为出发点。2010年我国“质量月”的宣传口号之一是“质量在我手中，用户在我心中”，应再补充一句：“CS驱动经营”。如果说质量经营与质量管理有什么不同，质量经营的出发点，不仅是满足顾客要求，而且是保证顾客满意（CS），甚至是顾客高兴（CL）。

3.2 确定和评审顾客的需求

确定和评审顾客的需要是企业满足顾客需求和提高顾客满意度的前提。通常顾客的需求分为四个方面：

（1）明示的需求：一般是指顾客能够明确表达的产品或服务的特性。这些特性也正是企业为满足顾客所能够提供的特性。

（2）隐含的需求：一般是指顾客对企业的产品或服务特性没有表述的特性，但却又是非常重要的特性。

（3）未来的需求：一般是指顾客期待企业所提供的产品或服务的质量特

性，必须是有竞争力的特性。

（4）偶然的需求：一般是指顾客也没有想到的产品或服务的特性。这种特性可能具有特殊性、差异性或多变性，不同于其他竞争产品。

图 3-3 表示了对顾客需求的确定和评审过程。

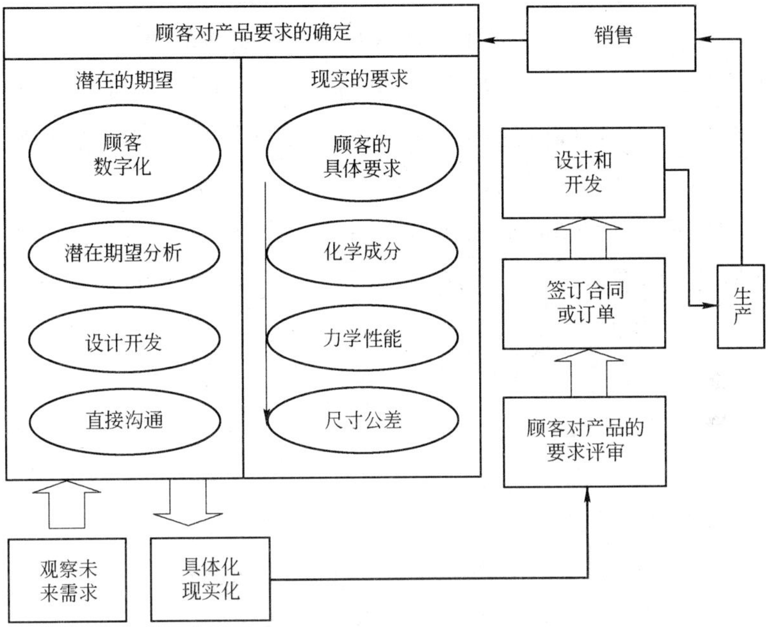

图 3-3　对顾客需求和期望的确定和评审

组织在确定顾客对产品的要求时，应了解：

（1）顾客规定的要求，包括对交付及交付后活动的要求（明示的需求）。规定的要求可以视为明示的要求。明示的要求可以体现在产品标准、技术条件或合同中。例如钢材订货时约定的化学成分、力学性能、尺寸公差和表面质量等。当然这些要求是必须保证的。

（2）顾客虽然没有明示，但规定的用途或已知的预期用途所必需的要求（隐含的需求）。没有明示、但规定的用途或已知的预期用途所必需的要求可以视为隐含的要求。例如用于拉丝用的线材，在标准和技术条件中虽然没有规定在拉丝时的断头数，但是对（规定的用途或已知的预期用途）拉丝来说，断头是不允许的要求。即使没有明示，也应当予以保证。

（3）与产品有关的法律法规要求越来越多，例如建筑材料和造船钢板的强度级别。易切钢不应含铅，含有砷和铍的钢种也应受到限制，在包装材料中也应选择容易降解的材料，这些方面均有严格的法律法规要求。

（4）组织确定的任何附加要求。组织确定的任何附加要求，就是所谓的 +α。

企业应进行充分的调查分析，并对顾客对产品的要求加以确定，包括明示的、隐含的、法律法规的和附加的要求，为本企业的产品定位提供“基于事实决策”的依据。明确顾客要求并加以量化是与顾客有关过程的重要活动，包括分析本企业产品目前的使用情况，走访产品使用的现场，了解使用条件、使用状况、存在问题和改进意见。

组织评审顾客对产品的要求，是在向顾客作出提供产品的承诺之前进行的，例如在提交标书、接受合同或订单（包括更改）时，并应注意在评审时对下列事宜加以明确。

（1）在合同或订单中明确规定和表述对产品的要求；

（2）如果有与以前表述不一致的合同或订单，变化的要求也必须再明确；

（3）组织有能力满足规定的要求（包括质量、价格、交付期等）。

如果顾客提供的要求没有形成文件，也就是说没有以合同或订单形式表述的话，组织在接受顾客要求前应对顾客要求进行确认。这种确认的方式很多，例如采用传真、电子邮件或电话记录等形式，防止要求不明确，影响顾客使用。如果顾客对产品的要求发生了变更，组织应采用适当的形式，例如合同修改单或计划修改单等，将修改的要求（包括质量、数量和时间）通知给生产、检验、入库和出库等相关单位和人员。在某些情况下，如网上销售，不可能对每一个订单进行正式的评审时，也可以采用对照产品样本中的产品信息进行评审，目的在于在接收合同或订单前，把顾客的要求弄清楚，以保证生产的产品或提供的服务能够满足顾客的要求。

3.3　以顾客满意驱动质量经营

在当前全球市场激烈竞争的形势下，企业向顾客提供的产品或服务不仅应符合标准要求，而且还应提供增值的产品或服务使顾客受益和满意。所谓“增值”不仅仅是价格问题，更重要的是使顾客在进一步加工或使用时简化工序、节约成本、改进功能、延长寿命和提高效益。例如采用精密化、多规格和多周期轧制技术，生产的棒材尺寸偏差控制在±0.1%以内，使顾客减轻加工负荷；采用大型连铸扁坯和精密加工技术使模具钢的尺寸规格范围扩大，只需磨削1mm就可以使用，使顾客降低加工成本和周期，提高成材率和实现高性能价格比；采用高纯净度连铸坯生产铁道用车轮和采用高抗疲劳强度的贝氏体钢轨会明显地提高铁道用材的使用寿命等。企业通过产品或服务向顾客提供价值，将从顾客得到的回报利益作为资本，使这种增值再循环，这就是“CS驱动经营”的管理模式。

顾客需要产品或服务，其实顾客需要的是价值。如果企业提供的产品虽然符合标准要求，但是不具有增值作用，顾客是不可能满意的。增值表现在产品的适用性、多样性、超值性、差异性和综合性等方面。例如为了适应顾客的加工或使用过程，有的企业从提供棒材转移到提供锻件（曲轴或轴承环）；为了适应顾客的多品种多规格的需要，有的企业将尺寸规格扩大超出标准范围；为了使顾客在加工或使用过程增值，有的企业提供尺寸精度高和使用寿命长的产品；为了适应顾客特殊的和附加的要求，有的企业提供品种规格差异性产品；为了适应环境保护要求和履行社会责任，有的企业努力在提供环境友好型和资源节约型产品。顾客选择供应钢铁产品的企业不仅仅是从产品质量来评价，还要求具有先进的质量经营理念。不久前，日本的日产本部对中国钢铁企业进入其供方行列进行评价时，除包括产品质量和价格外，也对创新和管理等进行评价，为其新车型开发和车辆轻量化选择有综合实力的企业。如果企业领导没有CS驱动经营的管理理念，是很难令顾客满意和入选的。

3.4 提高产品实物质量，满足顾客增值需求

从20世纪80年代末、90年代初，为了提高产品的质量，我国钢铁行业曾提出从满足标准要求向提高实物质量转变。而衡量实物质量水平是与国外同类产品进行对比，并开展“冶金产品实物质量金杯奖”评审活动，这项工作虽然取得了一些成绩，一直延续至今，但产品质量的水平与顾客日益提高的要求相比，仍然存在较大差距。目前我国每年进口钢材2000万吨左右，多数是高附加值的产品，实际上是国内产品质量达不到要求的高强度、高精度

和高寿命的产品。例如近年来我国汽车行业有了飞快的发展，年产销量达到1500万辆，居世界第一。今后的发展方向将是轻量、环保、安全、信息化和低成本。汽车用钢材质量也必须满足汽车节能、减排、安全、长寿、轻量化和防腐蚀的要求。如果国产钢材只符合通用的标准，但达不到顾客上述增值要求，国外竞争对手便会进入中国市场。工业发达国家具有品牌产品的企业向顾客提供的产品，国家标准或国际标准只是最低的要求，多数是以与顾客协商的技术条件（或企业标准）为主，为了满足顾客的轻量、环保、安全、信息化和低成本等要求，提供具有本企业特色的产品。另外，提供给顾客的不仅是产品质量，还包括经营质量和工作质量的可信度和可靠性，提高顾客的信任、员工的信任和社会的信任，从而提高了企业的价值，具有强大的竞争力。

为了满足顾客的增值要求，产品质量仅仅达到标准要求是不够的。国际标准和国家标准是通用的和共性的准则，仅限于一般的规范性要求。即使满足国际标准和国家标准要求，产品的实物质量与顾客的特性化需求仍会存在很大的差距。例如国产不锈钢，除表面质量、有害元素、腐蚀性能外，不锈钢的工艺性能也存在一定的问题。Cr13型不锈钢塑性偏低，Cr17型不锈钢成形性差，400系列、含氮、双相不锈钢尚处于开发阶段，在生产和使用两方面与国际先进水平有明显的差距。在国际市场上具有竞争力的品牌产品，多数是在满足标准的基础上，根据顾客的个性化要求，进行研究和开发，并具有一定的创新性。例如日本的特殊钢企业对铁素体430、马氏体420或440以及奥氏体304不锈钢，为了提高耐蚀性、易切削性或强度或冷加工性，开发了满足顾客对上述产品要求的品种，包括具有与440C同等强度、但耐蚀性接近于和冷加工性能优于630的含氮马氏体不锈钢；耐热性比310好、耐蚀性与329相当、比双相钢冷加工性能好、冷拔后仍然是无磁的奥氏体不锈钢等。双相不锈钢的强度和耐蚀性也都远远优于国家标准。在顾客订货时不是只以国家标准为依据，而主要是以企业的产品标准为主，以满足顾客的个性化要求为目标，在顾客使用过程中达到增值的效果，从而在市场竞争中建立了本企业的品牌。我国的钢铁产品基本上是以国际标准为基础，即使有企业标准的也多数用于内控，或国家标准没有覆盖的尺寸规格。在品种质量上不能满足顾客的个性化需求，这也许就是我国进口钢材数量大于出口，而出口钢材价格低于进口的主要原因。

目前，我国不少企业也有高于或严于国家标准的企业标准，但是多数只是作为对内部的控制，而不是对顾客的承诺，对满足顾客增值要求没有明显作用。产品结构的转变不只是解决规格品种问题，更重要的是针对顾客的特性化或差异化的要求提供特性化或差异化的产品。日本把这种高质量带动的高附加值的优势叫做“商品力”，并把它看成是企业竞争力的核心。具有“商品力”的企业非常关注顾客对产品和服务的要求，包括适用性、变化性、超值性、差异性和综合性要求，提供顾客满意的产品。

3.5 加强与顾客沟通过程的管理

与顾客有关过程包括与顾客沟通的过程，包括：（1）产品信息；（2）问询、合同或订单的处理，包括对其修改；（3）顾客反馈，包括顾客抱怨。

与顾客沟通，不能笼统地规定，通过产品样本、网页、电话、传真或电子邮件等形式，使顾客能够了解产品、订货和投诉等问题。企业应把与顾客沟通看成是一种质量经营重要内涵之一，是与顾客结成战略伙伴关系的重要过程或活动。

首先应当认识到顾客追求的不是产品本身，而是通过产品的流通或增值所得到的价值。在与顾客沟通方面，企业应建立倾听顾客呼声并与之对话的系统和程序。从哪里收集顾客的呼声，是必须考虑的重要问题。顾客的日常意见或从各地的办事处或营销部门所得到的顾客信息也未必能够反映顾客真正的要求和期望。特别是中间商并不能反映最终用户的意见。为了了解顾客的要求、期望和意见，除上述渠道和内容外，必须对顾客的业务过程进行分析，从中找到顾客要求提供什么样的产品或服务。图3-4是与顾客沟通系统的示意图。从中可以看出，不同层次有不同沟通内容、方法和职责的工作。

顾客抱怨可以为企业提供持续改进的信息，但是是否能够利用这些信息来达到持续改进的效果，对企业来说是一种挑战。如何对待和处理顾客抱怨也是非常现实的问题。美国哈佛大学的 John A. Goodman 和 Steve Newman 进行调查研究，并著文提出，为了正确利用顾客抱怨的信息，应充分理解顾客抱怨特点。

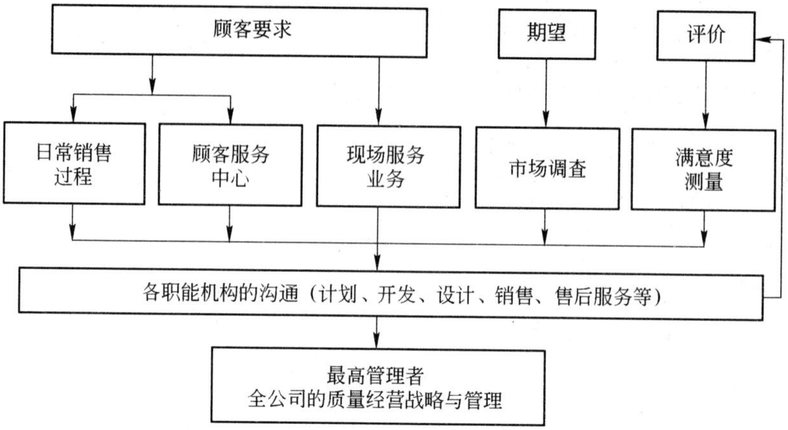

图3-4 与顾客沟通系统的示意图

他们通过调查研究，提出顾客抱怨有以下8个特点：

（1）顾客对组织提供的产品或服务不满意并不一定提出抱怨。

（2）顾客抱怨有时并不直接涉及不满意的产品或服务的原因。

（3）提供产品或服务的中间环境有时会掩盖或疏漏顾客抱怨。

（4）多数顾客可通过对问题的解释继续信任名牌产品或服务。

（5）提供产品或服务的组织与顾客间经常沟通可以减少抱怨。

（6）顾客抱怨与问题的严重程度和处理问题态度有密切关系。

（7）顾客抱怨往往集中在已经得到承诺或利益的主要大用户。

（8）顾客抱怨久拖不处理会引起顾客更多不满或更多的抱怨。

根据顾客抱怨特点，应按下列6个步骤处理顾客的抱怨：

（1）分析评价抱怨问题的严重程度。

（2）判断这类问题在市场中的数量。

（3）评估不处理问题可能受到的损失。

（4）找出产生这类问题的内部环节。

（5）分析产生这类问题的原因。

（6）确定采用解决问题的措施。

只有做到以上的分析和措施，才能不断提高顾客满意程度和市场占有率。钢铁企业是否也可以参考上述论点思考本企业的顾客抱怨有什么特点，如何处理，才能赢得顾客的信任，才能增强企业的竞争能力。

3.6 与顾客建立互利共赢的战略伙伴关系

顾客是企业生产发展的前提，没有顾客就没有生产产品的企业。企业必须满足和超越顾客要求，才能从顾客那里得到回报，从而得以生存和发展。为此，企业必须了解顾客的需求。对顾客的订单要认真评审是否具有满足顾客要求的能力，并与顾客建立沟通的渠道。不断了解顾客满意程度，改进顾客不满意的问题。质量经营更关注与顾客的战略伙伴关系，达到互利共赢的目的。在日本企业非常重视与顾客建立战略伙伴关系。例如日本本田和日产汽车是大同特殊钢公司战略伙伴（顾客），爱知特殊钢是丰田汽车的战略伙伴（供方）。他们之间是利益共存、效益共享的，并不因为暂时利益而另找对象。更不是每年搞一次招标。为了与顾客建立互利共赢的战略伙伴关系，应当运用顾客关系学（CRM，Customer Relationship Management）原理，对顾客进行分析、对顾客给予承诺、与顾客进行交流、实行顾客反馈管理和建立长期合作伙伴关系。顾客关系学（CRM）首先关注客户信息管理。对客户类型的划分、客户基本信息、客户联系人信息、企业销售人员的跟踪记录、客户状态、合同信息等进行统一管理。根据对顾客和市场的分析和辨识，区分哪些是企业的长期战略伙伴关系的核心顾客，哪些是具有发展市场前景的潜在顾客，针对顾客的需求优化设计、开发、采购、生产、销售和库存管理过程。有的企业已经开始采用CRM管理模式，纳入信息化计算机管理。但是，顾客关系管理的主要目的是和顾客建立互利共赢的战略伙伴关系，计算机管理只能是一种辅助工具，更重要的是在与顾客关系中蕴涵了诸多情感内涵，例如对顾客的尊重和理解、支持和帮助等，甚至员工和顾客之间的相互交流、接触和沟通，只有感情投入才有可能得到顾客持久的、稳定的和忠诚的回报。在企业信息化管理中CRM、SCM和ERP已经成为重要的组成部分，并在进行整合，但是顾客关系管理的核心是企业真正从顾客角度出发来为顾客着想，给顾客以满意和增值，与顾客建立超越经济关系之上的情感关系，否则顾客就不会成为互利共赢的战略伙伴关系。企业不能以为购置或开发了CRM软件就可以建立互利共赢的战略伙伴关系了，这将是一种误解。

为了与顾客建立互利共赢的战略伙伴关系，最重要的是能够向顾客提供长期的、稳定的和符合要求和增值的产品和服务。日本一家汽车公司迫于市场压力，必须将成本降低10%，于是要求提供钢材的钢铁企业也将钢材价格降低10%。钢铁企业如果将价格降低10%，就可能出现亏损，于是为了维护与顾客的互利共赢的战略伙伴关系，决定钢材价格降低5%，并帮助汽车公司合理利用钢材，减少加工损失，降低加工成本5%。首钢将销售系统由销售人员到顾客的“平面网络”发展到由销售公司、各地分公司与各地战略顾客和重点顾客组成的“立体网络”，从“市场营销”发展到“服务营销”，从“帮助服务”发展到“个性服务”，这不仅满足了顾客要求，而且实现了互利共赢，维护了战略伙伴关系。

为了与顾客建立互利共赢的战略伙伴关系，企业还应关注评价和选择关键的供方，并与供方建立长期战略伙伴关系。在彼此合作中创造一个通畅和公开的沟通渠道，确定联合改进活动，共享资源和技术，激发、鼓励和承认供方的改进及其成果，对供方的贡献给予表彰和奖励。如果缺乏这种正常的互利和双赢的关系，致使部分冶金原、辅料企业陷入困境，甚至假冒伪劣产品也进入钢铁企业，究其原因是企业如何处理供应链上的关系问题。从供方—企业—顾客的供应链来分析，为了维护企业与顾客的长期战略伙伴关系，也必须建立供方与企业的长期战略伙伴关系。任何短视行为，必然损害与顾客的关系，最后殃及企业自身。为了企业的生存发展，必须考虑顾客利益；为了考虑顾客利益，必须互利供方。只有双赢才能共同发展，失掉供方，也会失掉顾客和市场。

为了与顾客建立互利共赢的战略伙伴关系，最重要的是强化设计和开发能力。目前，我国正处于调整结构和改变经济增长方式的关键时期，为了提高国际和国内市场的占有率和竞争力，应当对战略伙伴和未来市场进行判断，并作到“前期介入”，使企业的经营从销售当今的产品转移到对顾客未来需求的识别，并为企业技术创新找到切入点，从而牵动技术创新，研发核心技术和原创技术，开发高档次产品，满足顾客发展要求，只有这样才能稳定和强化互利共赢的战略伙伴关系。与顾客建立互利共赢战略伙伴关系的关键在于技术创新的实力。

第4章

采购和供方管理

质量经营非常关注采购和供方管理，因为供方的产品质量影响企业的产品质量，供方的管理水平影响企业的管理和经营，作为企业供应链的第一个环节，必须进行严格的管理和控制。

钢铁企业的生产需要大批原料（矿石、废钢、铁合金）、材料（耐火材料、包装材料）、燃料（焦炭、重油）、辅料（造渣料、保护渣）、备品备件（结晶器、轧辊和导卫）等，有许多需要从外面采购或外包加工。

从对产品质量和经营绩效有影响的角度出发，在采购中应当控制的产品有：

（1）用于冶炼过程的原、燃料，包括铁矿石、废钢、石灰石、石灰、萤石、焦炭、耐火材料、铁合金、脱氧剂（铝锭、铝线、硅钙、硅锰、硅铁等）、增碳剂（生铁、含碳渣剂）、保护渣、保温剂、合金喂线等。

（2）用于轧制过程的物资，包括燃料油、润滑剂、穿孔顶头、芯棒、轧辊、模具、剪刃、锯片、导卫装置等。

（3）外包过程，包括委托开坯、穿孔、加工、热处理、酸洗、设备检修等。

对一个企业来说，在采购中有哪些产品应当控制是由企业本身的实际情况决定的，没有一个统一的规定。但是，必须根据生产过程和质量管理的需要进行界定，把必须控制的采购物资和外包的过程明确地确定下来，以便进行控制。

4.1 采购管理的基本原则

对钢铁企业来说，供方主要是铁合金、耐火材料和炭素电极等冶金炉料企业。2000年版ISO9000标准把企业与供方的关系看成是企业与顾客供应链上的第一个环节。供方的产品质量直接影响钢铁企业最终产品的质量，钢铁企业的质量效益中包括供方的贡献，所以钢铁企业应当与供方共同建立质量管理体系，共同为顾客服务，共同创造价值，共同获得利益，共同分享经营的成功与喜悦，也就是说应建立互利共赢的供方关系。钢铁企业正确地运用互利共赢的供方关系，不仅可以增强供需双方创造价值的能力，而且还能够增强对市场反应的灵敏性和灵活性，促使成本和资源的最优化。互利共赢的供方关系要求供方不仅提供符合要求的产品或服务，而且还要考虑建立和健全质量管理体系，通过自身的改进，为钢铁企业的质量经营提供保证，推动技术进步和提高市场竞争能力。他们不应担心是否能够及时得到货款，而是要追求在钢铁企业的发展中如何长期受益，形成互利共赢的关系。

钢铁企业为了满足顾客要求，提高竞争能力，可以向供方提出产品和服务的质量要求，甚至按顾客或标准要求建立质量管理体系，并对其进行控制和管理。在彼此合作过程中创造一个通畅和公开的沟通渠道，确定联合改进活动，共享资源和技术，激发、鼓励和承认供方的改进及其成果，对供方的贡献给予表彰和奖励。有时由于缺乏这种正常的互利共赢的关系，致使部分冶金辅料企业陷入困境，而一些浪费能源和资源的供方又应运而生，甚至假冒伪劣产品也进入钢铁企业。究其原因正是企业如何处理供应链上的关系问题。从供方—企业—顾客的供应链来分析，为了企业与顾客的长期战略伙伴关系，必须与供方建立长期战略伙伴关系。任何短视行为，必然损害与顾客的关系，最后殃及企业自身。从质量经营观点来看，为了企业的生存发展，必须考虑顾客利益；为了考虑顾客利益，必须有互利共赢的供方。只有互利共赢才能共同发展，失掉供方，也会失掉顾客和市场。

采购是产品形成过程的第一个环节，原燃材料的质量不仅直接影响最终产品的质量，也在一定程度上影响质量成本和经营效益。企业应当重视采购过程，并对其进行质量控制。

采购过程质量控制的基本原则有：

（1）质量优先：为了保证最终产品的质量满足顾客要求，必须首先保证原燃材料的质量。在采购时必须对原燃材料和备品备件的质量有规范性要求。

（2）价格合理：为了保证最终产品的价格顾客能够接受，使质量成本最佳化，必须对原燃材料和备品备件的价格进行控制。

（3）交付准时：为了向顾客准时提供产品，原燃材料和备品备件的供应必须按合同规定，及时交货，为最终产品的准时交付提供保证。

（4）体系可靠：供方应建立可靠的质量管理体系，使原燃材料和备品备件的生产和交付过程受控，获得顾客对其产品的信任。

（5）回避风险：考虑到不可预见的风险，不能只在一个供方采购某种原燃材料和备品备件。有适当数量的供方有利于回避风险和降低成本。

（6）技术共享：必要时向供方提供必要的技术支持，例如保护渣的成分和加工技术等，保证能够提供具有特殊或差异要求的原燃材料和备品备件。

（7）利益互惠：与供方建立互利共赢的关系，不仅不应拖欠应支付供方的货款，并有一定的优惠，而且从价格上考虑供方的利益。

莱钢对设备备件供方的评价指标包括：质量、交货、价格、服务、生产能力、企业业绩、企业规模、特殊工艺能力、企业环境、产品幅度和其他。

4.2 对供方的评价和选择

在选择供方前，应当对供方进行评价。为了建立互利共赢的供方关系，标准要求企业首先评价和选择关键的供方。企业在评价和选择供方时应制订比较完整和规范的准则，包括经营理念、质量管理、核心技术、装备水平、产品价格、售后服务、财务状况、行业信誉等。根据这些评价和选择项目确定评价分值，在调查研究的基础上，对评价的供方进行分类。比如总分值为100，大于 80 分的入选合格供方或分包方，作为采购的首选的供方，如果需要再从 80 以下中从优选择，形成合格供方名单，并按图 4-1 所示的程序进行评价、选择和审批并生效执行。表 4-1 和表 4-2 是这种准则的实例。

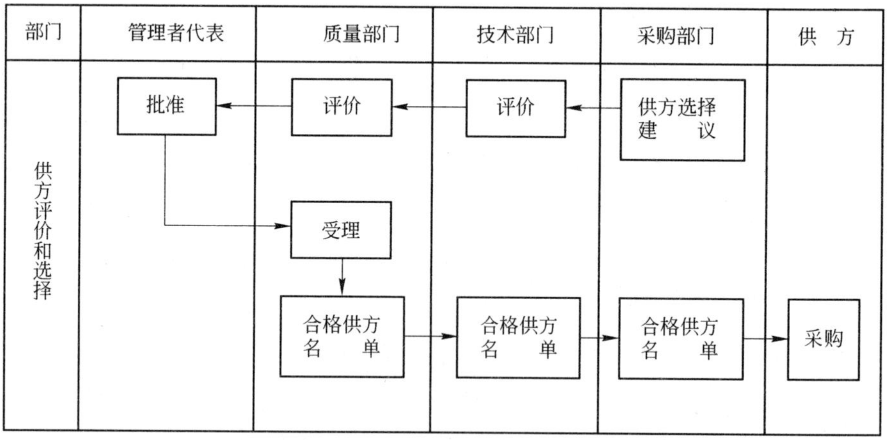

图 4-1 合格供方评价和选择程序

表 4-1 合格供方评价和选择准则

评价项目	评价内容	评价基准	评　分	备　注
经营能力	1. 领导能力（15）	（1）方针目标是否明确？ （2）组织机构是否健全？		
	2. 财务状况（10）	（1）财务管理是否正规？ （2）经济效益是否良好？		
	3. 职工素质（7）	（1）职工培训是否正规？ （2）技能水平是否可靠？		
	4. 成本管理（10）	（1）预算基准是否准确？ （2）成本管理是否落实？		
质量管理	1. 技术能力（12）	（1）专业技术是否先进？ （2）人员技能是否认可？		
	2. 设备水平（12）	（1）生产设备是否先进？ （2）设备管理是否正常？		
	3. 质量管理（10）	（1）质量体系是否健全？ （2）实物质量是否良好？		
服务状况	1. 交货期限（5）	是否准时		
	2. 联系手续（4）	是否方便		
	3. 地理位置（2）	是否接近		
	4. 交往历史（5）	是否长久		
	5. 合同份额（4）	是否较大		
	6. 异议处理（4）	是否及时		
其　他				

表 4-2 合格供方评价选择表

供方名称					
地　　址					职工人数
联 系 人			电　　话		
供应产品			传　　真		
供应数量			电子邮件		
是否取得 ISO9000 认证			质量体系认证范围		
评价选择基准	经营状况	生产能力	技术水平	质量体系	合　计
评　分	/25	/25	/25	/25	/100
评价日期					
评价结论					
参加评价人员	部　门		姓　名		签　字
批　准			日　期		

注：必要时，由各使用部门提出，评价和选择应附有背景资料。

有的专家曾经认为招投标对采购有好处，并举例证实招投标对降低成本和提高效益的作用。不可否认，货比三家，择优采购，对一次性采购，特别是政府采购，可以增加透明度、节约开支、防止腐败和规范管理。但是，对钢铁企业的采购，特别是日常大量消耗的原燃辅料和备品备件的采购还是以供需双赢（例如湘钢和萍煤的战略伙伴关系）的方式好。

从产品质量形成过程来讲，供方是钢铁产品形成链上的第一个环节，原燃辅料的质量直接影响钢铁产品的最终质量。供方的质量管理是钢铁产品质量管理的一部分，供方应当按钢铁企业的要求建立质量管理体系，并与钢铁企业共享资源和技术，共同创造钢铁产品质量。钢铁产品的质量包含着供方的贡献。因此，钢铁企业应当与供方建立双赢的关系。

世界上著名的汽车制造企业的零配件和材料的供应基本上是定点的，而且决不轻易更换，因为这些供方最了解他们（汽车制造企业）的需求和期望，并从技术和管理（甚至价格）上满足、乃至超越他们的要求。这是多年合作的结果，是一种战略伙伴关系。例如日本的丰田汽车采用爱知的特殊钢，而日产汽车采用大同的特殊钢。共同拥有专利，共同增强竞争力。

经常招标只顾一时的成本，忽略长远的利益，经常更换供方会割断对产品质量非常重要的供应链。所以ISO9000标准对采购的要求是界定应当控制的采购产品，针对这些产品的质量要求，评价和选择供方。一旦选择成为合格供方后，便成为受控的采购对象。不允许在合格供方名单以外进行采购。从质量管理角度，特别重视供需双方的技术合作和资源共享，成为与供方建立互利的关系，而不是只顾钢铁企业利益。

从钢铁企业作为供方换位来考虑，也希望千方百计地从质量和成本上满足顾客要求，使顾客稳定，并结成长期伙伴关系。为此，作为供方就会从顾客要求出发，提高质量、降低成本，争取成为顾客的固定供方，占有固定的份额，这也符合市场细分的营销原则。“打一枪换个地方”不是现代化采购的好方式，更不符合质量经营的原则。

4.3 采购过程应具备的文件资料

采购过程也应具有必要的文件资料，例如采购计划、采购物资的技术标准或技术条件、样本或图纸等。这些文件资料应按图4-2所示的程序进行控制。

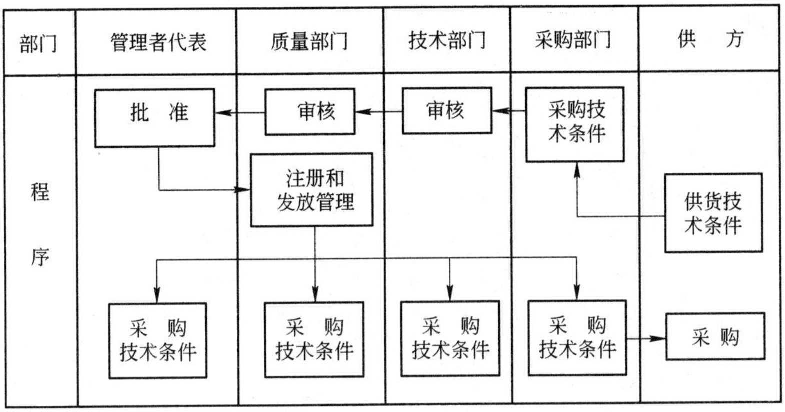

图4-2 采购技术条件的形成、审批和运用程序

目前，钢铁企业的采购文件主要包括采购计划和采购合同，在合同中注明采购物资的标准或技术条件，但是多数企业对采购文件缺乏规范的管理。特别是对采购产品的技术条件，标准不全、版本过时的现象比较普遍。至于对一些非标准化的产品，更是缺乏采购依据，例如保护渣、增碳剂、脱硫剂等没有详细的技术条件和要求。有些企业甚至没有轧辊图纸和技术要求。在签订合同时没有注明技术要求、验收程序、技术标准以及相应的质量保证的现象不在少数。

4.4 对外包方的控制

外包也可以看成是一种采购，不过采购的不是产品，而是采购过程，例如委托开坯、穿孔、加工、热处理、酸洗、设备检修等。对外包方的控制，除进行评价和选择外，还可以根据外包过程的特点，采取第二方认证的形式，对外包方的质量管理体系或产品进行认证。表4-3是某企业对外包方进行诊断的项目和判定准则。

当然，各企业可以根据本企业实际、采购产品与外包过程的特点，规定适合本企业的对供方和外包方进行控制的方式或方法，使采购和外包过程与本企业的产品实现过程协调一致，满足顾客的要求。

表 4-3 对供方或外包方进行诊断的项目和判定准则

序　号	检查内容	判 定 准 则	Y/N
1	管理职责	各级管理职责是否规定和落实？	
2	技术规程	是否有外包过程的技术规程？	
3	质量记录	是否有生产和检验记录？	
4	炉号管理	是否具有标识和可追溯性？	
5	计量管理	用于过程和产品检测的器具是否检定？	
6	过程控制	过程是否受控并稳定，是否有质量控制点？	
7	产品检验	是否建立原料、半成品和产品检验制度？	
8	不合格品处理	如何处理不合格品，如何防止发生或再发生？	
9	设备管理	设备能力、点检和维修状况如何？	
10	操作技能	员工操作水平和培训如何？	

4.5 采购产品的验证

采购的产品是否符合规定要求，应当采取一定方式进行验证。验证的方法可根据采购产品的重要性和品种采取可行的方式。

对采购的产品进行进货检验和试验，也就是复验是一种最可靠的验证方式。但是考虑到成本，只能对那些必须复验的产品才进行这样的验证。例如对进厂焦炭的水分必须进行分析，不仅在计价上需要，而且对高炉上料进行水分补正也需要。又如对铁合金中主要成分进行抽检，以确定加料数量和保证产品成分的准确性。

有些采购的产品不必进行检验或试验，特别是供方提供的产品质量稳定，只要查阅质量保证书就可以了，这也是对采购产品验证的一种形式。例如保护渣、增碳剂或脱硫剂，甚至有一部分耐火材料，如果进行分析还必须增加一些分析检验设备和仪器。有些采购的产品则是根本无法检验的，例如计量器具、标准样品和工艺润滑油等。

钢铁企业的顾客很少有对采购产品进行现场验证的情况。但是，为核工业提供产品时，顾客有时会要求对采购产品进行某种方式的验证。例如查阅复验报告或到供方现场进行考察等。当然，这种情况是不多的，如果存在应当在合同中加以明确。

4.6 对采购产品质量的信息反馈和处理

目前，有些企业对供方或外包方提供的产品或过程，如果发现不合格，往往采取让步接收或降价处理。让步接收是一种对使用或放行不符合规定要求的产品的许可。让步通常仅限于在商定的时间或数量内，对具有不合格特性的产品的交付，不能成为一种惯例。ISO9001 标准规定了企业内部的沟通和与顾客的沟通，没有规定与供方的信息交流。应当提倡和加强与供方的沟通，在采购的全过程中与供方保持密切联系。当出现不合格品时，如图 4-3 所示，能够及时反馈并得到纠正和改进。

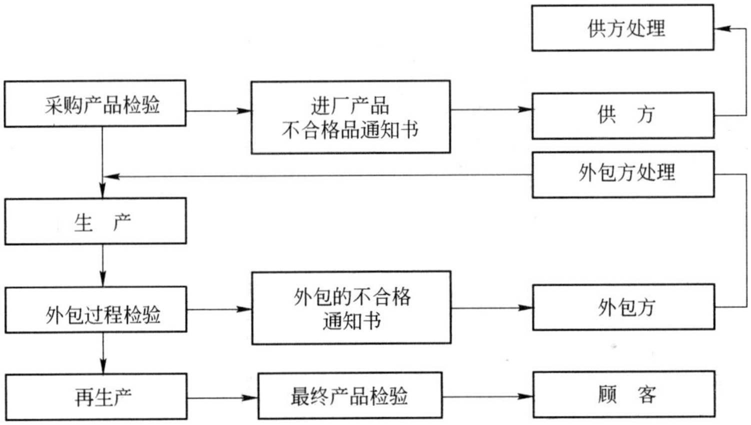

图 4-3　采购产品和外包过程质量信息反馈和处理的示意图

也有的企业采取定期评价或诊断的办法来控制供方和外包过程。如果通过评价或诊断分析了问题，企业应及时与供方和外包方进行沟通，并采取措施指导供方和外包方进行纠正和改进。国外还有对供方和外包方采取表彰和奖励的办法，使供方和外包方成为企业的战略伙伴。还有的企业对供方和外包方进行系统培训，使他们了解最终顾客的要求、采购产品和外包过程的重要性，提高供方和外包方加强质量管理的意识和能力，保证原燃材料、备品备件和外包过程的质量。

第5章

标准化管理

5.1 什么叫标准化

ISO/IEC GUIDE 2：1996 3.2 对标准的定义为："在一定范围内获得最佳秩序，对活动或其结果规定共同的和重复使用的、经协商一致制订的，并经公认机构批准的规则、导则或特性的文件。"可以理解：标准是对重复性的事物和概念所做的统一规定。标准是以科学技术和实践经验为基础，经有关方面协调一致，由主管机构批准，以特定形式发布，作为共同遵守的准则和依据。一般来说，标准有以下特点：

（1）重复性：只有重复性的事物和概念才有可能有必要制订标准。

（2）科学性：标准产生的基础是科学、技术和实践经验的结晶。

（3）协调性：标准需要经过有关方面的讨论、协商和协调一致。

（4）程序性：标准文件有一套制订、批准、颁发和执行的程序。

对重复性的事物或概念（包括生产技术、经营管理、岗位工作）通过标准达到统一，以获得最佳效果的活动或过程，叫做标准化；或者说将重复进行的作业方法制订成标准，根据标准进行作业的过程或活动就是标准化。

标准化的特点是有明确的目的、有重复的活动和有组织的实施。目的在于建立社会和企业的最佳活动秩序并取得经济效益和社会效益。标准化的对象是重复性的活动或过程。可以是全部重复的，也可以是部分重复的。标准化是一个有组织活动的过程。对标准化活动进行动态管理。标准化是现代化管理的基础，也是质量经营的准则。推行标准化能够提高企业的管理水平和员工的素质，保证生产持续有序地进行和产品质量的稳定和提高，有利于质量经营有效运行和提高企业的经济效益和社会效益。

5.2 什么叫标准化管理

标准化管理是指符合外部标准（法律、法规或其他相关规则）和内部标准（企业的产品标准或作业标准）为基础的管理体系。在市场激烈竞争的环境下，企业经营管理的有效性和效率非常重要。为了提高企业经营管理的有效性和效率，一般提倡3S原则，即Standardization（标准化）、Simplification（简易化）和Specialization（专业化）。其中标准化是企业经营管理最重要的基础。例如质量管理、生产管理或信息化管理，如果没有标准化管理作为基础，其他任何管理都是不可能发挥作用的。

标准化管理的主要作用不仅是为企业质量经营提供科学管理的基础，而且是为满足顾客要求提供质量保证。标准化管理将产品或服务的质量、成本和交付期纳入规范化管理，协调产销秩序。标准化管理有助于采用国际标准，履行国际合格评定程序，消除贸易障碍。标准化管理有助于在市场竞争中，提高企业管理水平和产品质量水平，提高经济效益，促进企业发展。

日本在对企业的质量经营调查中，标准化管理是重要内容之一。在质量经营中标准化管理不仅限于产品，还包括过程、活动和岗位。标准化对产品的作用在于准确沟通和及时传递顾客和企业之间对产品质量要求的信息，确保产品质量的一致性和使用的互换性，确保质量、成本和交付期。标准化对过程或活动的作用在于明确管理职责、资源、信息和运行程序。标准化对岗位的作用在于规定应当作什么，不应当作什么，偏离了目标应当如何纠正。

鉴于市场需求的不断变化和科学技术的持续发展，企业的产品和服务也必须相应地创新。为此，企业的标准化管理也必须适应不断变化的形势，即所谓的“动态管理”。特别是当前企业自动化和信息化水平不断地提高，不仅对物质流、资金流和信息流进行一体化管理，而且对能源介质、安全生产和环境管理的管理也进入了经营管理体系，标准化的管理水平必须随之改进和提高。企业的标准化管理已经进入了全面融合时代，包括基准、标准规范化、管理方法标准化、行为动作标准化、时间系列标准化、工作程序标准化、能源管理标准化、安全生产标准化、环境管理标准化、礼仪服装标准化和标识标志标准化等。

标准化的管理包括标准的制订和修改，标准的分级、审批和发布，标准的贯彻执行和监督检查，标准化管理机构设置和队伍建设等。有的企业为了加强标准化的管理工作，成立了由公司领导为主任委员、各有关部门领导为委员的标准化工作管理委员会。委员会下设专职机构，其成员由标准化工程师和有关技术管理人员组成。标准化管理机构的主要任务是：承担企业标准化计划的起草、协调和修改、印刷和发放工作，负责监督企业标准的实施和协调工作，提出改进方案和负责日常管理工作。

5.3 标准化管理的作用

企业的标准化是企业的质量经营的坚实基础。标准化不仅能够提高产品和服务质量，也能够提高经营管理水平。

企业管理具有双重属性，一是自然属性，即科学合理地配置和利用资源与能源，使企业实现创新开发和科学生产管理；另一是社会属性，即以人为本，加强管理，建立企业文化，促进质量经营。在市场经济体制下，企业的产品和服务质量是竞争的核心，为了提高市场竞争力，必须提高产品和服务质量，降低成本，缩短交付期，因此必须加强生产管理、技术管理、质量管理、采购管理、物资管理、成本管理、经销管理、设备管理、安全生产管理和环境保护管理等。为了实现上述管理的科学性和有效性，必须进行标准化。换句话说，标准化管理是企业现代化管理的基础。

企业管理具有双重功能，一是对内功能，即使企业稳定生产、积累技术、确保互换性、提高可靠性、实现职业健康安全生产和节能减排环境保护；另一是对外功能，向客户和市场提供增值产品或服务，提高客户满意度和忠诚度，提高企业竞争力，关注相关方利益和履行社会责任。为了充分发挥上述功能，必须进行标准化。换句话说，标准化管理是企业现代化管理的核心。

企业管理具有双重作用，一个是程序化作用，按过程方法进行管理必须按过程活动程序进行，有输入，有输出，有先有后，有严格的程序；另一个是规范化作用，规范化要求任何过程和活动必须有准则，标准化管理能够实现程序化和规范化。换句话说，标准化管理是企业现代化管理的准绳。

钢铁企业的发展逐步实现大型化、机械化、自动化和信息化，管理范围扩大，职责分工细化，技术内涵复杂，协同单位众多，必须以标准化管理作为手段，才能发挥企业管理应有的作用。现代化的企业不仅产品生产要符合标准要求，技术操作也应符合规程要求，组织活动、职工行为、激励机制和改进程序也要有规范的制度。现在质量管理在执行 ISO9000 标准，环境管理在执行 ISO14000 标准，职业健康和安全生产在执行 OHSMS18000 标准等，可以看出今后的企业管理将会全部是标准化的管理。

5.4 企业标准化的内容

标准化是企业管理现代化的基础，企业管理的现代化必须以标准化为重要管理方法。企业的标准化是企业的产品、活动和过程全部形成标准化体系。企业标准化体系的构成如图 5-1 所示，是以产品标准为核心，以作业标准为基础，以技术标准和管理标准为支撑，以基础标准为指导的标准化体系。

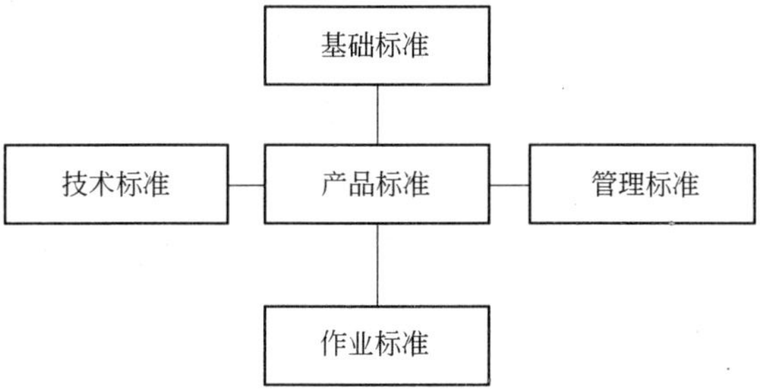

图 5-1 企业标准化体系的构成关系

标准是对重复性事物或概念所做的统一规定，应有规范性的建立程序和表述格式。企业标准应按国际标准或国家标准的规定进行编制。国家标准 GB 1《标准化工作导则》，包括《标准编写基本规定》、《标准出版印刷规定》、《产品标准编写规定》、《化学分析方法标准编写规定》、《符号、代号标准编写规定》、《术语标准编写规定》、《产品包装标准编写规定》和《信息分类编码标准编写规定》等。

企业应参照国家标准 GB 1《标准化工作导则》，建立本企业的标准编制规范化的程序。企业标准一般包括基础标准、技术标准、产品标准、管理标准和作业标准。

5.4.1 基础标准

基础标准是标准化管理的重要基础。基础标准包括通用的基础标准和专用的基础标准。通用的基础标准一般是指标准化工作导则、计量单位标准、术语标准、符号、标志标准和信息分类编码标准。专用基础标准是指用于制订某些过程的管理标准或某种产品的技术标准的基准。基础标准是标准化中所有标准的基础，具有指导作用。

5.4.2 产品标准

产品标准是企业标准化体系的核心。企业是通过产品来满足顾客需求，也是通过向顾客提供增值的产品而获利并发展壮大的。产品标准是企业竞争力的表现，也是企业核心技术的结晶。企业的产品标准应以国家标准和国际标准为基础，并具有本企业的特点，能够满足顾客增值的要求。

产品标准是规定产品特性的，是企业研究和开发的结果，是标准化体系的核心。目前有些企业没有企业产品标准，只是执行国家产品标准，这说明这个企业没有或缺乏研究和开发能力，只能按国家标准生产，不能满足顾客的增值要求或附加要求。有些企业虽然也有企业的产品标准，但并不用于作为订货的依据，而是内部控制和考核生产的标准。这种标准没有给顾客带来选择的机会，不能体现差别化。还有些企业的产品标准在表述格式上不符合 GB 1.1～1.3 的规定，从内容条款上也没有完整地描述产品的特性体系，不能称其为标准。同样属于产品标准，形式和内容差异很大。

例如，国外有的企业标准，化学成分规定的范围比国家标准窄，夹杂物不仅规定级别还规定形态，尺寸公差也更严格，并用于作为向顾客订货的依据（但在某些情况下对同行是保密的）。这样的标准是符合顾客特定要求的，所以才形成了与顾客长期的战略伙伴关系。例如汽车用冷轧钢板，虽然有国家标准，但是，汽车厂商向钢厂订货的标准完全是企业的产品标准，而且各企业的标准都各具特点，供顾客选择。我国钢铁企业中只有宝钢等少数企业制订了具有完整体系和规范格式的产品标准，多数企业还只限于采用国家标准，甚至还有个别企业低于国家标准，让顾客让步接收或偏离许可。

为了建立健全的和完整的产品标准，应大力加强企业的研究和开发工作。目前有些企业的技术中心作得好，但也有相当多的企业的技术中心没有能力从事这方面的研究开发工作，而对已经有国家标准和国内其他企业已经生产的产品，由于本企业没有生产过，将其作为研究开发的对象，所制订的企业标准仍然没有超过甚至还低于国家标准，这种现象仍然存在。如果没有足够的研究开发能力，企业的产品标准体系是很难形成的。

5.4.3 技术标准

产品的实现过程是靠技术和管理来支撑的，所有的技术应通过标准化来体现和发挥出来，这主要包括工艺技术规程、设备操作规程、分析检验规程和安全环保标准等。其中以工艺技术规程为重点，是实现产品质量（Q）、成本（C）和交付（D）的关键。

技术标准主要是工艺技术规程，它是产品实现过程策划的重要输出。工艺技术规程有两种，一种是过程本身的策划（例如炼铁工艺技术规程或炼钢工艺技术规程等），另一种是过程与过程关系的策划（例如型钢、板材或线材工艺技术规程）。前者是一个点，后者是一条线。有些企业把前者的标准化责任放在基层生产现场，把后者的标准化放在职能部门。这样很难保证过程的增值和系统优化的完整结合。国外先进企业是以产品的标准化带动过程的标准化，即工艺技术规程的形成和优化。有某一种产品订货，就形成一组代码，其中包括了产品特性和工艺过程。表 5-1 表示的是某国外企业的冷轧钢板订货代码，第 1、2 位代码表示产品用途，第 3 位代码表示需要什么坯料，第 4 位代码表示表面等级，第 5 位代码表示特殊用途要求。

表 5-1 产品订货代码

1	2	3	4	5
用途代码		坯料代码	表面代码	特殊用途代码

例如有一份订货合同上写着 20142，那么 20 表示汽车车顶用的冷轧钢板，1 表示真空处理的钢坯，4 表示 05 表面质量等级的，2 表示磷化处理的。这批订货下到生产现场后，便根据代码组合成一组生产工艺，进行有针对性的生产。根据产品要求组合工艺，这是工艺技术规程规定的，是产品标准化要求工艺技术标准化，或者说工艺技术标准化保证和支持着产品的标准化。如

果工艺技术规程不能作到这一点，面对所有产品工艺技术规程都是一成不变的，产品就不可能具有特色，或者说很难满足顾客的特性要求。

5.4.4　管理标准

管理标准是为了有效地保证技术标准的贯彻与实施，协调统一管理工作的标准体系，包括有生产管理、工艺管理、技术管理、质量管理、计量管理、采购管理、营销管理、物资管理、设备管理、工模具管理、能源管理、安全生产管理、环境管理等。管理标准应分层次（决策层、管理层和执行层）明确职责权限，规定能力和资格，推行适用的管理模式，采用适宜的管理方式，指定管理标准和监管方法，规定与管理模式和方法相协调的管理工具，必要时将行为、语言和时间也列入管理标准中。

管理标准也是产品标准的重要支撑。例如销售管理，必须首先识别和评审顾客要求，规范销售过程，将顾客要求转换成上述那样的代码，使生产现场能够进行有针对性的生产。采购管理也必须根据顾客要求，界定采购产品控制的范围和标准，评价、选择和控制供方，对采购产品进行验证。生产管理同样根据顾客要求组织生产，保证质量、成本和交付期。另外，还包括质量管理、财务管理、设备管理、人力资源管理、环境管理、职业健康安全管理、能源管理、信息管理等。所有的管理都围绕产品标准化形成各自过程管理的标准化，才能共同形成质量保证和质量控制，从而形成完整的质量经营体系。

5.4.5　作业标准

作业标准是作业动作的标准化，用于规范作业活动和行为，主要内容有作业顺序、管理要求、技术要求、质量要求、安全要求、环境要求、信息要求和异常处理要求。作业标准集管理和技术标准为一体，是保证产品质量、成本和交付期的基础。作业标准应按管理和技术要求突出重点、规定具体、适当量化、适于操作。

作业标准包括生产岗位和管理岗位，使所有的岗位活动都规范化，是实现企业标准化的基础。岗位标准是技术标准和管理标准的结合点。岗位标准内容兼容了技术和管理两方面内容，实现技术和管理的整合。最高管理者、各管理层次管理者和执行者都应当有岗位标准。目前，很多企业重视生产岗位的岗位标准，忽视工作岗位的岗位标准，强调工人生产活动的标准化，放松了干部管理过程的规范化，是企业标准化的一个薄弱环节。形成这种局面的重要原因之一是管理过程没有识别过程中活动、活动与活动的关系，职责权限不清，判断准则不明，评审和确认不够，总之没有贯彻实施相应的技术标准和管理标准。如果生产岗位的工人有岗位规程，管理岗位的干部也有岗位规程，岗位标准得到了贯彻和落实，那么企业的标准化就有了基础，技术标准化和管理标准化就有了保证，产品的标准化才能真正得以实现。

5.5 质量经营管理的标准化

质量经营非常强调和重视标准化。质量经营不仅要求产品和技术有标准，也要求经营管理有标准。质量经营标准化的主要内容是规范、管理和改进企业经营过程和活动。

5.5.1 经营管理层次的标准化

现代化的钢铁企业，虽然设备先进，自动化程度逐步在提高，但是也必须对员工进行正确的指挥和有效的管理。钢铁企业是规模比较大的企业，为了保证企业生产经营的正常运行，管理者必须设定合理的经营管理层次，授权分担一部分管理工作。经营管理层次，就是在职责权限等级链上所设置的管理层次的级数，或者说形成了企业组织结构的等级制或层次性管理结构。企业管理层次和管理范围之间存在着一种反比的关系。管理范围越宽，管理层次就越少；管理范围越窄，管理层次就越多。前者叫做“扁平型”结构，后者叫做“高耸型”结构。现在钢铁企业的组织结构多数是属于“高耸型”，机构和层次都多，分工复杂，互相推诿，管理效率低。“扁平型”组织结构比较精简、灵活、精干、效率高。现在有些企业，特别是民营企业的组织结构偏向于“扁平型”。

“扁平型”组织结构一般包括经营决策层、专业管理层和作业管理层。经营决策层就是企业的高层领导，负责策划和决定企业的经营理念、愿景、使命、价值观、发展战略和经营方向等根本性问题。专业管理层就是企业的管理机构，例如部、处或室等。下面不再设置科室，直接服务到基层。作业管理层是基层组织，如宝钢借鉴日本新日铁的模式，在作业管理层推行作业长制，负责生产现场管理。在日本有的钢铁企业，专业管理层的部长兼任专业生产现场的工场长。Staff 和 Line 扁平合一。

经营管理层次标准化可以保证企业在外部环境和经营形势发生变化时，能够持续有序地正常运行，同时具有一定的适应性。

5.5.2 经营管理方法的标准化

经营管理方法就是管理模式，不同的企业结合本企业实际探讨和实施适合本企业的管理模式。管理模式就是把企业的管理方法标准化。例如对经营管理的过程按 PDCA 循环或 5W1H 方式对 4M1H（人、机、料、法、环）进行管理，并采用老的或新 7 种统计工具，按持续改进的程序（提出问题、调查现状、分析原因、确定目标、提出对策、付诸实施、检查效果、纳入标准和继续改进），完成企业的方针、目标和指标。

随着技术进步和经济发展，经营管理方法也在不断地创新，例如目前很多钢铁企业采用6σ。在统计学术语中 6σ 是指标准偏差，即在百万个机会中存在 3.4 个缺陷。而在经营管理的术语中是指改进质量和降低成本的一种方法，即以 DMAIC 模式为基础的一种解决问题的逻辑框架。

DMAIC 是英文界定（Define）、测量（Measure）、分析（Analyze）、改进（Improve）和控制（Control）的缩写。采用6σ 的 DMAIC 方法首先应界定问题，然后收集数据进行测量，分析问题产生的原因和解决的方法，实施改进措施和控制防止再发生。6σ 的 DMAIC 方法最初是作为一种质量经营绩效测量方法而引入的，现在已经演变成为一种制定发展战略、降低生产成本、提高产品质量和改进经营业绩的管理模式，并在一些企业中获得成功，于是被普遍重视和采用。但是，采用6σ 的 DMAIC 方法有些必须具备的条件，否则是不会成功的。这些条件包括：

（1）最高管理者承诺实施6σ 的 DMAIC 方法作为经营管理模式。

（2）构筑团队工作方式，树立全局整体观念，跨部门解决问题。

（3）建立倡导者、黑带与绿带等带位系统，将企业变为学习型组织。

（4）加强与顾客的沟通，识别、满足和超越顾客的期望和需求。

（5）强化人力资源管理，对员工的能力有要求并建立激励机制。

（6）强化供方管理，对供方的资格有要求并应建立双赢机制。

（7）在预防和解决问题中充分运用适用的统计技术和工具。

（8）重视项目的优先顺序、选择和管理，通过项目管理达到总目标。

（9）将 DMAIC 扩展到设计开发和产品实现或服务提供过程。

（10）作为持续改进方法，提高企业的质量经营业绩。

5.5.3 经营管理过程的标准化

经营管理过程是指企业各职能机构的业务工作，经营管理过程标准化就是把企业质量经营过程中的各项重复性的业务工作形成标准，使这些重复性的业务工作程序化和规范化。企业质量经营过程中的各项重复性的业务工作包括规划、生产、技术、质量、安全、环保、节能、营销、采购、物资、设备和运输等过程。对这些过程应全部进行标准化管理。

经营管理过程标准化必须符合企业的战略方针和适用的法律法规要求，结合企业实际，参照国际标准和国外先进标准，采用各种现代化的管理方法，针对质量经营中的各项过程或活动制订管理标准，例如管理基础标准、生产管理标准、技术管理标准、设计和开发管理标准、质量管理标准、能源管理标准、环境管理标准、安全生产管理标准、采购管理标准、营销管理标准、物资管理标准、设备管理标准、财务管理标准、无形资产管理标准、人力资源管理标准等。通过经营管理的标准化使上述这些过程程序化和规范化，避免和减少随意性。

近年来，随着贯彻实施 ISO9000、ISO14000 和 OHSMS18000 国际标准，对企业的质量管理、环境管理和职业健康安全管理过程及与其有关的过程逐步在程序化和规范化，但是多数企业只是将上述过程按程序文件进行控制，仍然缺乏企业标准化，有的只规定过程程序，缺乏判断准则。正如日本东京大学的久米均教授说的："这些标准根据内容由国家、行业、企业、部门等来设定，没有基于自然科学法则的标准那样具有必然性，怎么样规定，规定什么，有一定的随意性。"经营管理过程标准化应由 3M（Material 物、Men 人和 Management 管理）为要素，按企业中不同的业务形成各种专项管理方式。这些管理方式并不是一成不变的，随着技术进步、经济发展和市场变化，管理方式也应相应地改变。

鞍钢在 2010 年全面运行战略绩效管理体系，将企业的规划愿景和战略规划落实成具体的行动计划，保证战略的有效实施。鞍钢的这种管理分 5 个阶段：第一阶段制订战略发展规划，第二阶段转化战略，第三阶段规划运营，第四阶段监督、控制和决策，第五阶段检验和调整战略。战略绩效管理体系中的财务指标与非财务指标、结果与驱动指标、内部与外部指标、定量与定性指标有机结合和平衡，有效地促进了企业中长期发展战略的执行与年度生产经营目标的实现。

鞍钢股份有限公司通过建立和实施“精益化成本管理模式”，为企业建立和完善了内部生产经营有效运行的激励机制，特别是在市场变化比较大的形势下，能够为领导层迅速对应危机和调整经营指标提供准确和详细的信息，实现企业的目标。“精益化成本管理模式”的要点是以精益化理论为指导，以成本管理精益化为核心，综合运用目标成本导向、预算成本指引、工序标准成本控制、卓越成本对标、品种成本优化、质量成本削减等方法，综合利用企业外部和内部各种信息，协调企业内部各种责任单位和部门的效益目标，平衡优化企业资源配置，形成系统的成本优化和效益提升的成本管理机制，实现成本管理流程规范化、方式精益化、效益最大化，有效地抵制市场风险。

莱钢建立的“高性能价格比采购设备备件的供方动态评价体系”，包括对供方评价指标体系与选择模型，规范了采购设备备件的程序和准则，稳定和提高了备件质量，延长了备件寿命，减少了备件消耗，固化了合格供方，实现了共赢共享。唐钢创新的“三废资源综合利用管理模式”，建立了三废资源综合利用管理体系，明确了管理职责，规定了回收程序，健全了考核制度，强化操作规范性，实现三废利用标准化。

宝钢的能源管控体系包括 6 个主功能模块（节能目标控制、能效因子的辨识和控制、能耗源的辨识和控制、能源计量和统计、能源专业审核、节能技术和节能项目）、3 个在线信息管理系统（能源管理分析决策支持系统、能源价值管理系统、能源计量设备管理信息系统）、4 个方面的支撑保障（领导和组织网络、记录和信息沟通、人员和能力培训、管理程序和标准）。将能源流、制造流、价值流和设备状态规定了 16 个节能方向，使企业的能源管理不仅标准化，而且建立能源计算机管控中心，将企业的经营管理过程的标准化提高到一个新的水平。

另外，宝钢还对行为动作、时间系列、工作程序、服装标志等也进行了标准化管理。

5.5.4 经营管理工具的标准化

企业经营管理过程需要运用各种管理工具，例如日本有老7种工具（排列图、因果图、分层法、检查表、直方图、散布图和控制图）和新7种工具（关联图、亲和法、系统图、矩阵图、矩阵数据分析、过程决策程序图和矢线图）。我国钢铁企业在QC小组活动中多数使用排列图、因果图和分层法，少数也有使用直方图和控制图的。但是在企业正常的生产经营过程中对经营管理工具的使用缺乏标准化管理。

宝钢从20世纪90年代开始就规定在质量管理和其他管理过程中采用新7种工具。在具体应用新7种工具时，首先用关联图找出各种有关影响因素，以矢线表明各因素之间的关联，然后用亲和图设想工作方法的各个方面和可能采用的措施，再用系列图逐级展开达到工作的目的和采用的方法，一直到不能够再展开的基本方法为止，进一步按程序、功能和因素找出相互关系，标识相应的符号，画出矩阵图，将上述关系数值化，利用计算机进行处理。找出影响因素和范围，再画分析图，这就是矩阵数据分析法。如果事态发展不确定，可以采用决策程序图制订计划，事态完全确定后即可以采用矢线图安排计划。

通钢按层次的不同将经营管理工具分为三类，即初级、中级和高级管理方法。初级管理方法是比较常用的统计管理方法，主要包括排列图、因果图、调查表、直方图、散布图、控制图、分层法等。中级管理方法主要是管理层及有关技术人员使用，主要包括方差分析、回归分析、正交试验、假设检验、抽样调查方法、抽样检验方法、功能检查方法、头脑风暴法、树图、PDPC法、网络图、矩阵图、亲和图、流程图等。高级管理方法主要是战略层及高级管理人员使用，主要包括高级实验计划法、多变量解析法等。

质量经营管理过程是通过产品、技术、管理和作业标准化的建立、实施、保持和改进来实现的。多数钢铁企业产品和作业标准化初见成效，技术和管理标准化比较薄弱。即使已经策划或实施了技术标准化，但是也主要是产品生产过程的工艺技术规程，对其他方面的技术标准化不够充分，同样管理标准化是从质量管理开始，目前又在进行环境管理和职业健康安全管理的标准化，对其他方面管理的标准化也不够充分。像宝钢那样，实现企业整体过程和活动的标准化管理，对有些企业来说，标准化工作还有很长一段路要走。为此，企业首先应进一步认识企业标准化的重要性，认识到企业标准化可以实现简化、统一、协调和优化，认识到企业标准化对生产经营的巨大作用，从而强化标准化管理，把企业的经营管理与企业标准化工作结合起来，使经营管理通过标准化管理得到增值和优化。

第6章

技术创新管理

6.1　质量管理模式的变化

任何事物都是在变化和选择中生存和发展的。没有变化或选择，就意味着消亡。任何变化和选择必须有思想、方法和途径。质量经营也同样，钢铁企业的质量经营也不例外。

我国钢铁企业在20世纪60年代的质量管理主要依赖于质量检验（注重结果）和质量控制（注重过程），80年代从日本引进全面质量管理，主要关注质量改进（注重系统）。90年代贯彻实施ISO9000标准，进一步规范了质量管理活动、过程和体系，而近年来从西方国家引进的六西格玛，则强调过程和系统的结果取向。

TQM虽然也关注活动项目的结果，但是主要还是强调对员工的培训、QC小组活动以及相应的质量改进。六西格玛不仅重视活动的结果，而且特别关注战略的结果。六西格玛总是与企业的战略相结合。近十年来，计算机技术和统计软件的巨大变化，对将TQM演变为六西格玛也起到了重要的推动作用。

有人批评六西格玛是“新瓶装老酒”。这是因为六西格玛接受了朱兰的三部曲的概念。将质量控制融入到六西格玛DMAIC业绩改进模式中，六西格玛DPSS中的策划类似于朱兰的质量计划的概念。六西格玛的项目管理则与朱兰的项目管理思想相似。六西格玛实际上是朱兰质量管理思想和实践的发展。

最近有的国家将质量管理按产业类型（硬件、软件、流程性材料和服务）、产品生产或服务提供过程和核心要素进行精益化管理。在日本已经将“质量管理”发展为“质量经营”，企业不仅应提高产品质量、服务质量和工作质量，更重要的是应提高经营质量，把提高企业的市场竞争力作为质量管理的目标。把质量管理融合在企业的经营管理中，成为其不可缺少的组成部分。质量经营是质量管理的创新和发展。

6.2 创新理论和系统创新

"创新理论"是熊彼特（Joseph A. Schumpeter）在1912年出版的《经济发展理论》一书中首次提出来的。创新是指建立新的生产函数或供应函数，是在生产体系中生产要素和生产条件的新组合。在1980年"美国竞争力大会"（Conference of U. S. Competitiveness）上，美国经济学家肯德里克（John W. Kendrick）指出，从1929年到1978年，美国生产率增长有40%是靠技术创新取得的，而仅有15%是靠劳动资本取得的，他的看法是技术创新的作用要超过劳动资本的作用（见图6-1）。

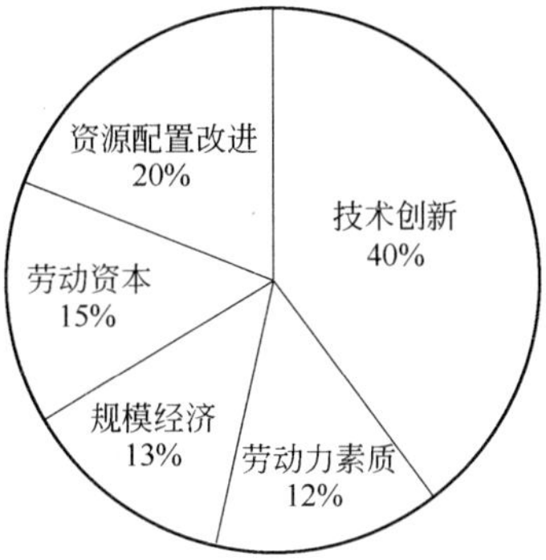

图6-1 技术创新和生产率增长的关系

创新对成功的企业家也会产生明显的利益。当然，创新也会摧毁原有的产品、过程和业务。例如打字机作为计算机技术创新的牺牲品而被消亡。有的企业将质量管理过程与生产制造过程一体化，把质量管理部门整合成系统创新部门。宝钢是我国钢铁行业中最早建立系统创新部门的企业。系统创新包括过程创新和产品创新。产品创新是开发具有吸引顾客和使顾客增值特性的产品；而过程创新的目的在于降低现有生产过程的成本，或提高整个供应链的效率。而为了使创新过程系统化并降低过分依赖于领导的个人能力或才干，采用适用的工具和方法是必要的。它们可以用于系统地分析顾客的需求和期望，分析和研究遇到的问题，开发解决问题的方法，以保证持续改进。

系统创新是对预期结果的系统策划和组织活动。换句话说，系统创新包括对过程实行精细的管理程序，类似于 DMAIC 或六西格玛的定义、测量、分析、设计和验证战略以及采用适当的工具（统计或其他）和路线图。六西格玛的范围和术语进行微调后，便可以用于系统创新过程。

建立质量管理体系的目的在于使顾客满意。TQM 致力于减少缺陷，例如武钢质量效益型的主要经验是从废品减半开始的，日本新日铁大分制铁所在 20 世纪 80 年代就提出“废品为零”的目标。ISO9000 把质量概念扩大到符合要求和顾客满意。但是，企业的宗旨应当是提高竞争力，包括提高顾客满意程度和降低生产成本。“系统创新”概念比 TQM 和 ISO9000 具有更广义的经济意义。而质量经营是关注所有相关方的利益，优化企业所有生产和管理过程，提高企业的经营绩效，是质量管理的一大创新。

6.3　系统创新决定企业成败

朱兰在他的《质量管理手册》第 1 版中，就清楚地阐明了质量经济学的重要性。在 20 世纪 80 年代质量管理的一个重要发展是从学究式的 TQM 向讲究质量成本和节约实效的六西格玛转移。世界各国最高质量奖都有经营业绩的底线要求。宝钢、武钢、济钢、华凌、太钢、南钢、鞍钢和舞钢获得全国质量管理奖的重要条件之一是具有卓越绩效。优秀管理模式鼓励采用经济的方法去观察质量管理；但不是关注狭窄的和短期的效益，而是对企业的长期经济起作用。同时也不应只局限于狭窄的操作层面上，分析缺陷的多少，而是放眼于广阔的经营层面上，关注长远的经济利益，包括战略、使命、愿景、方针、目标和企业文化等。

选择“创新”这个词的主要原因是承认经济学对管理理论的重要性。熊彼特认为，对多数经营领导来说，质量是一个非常麻烦的问题，所以他们想离它远点。但是，“利润的主要前提条件是以创新的风险为代价”。换句话说利润来自创新；没有创新，也就没有效益。新的创新带来的高的初期效益吸引了其他企业家和投资家。例如当前的高强韧性的管线钢、汽车用的超深冲冷轧或镀锌板、超超临界压力锅炉管、超深井耐腐蚀油气井用钢管、核电用钢和其他高附加值产品，很多钢铁企业在设计和开发。当新产品投入生产后，数量开始增加。当达到一定数量时，又必然对数量进行调整，价格开始回落，并且竞争也变得激烈。于是产品价格也自然长期维持在低利润的水平，例如普通线材、螺纹钢和一般用途钢板或钢管。没有竞争力或者说没有创新最终就将被淘汰。我国钢铁企业也面临着这种形势，创新是最重要的战略问题，如果企业忽略了技术创新，就会导致或面临危机，甚至失败。在当今激烈的、全球的竞争和迅速变化时代，创新具有重要的战略意义。

6.4 企业系统创新的基础

创新理论首先强调生产技术和生产方式对经济发展的重要作用。创新是一个过程，一个系统，具有综合性。系统创新是以产品创新和过程创新为基础，并与生产技术、经济效益、教育培训、企业文化等相互结合的一种综合性管理过程。现在有些企业的系统创新或管理创新部门只是一个综合部门，没有系统创新职能和活动。

企业的系统创新应开始于产品的设计和开发阶段，然后创新便集中在产品实现和服务提供过程中，而且基本上是针对降低成本和提高质量。缺陷影响成本，所以零缺陷（ZD）是创新的重要内容。产品创新必须以顾客期望和需求为关注焦点，包括现时的和未来的，明示的和隐含的。在产品创新时不仅应关注顾客或市场，还应考虑企业自身的条件（优势和劣势）、产品的技术经济分析、与现有产品的关系（继承性和创新性）等。产品创新是靠过程创新作为支撑的。过程创新包括技术选择、获取和运用，供应链的选择和优化，营销服务系统和网络的建立等。

把质量管理纳入系统创新实质上是把质量管理的过程方法和系统方法的基本原则更具体化了。质量管理不仅跨越了部门界限和组织界限，而且使管理进入了市场，在激烈的市场竞争中实现管理的创新。为了满足市场和顾客要求，开发新产品、新工艺、节约资源、保护环境，不断地使生产要素实现优化组合。也就是说，质量管理在系统创新（生产要素的新组合）过程中实现质量经营。其结果是企业更具有竞争力。当前，有些企业对质量、环境和职业健康安全管理进行整合，也只能是系统管理的开始，而远远没有达到系统创新的水平。

企业应当开展有组织的创新活动。首先应当吸纳和使用经过培训的系统创新人才。系统创新应当看成是由每一个人链接成的，而不是个别部门或少数专家的职责。质量改进也不再仅仅是质量部门的事情，而是由黑带和绿带带头，全员参与的过程。除了对系统创新工作人员进行技能培训外，竞争力的培训也非常重要。对质量管理、营销管理和工程管理人员来说，他们都应当补上这门课。

未来的质量管理将整合到更加集成的体系创新管理中去。传统的质量检验人员的责任和作用将结束，质量管理人员的任务将转移到培养团队精神和持续改进上去。质量管理机构也将缩小，质量是每个人的责任。未来的质量工作者的任务是培训、审核、咨询和顾问。科学地和系统地解决问题的方法也是核心竞争力。如果我们的质量管理人员能够抓住机会，并且具有创新思路，就能够在未来知识经济中处于领先地位。有些人，特别是封闭式的和学究式的质量管理人员，可能对这种变化（例如宝钢、鞍钢等企业的装备、技术、产品和市场的变化）感到陌生和无助；但是这种转变能够使质量工作者很好地创新产品和过程，保证在未来的竞争中具有优势。为此，质量工作者必须重新学习，以适应系统创新的形势要求，向质量经营过渡。

6.5　产品创新和过程创新

企业系统创新的重点是产品创新和过程创新。从 20 世纪 80 年代末、90 年代初，为了提高产品的质量，我国钢铁行业曾提出从满足标准要求向提高实物质量转变。这项工作虽然取得了一些成绩，但产品质量的水平与顾客日益提高的要求仍然存在较大差距。例如近年来我国汽车行业有了飞快的发展，年产销量达到 1500 万辆，居世界第一。今后的发展方向将是轻量、环保、安全、信息化和低成本。汽车用钢材质量也必须满足汽车节能、减排、安全、长寿、轻量化和防腐蚀的要求。如果国产钢材只符合通用的标准，但达不到顾客上述增值要求，国外竞争对手便会进入中国市场。工业发达国家具有品牌产品的企业向顾客提供的产品，国家标准或国际标准只是最低的要求，多数是以与顾客协商的技术条件（或企业标准）为主，为了满足顾客的轻量、环保、安全、信息化和低成本等要求，提供具有本企业特色的产品。另外，提供给顾客的不仅是产品质量，还包括经营质量和工作质量的可信度和可靠性，提高顾客的信任、员工的信任和社会的信任，从而提高了企业的价值，具有强大的竞争力。目前，我国不少企业也有高于或严于国家标准的企业标准，但是多数只是作为对内部的控制，而不是对顾客的承诺，对满足顾客增值要求没有明显作用。质量经营不仅要满足标准要求，更重要的是针对顾客的特性化或差异化的要求提供特性化或差异化的产品，让顾客满意。

工业发达的国家，特别是钢铁工业技术比较发达的国家，他们的产品不仅供应国内，而且出口国外，参与国际市场的竞争。对于任何一个市场经济的国家，市场竞争是没有国界的。对于这些国家的钢铁企业来说，国际标准是用于参加国际竞争的基本技术规范，国家标准是在国内市场用于供求双方签订合同的基本技术条件。但不论是国际标准还是国家标准，都只是最基本的、最通用的技术条件，不可能满足各方面顾客的具体使用要求。因此为了满足顾客要求和在市场竞争中取胜，必须在签订合同时，根据顾客的具体要求进行必要的补充，即国家标准或国际标准加上一个 α，这个 α 就是针对不同顾客的具体要求，由企业制订的企业标准或补充的技术条件。这个 α 不仅反映顾客要求，也反映企业的技术创新水平。一个企业的技术创新水平越高，这个 α 的内涵就越丰富，对市场的适应性和竞争力就越强。目前，我国多数企业仍然只能用国家标准来订货，不能适应用户千变万化的需求，归根到底是企业的生产技术和经营思路不适应。在市场竞争的环境下，供需双方采用什么标准来签订合同，应主要取决于顾客。一般来说，是以国家标准为基础，另外附加某些特殊要求（α）。这些要求，有的是顾客提供的技术条件，有的是企业的标准或技术条件。产品是否合格应以此为准。目前，我国钢铁企业中 α 太少，其实是表明了企业的产品市场适应能力差，工艺技术支持能力差和市场营销能力差，一句话，技术创新和质量经营能力差。

6.6 “原创性”的技术创新

在“十二五”期间我国将改造提升制造业。制造业发展重点是优化产品结构，改善品种质量，增强产业配套能力，淘汰落后产能。发展先进装备制造业，调整优化原材料工业，这对钢铁产品的要求将会有结构性的和升级换代的变化，钢铁工业的质量经营也将进入一个必须依靠技术创新发展的新阶段。近年来随着钢铁工业的发展，在新建、改建和扩建过程中，引进了很多先进的设备和技术，充实了技术创新的物质基础。但是我国钢铁工业的产品创新仍然以“跟踪性”居多，“原创性”比较少。对具有“商品力”产品的核心技术仍然处于跟踪或追随阶段。例如石油天然气用管线钢国外已经可以生产X120，而我国基本上还只限于X80，汽车用钢板国外已经开发成功600~900MPa的TRIP钢和1300MPa的DP钢，而我国汽车钢板的强度还在210~550MPa之间。超临界和超超临界火力发电机组所用的锅炉管WB36、T/P23、T/P122等基本上依靠进口；家电行业用国产钢材H13制造的压铸模具寿命只有3~5万次，而进口H13钢的压铸模具的寿命可达20万次。又如日资企业的汽车用的曲轴和连杆用易切非调质钢，虽然与我国的标准和钢号几乎全部一样，非调质易切钢都是含硫（不含铅），硫化物呈球形（非片状），但是为了提高汽车传动系统的性能和寿命，对氧化物与硫化物两者一体化的形态特征具有特殊要求，我国暂时还达不到这种特殊要求。所以某些日资企业的汽车用钢仍然由日本企业提供。氧化物与硫化物形态两者一体化的特征是“原创性”创新，是日本企业的Know How。如果没有这样的创新，只按标准生产是不可能使汽车用钢本地化或国产化的。质量经营需要以“原创性”的技术创新为重点，企业的“原创性”技术创新和积累越多，满足顾客特定要求的可能性越大，市场竞争能力越强。

根据当前市场需求和竞争的形势，企业的技术创新必须以顾客需求为导向，以生产企业为主体，以核心技术为目标，对创新产品的及时性、通用性、差异性和灵活性进行有区别的对应，将计算机辅助设计开发和质量功能分配等先进的方法用于产品设计和技术创新过程，特别是将产品的设计开发与生产技术和装备（特别是后步工序）的系统优化结合起来，将是实现钢铁行业转变质量经营发展方式的关键。为了实现“原创性”的技术创新，企业不仅要关注顾客和市场的需求，也必须注意正确地选择技术获取方式，加大对研究开发的投入，将具有生产经验和创新能力的人才用于产品的研发上，并建立相应的激励机制，将创新成果迅速转化为有形产品和无形资产，推动“商品力”产品具有国际先进水平，不仅满足国内市场要求，而且将同先进装备制造业同步发展和一起进入国际市场。

6.7 技术创新的原点

技术创新的原点就是顾客或市场需求的新潮流。我国“十二五”期间，将继续坚持把经济结构战略性调整作为加快转变经济发展方式的主攻方向。钢铁企业的产品创新应以加强农业基础地位、提升制造业核心竞争力、发展战略性新兴产业、加快发展服务业的潮流为原点，研究、开发和生产适应上述发展的新产品和新技术。目前建筑用钢已经占国内钢材消费量的一半，但是进一步提高钢材强度（包括抗震钢材），减轻建筑结构重量和钢材用量仍然需要创新。当前虽然安居工程是建筑钢材的重要市场，但是从长远发展来看，高强度建筑钢材仍然是产品创新的重点。能源工业的发展也对钢铁产品提出了新的商机，特别是超临界和超超临界大容量机组的锅炉用钢、汽轮机用钢和发电机用钢的国产化，会对电力行业的容量大型化和电网智能化作出贡献。高速铁路的发展不仅要求车体轻量化，而且钢轨和车轮也需相应地实现抗疲劳、耐磨损和长寿命。汽车用钢的轻量化和家电用钢的高档化以及高端装备制造业对钢材要求的多样化、优质化和高档化也为钢铁企业的产品创新提供了机遇。从质量经营角度来看，对上述产品的设计和开发并不仅仅是能够生产和供应，而是产品具有适用性、差异性、多变性或综合性，生产和供应竞争对手不能够生产和供应的产品。如果竞争对手也能够生产的话，只能靠低成本取胜，经济效益不会很好。

生产和供应竞争对手不能够生产和提供的产品的关键在于自主创新的核心技术。只有自主创新的核心技术才能占有竞争优势。当竞争对手能够掌握类似技术时，又有新一代的产品和技术诞生了，这就是质量经营的关键。例如石油天然气输送用的管线钢已经形成了 X60、X70 和 X80 系列，在各企业均可以生产和供应前，有创新的企业又推出了 X100 和 X120。日本新日铁早在 30 年前，在取向硅钢产品具有竞争优势的核心技术是减薄钢板厚度（0.18mm）、提高硅含量（3.5%）和细化磁畴技术，具有了世界先进水平的产品。为了保证企业的竞争力，即使输出技术，也对引进技术企业的生产规模作出限制。当竞争对手能够生产同样产品时，他们又创新了新的产品和新的技术，依靠技术创新保持竞争优势。

6.8 技术创新的重点

产品创新的原点是顾客和市场的需求，产品创新的核心是原创技术。技术创新的重点是为产品提高核心技术或原创技术。正如上面提到的日本新日铁的取向硅钢 Hi-B 和川崎制铁的取向硅钢 GR-H，成为世界先进水平产品的核心技术就是减薄钢板厚度、提高硅含量和细化磁畴技术，克服了 MnS + AlN 与 MnSe + Sb 抑制二次再结晶晶粒过大所产生的负面作用，从而成为了世界先进水平的产品。目前我国超临界锅炉用的9% Cr 系列铁素体耐热钢 P92，依赖进口的主要原因是冶炼、制管、热处理和表面精整等核心技术还没有过关，可见生产过程的技术创新是产品创新的基础。为了支持产品创新，企业必须增强获取技术的能力，包括自主研究开发能力和从外部吸纳技术的能力。一般来说，通过自主研究开发取得的技术，能够很好地切合企业产品创新的实际需要，有利于研究开发产品的产业化和商品化，也有利于逐步形成企业的技术优势和无形资产，因此自主研究开发应是企业获取技术或技术创新的主要途径。但是，在技术创新迅速发展的时代背景下，任何企业，包括自主研究开发能力强的企业也有必要从国外或国内企业引进先进的技术，加快产品创新的进度和提升产品创新的水平。在国内钢铁企业中，宝钢具有较强的创新能力和较高的创新水平，这与宝钢从国外引进先进的装备和技术，并在此基础上消化吸收和改进创新有很大的关系。宝钢和其他一些钢铁企业的实践表明，自主研究开发和引进先进技术相结合，既能充分利用引进的技术资源，又有利于形成企业的技术特色。

6.9 技术创新的产业化和商品化

质量经营主张技术创新的成果不仅应向物质产品转化，也主张形成知识产权，向产业化和商品化方向过渡。现在有些民营企业在新产品开发中确实很有业绩。例如可以生产出国内最大口径的不锈钢钢管，但是却只能提供产品，没有形成固有技术；有的科技企业研究的成果具有首创性，但是却没有形成商品技术。为了建成钢铁强国，技术创新的产业化和商品化是必不可少的。为此，技术创新的成果应符合下列几个条件：

（1）产品的先进性。产品和技术的先进性主要表现在与同行业的其他企业对比，产品特性和参数不仅满足标准要求，而且居领先水平。例如日本大同特殊钢公司开发的新型预硬化塑料模具钢 RPD728 和 RPD749，作为 40HRC 级塑料模具钢与同一用途的 NAK80 相比，性能先进。RPD728 适于制作表面质量要求高的模具，而且耐冲击和耐腐蚀；RPD749 节约稀有金属，降低了钢材生产成本和提高了模具的生产效率。由于产品的先进性，市场在不断地扩大。

（2）产品的可靠性。可靠性是对产品无故障工作能力的量度，是指在规定的工作环境下保持其质量指标的时间或使用寿命。特别是与安全有关的产品，例如建筑用螺纹钢，高速铁路用钢轨和车轮，发电用锅炉钢管、汽轮机叶片和发电机用硅钢片，航空发动机材料等必须具有足够的可靠性。瑞典的SKF坚持以酸性平炉生产高质量轴承钢，曾经称雄世界几十年；日本用了15年时间采用超高功率电炉和炉外精炼技术，提高了钢的纯净度，寿命超过了以前的30倍，具有很强的市场竞争力。

（3）产品的经济性。产品的经济性不仅有助于降低生产成本，更有利于顾客的增值增效，有的甚至可以节约资源或能源，具有重要的社会价值。日本大同特殊钢为了降低钕铁硼永磁材料中的稀土元素含量，创新了一种钕含量降低一半，而磁性能提高23%的永磁合金，节省了资源，降低了成本。我国在20世纪70年代研究和开发的W9Mo3Cr4V高速钢，性能与W18Cr4V（T1）和W6Mo5Cr4V2（M2）相当，甚至综合性能还超过了上述两个钢种，在国内得到迅速推广，刀具大量出口，其主要的创新点是节约钨资源。

（4）产品的综合性。产品的综合性主要包括资源节约和环境友好等特性，例如无铅的易切钢，节镍的铁素体不锈钢、无涂漆的耐候钢和非调质结构钢等也在研究、开发和创新过程中。最近，一个钢管生产企业提出开发厚壁钢管空心芯棒代替实心芯棒创新思路。但芯棒在使用过程中要承受高温、高压和摩擦作用，为了在芯棒表面形成良好的润滑层，需要控制芯棒温度，使润滑剂中水分蒸发，让润滑剂均匀和牢固地贴在芯棒表面，提高润滑效果。芯棒作为轧管工具，为了实现空心芯棒的创新，必须保证钢管的内表面质量，防止划伤、磕伤、磨损、裂纹、断裂等缺陷，并解决好下线后如何修复的问题，在空心芯棒创新过程中必须对产品的综合性进行深入研究，才有可能占有领先优势。

6.10 技术创新的机制

为了支持技术创新，企业必须建立适宜的创新机制，包括组织机构、运行程序、运行环境、管理方式和激励制度等。例如有的企业在技术创新的运行程序中，明确规定了市场调研、论证决策、开发研制、批量生产、产品营销、顾客服务、效益分析和奖励等，形成了“集中指挥、统一经营、专业协作、权责明确和严格考核”的创新管理模式，建立起能够很好地发挥系统各要素内在功能的运作方式。机制与体制有密切关系，机制实际上是运行着的体制。建立企业自我发展机制是企业经营机制转换的重要目标之一。由于技术创新是企业发展的主要动力，因此建立和完善企业的技术创新机制，是增强企业活力、提高企业技术创新能力和促进企业发展的核心问题。但是，有不少钢铁企业虽然也建立了技术中心，并将研究开发和技术管理集中于一起，却只有其名而无其实。即使是通过 ISO9000 认证的企业，有些对设计和开发也没有有效的控制程序。只把顾客订货中一些附加的要求，或者本企业没有生产过的产品的试制作为设计和开发的对象，没有实质性的创新。在研究开发过程中缺乏对市场需求、技术获取、自身优势进行分析，有的企业更没有研究开发的人才和装备，对成果的转化和投放市场的机会也缺乏研究。如何将创新产品和技术形成固有技术或知识产权，在管理制度上也不完善，因此对质量经营起不到应有的作用。

为了企业在竞争中具有经营优势，必须在技术上有创新，而技术创新又必须有机制和体制的保证，包括组织结构、人力资源、运行程序、支持系统、改善环境等。

第7章

生产过程控制

产品实现或服务提供过程是质量经营的主要过程之一。生产过程控制是产品实现或服务提供过程的主要过程，产品生产或服务提供过程是否受控，对产品或服务质量的影响至关重要。

7.1 生产过程控制的基本要求

生产过程控制的基本要求有以下几个方面。

7.1.1 产品标准或技术条件

产品标准和技术条件是生产过程的输入，没有明确的技术要求，产品的质量就没有目标。目前，我国有一部分钢铁企业能够按合同组织生产，但多数企业仍然按计划组织生产，但这个计划与过去的计划已经有很大的不同，基本上是根据市场需求制订的。

如果按合同组织生产，那么产品的技术要求是按顾客要求的技术标准或技术条件执行的，而按计划组织生产基本上是按国家标准执行的。部分企业按企业标准生产，按国家标准交付，即用企业标准来保国家标准，但是如果产品不符合企业标准而符合国家标准的话，照样交付，只是在内部考核上有差别。应当说这种做法也存在一定问题。

国外有些技术比较先进、产品质量比较好的企业，企业标准既用于订货，又用于生产和检验，使生产出来的产品质量水平远远高于顾客要求，不会出现两个标准，一个是要求，一个是考核。技术要求不仅应当明确，而且应当超越顾客要求。这就涉及企业的产品标准化体系问题，需要从产品标准、工艺规程和检验准则等方面系统地进行控制。

7.1.2 工艺技术操作规程

产品标准是过程的输入，产品是过程的输出，从输入到输出，有一个

（或多个）过程，过程参数是实现产品特性的关键。过程控制就是控制过程参数，为此应制订工艺技术操作规程。

多数企业用一个规程生产各方面顾客要求的某个产品，只要符合国家标准要求就可以，而国外有的企业同一个产品、不同用途，产品特性有差别，规程也不一样，实行“个性化”生产或“差别化”生产。这不仅为了满足顾客的不同要求，也体现了生产企业产品的特殊性。所谓“名牌产品”，尽管是相同产品，但质量特性不一样，关键是生产过程参数不同。

7.1.3 生产设备和检测仪器

产品的技术要求明确了，技术规程制订了，技术设备和检测装置也必须适应质量要求和过程要求。没有先进的生产设备和检测装置就无法实现生产过程。为了满足顾客对产品特性的要求，根据工艺过程对过程参数的要求，应配备适宜的技术设备和检测装置，并进行维护，使其能够满足上述要求。例如，日本大同特殊钢为了提高特殊钢内在质量，在20世纪70年代就采用了ϕ300mm的立式圆坯连铸，为了生产公差为±0.1%的高精度钢材，设计和开发了高精度和多规格轧机。

在技术设备和检测装置配置上存在两个误区：一个是设备越先进越好；另一个是用落后的设备也能够生产先进的产品。前者使得设备投资过大，成本增加；后者则是合格率很低，甚至达不到要求。另外，也有不少企业只注意主流程，忽视分流程。例如炼钢和轧钢设备比较先进，而精整过程设备落后，照样生产不出来好产品。也有的企业重视生产设备，忽视检测装置，不仅不利于质量检验，也影响质量控制。

7.1.4 标准化作业程序

标准化是对技术活动中，需要统一协调的事物制定的技术准则。它是根据科学技术和实践经验，针对普遍和重复出现的技术问题，提出的最佳解决方案。按产品标准和工艺技术操作规程要求进行生产作业，多数企业做得比较好，但是也有一部分企业并没有完全做到。目前在这方面出现的问题仍然比较多。

有的企业工艺技术规程经常修改。在顾客要求或车间情况发生变化时，技术部门对工艺技术规程进行修改，这是正常的，但是往往以修改通知代替修改的规程，长此下去工艺技术规程已不起作用，而修改通知也没有形成规程。

操作人员不严格执行规程，操作的随意性很大，记录也不及时，甚至不真实，往往反映不出操作中的问题。有的企业在经济责任制中没有包括质量或只重视产量，违规操作比较多。

7.1.5 过程的受控状态

为了证实生产过程是受控的，提高顾客的信任，也增加管理者的信心，应在生产过程中监测过程参数和产品特性。有不少企业采取建立过程控制点的方法来监控生产过程受控状态。过程控制点应尽可能选择重点控制的过程特性、关键过程或薄弱环节的过程特性。不同过程的过程控制点的特点和方法也不一样。对任何一个过程控制点都应当明确职责、形成文件、规定控制条件和验收准则。如果进行过程能力分析，应采用适当的统计技术，例如直方图或控制图等。“过程控制点”也可以说成是“过程管理点”，是利用管理的方法（例如加强三检和统计技术）监控过程是否受控。

7.1.6 按规定形成并保存记录

按规定记录产品生产过程参数和特性并保存记录是过程控制的重要环节，记录不仅用于证实过程是否受控，也可以用于追溯和分析，是使过程改进的重要依据。有的记录本身就是过程的作业指导书，只有完成了规定的记录才能完成规定的过程。

7.1.7 关于生产过程的确认

ISO9001 标准要求：“当生产和服务提供过程的输出不能由后续的监视或测量加以验证时，组织应对任何这样的过程实施确认。这包括仅在产品使用或服务已交付之后缺陷才变得明显的过程。”过去有人把这种过程称为“特殊过程”，并用热处理或焊接过程举例。特殊过程是指那些在产品实现过程完成后，产品是否合格不能够进行检验或试验，因此必须对生产过程进行确认，保证过程的输出（产品）能够满足输入（顾客）的要求。但是，并不是所有的热处理和焊接过程都是特殊过程。例如有些航空航天产品整体热处理或焊接后没有办法取样检验，这种过程必须确认，证实这些过程具有实现所策划的结果的能力。确认这些过程的方法包括：为过程的评审和批准所规定的准则、设备的认可和人员资格的鉴定、使用特定的方法和程序、有记录，必要时再确认。

有些企业把连铸过程当成特殊过程，其实连铸过程的产品——连铸坯也是可以检验和试验的，包括化学成分、低倍组织、表面质量和尺寸形状等。但是，如果连铸坯热送，无法检验高温状态下连铸坯的表面和内在质量，直接送往加热炉热装或直接轧制，那么这种情况下的连铸过程是“特殊过程”，应进行确认，保证连铸坯的质量。

7.2 钢铁生产过程控制

7.2.1 烧结和球团生产过程控制

为了保证烧结矿具有符合要求的成分和性能，并适应烧结过程操作，首先必须控制配料。有容积配料法和重量配料法，比较常用的配料设备是圆盘给料机和电子秤，目前多为自动配料系统，应配料准确、给料均匀、调整方便。配料后进行混合和制粒。混合和制粒的目的是使混合料成分均匀，并具有一定的水分和粒度，应注意控制混合水分和混料机的倾角、转速、长度、填充系数等。制粒后沿烧结机台车宽度方向均匀布料，目前多使用联合布料机，保证料层的透气性，并保证具有一定料层厚度。经过点火，料层才能进行烧结。点火温度控制在1150～1300℃、点火时间为1～1.5min，并控制点火真空度。点火器对点火过程非常重要。点火后开始烧结，烧结是一个非常复杂的物理化学反应过程，直接影响烧结矿的质量。在烧结过程主要控制真空度、抽风量、机速、料层厚度和废气温度等。烧结后的烧结矿温度很高，块度不均，应进行破碎、筛分和冷却，以适应高炉冶炼的要求。破碎一般用单辊破碎机，筛分用振动筛，冷却有带式和盘式冷却机。

球团矿生产过程中造球是重要的环节。不仅对原料和配料有要求，对造球的工艺也应进行控制，包括造球机转速、倾角、填充率和刮板位置、水分加入、加料方式、造球时间等。为了防止生球在高温焙烧时爆裂，应控制干燥温度、时间和水分。干燥后进行焙烧。目前焙烧设备有带式焙烧机、竖炉和链箅机-回转窑。带式焙烧机与烧结机相似；竖炉过程应控制生球强度、焙烧室温度和炉顶废气温度。链箅机-回转窑过程应控制链箅机的干燥和预热温度，回转窑应控制窑内温度（1300～1350℃）。

7.2.2 高炉炼铁过程控制

高炉炼铁是一个复杂的物理化学反应过程，为了保证高炉过程顺行和生铁质量，应从上料、送风、煤气、渣铁反应和喷吹系统进行综合控制。上料系统的关键是采用精料，即提高熟料比和入炉品位，改善炉料结构（高碱度烧结矿和酸性球团混合使用），提高焦炭质量等措施。送风应大风量、高风温。大风有利于提高冶炼强度，高风温有利于降低焦比。高压操作有利于提高冶炼强度，降低炉尘和焦比，控制炉顶煤气成分，改进还原过程。控制炉渣碱度、熔点和黏度等有利于渣铁分离和脱硫效率。喷吹燃料（煤气、重油或煤粉）和富氧鼓风能够降低焦比，提高产量，改善还原效果。目前，高炉生产过程逐步实现大型化、机械化、自动化、智能化，但仍然可以从生铁合格率、有效容积利用系数、入炉焦比、冶炼强度、焦炭负荷和休风率等来判断高炉生产的控制水平和效果。

7.2.3 转炉炼钢过程控制

铁水在转炉内作为热源，通常占全部金属料装入量的70%～90%，当然也可以加入100%的铁水。在铁水不足时也可以加入生铁块，但不能超过10%。生铁成分和温度对转炉操作影响比较大，所以对铁水的成分和温度应有具体要求，废钢是转炉炼钢的主原料之一，也是比较稳定的冷却剂，有本厂废钢、加工废钢和市场废钢，要求容积密度大、表面积小、杂质元素含量低，特别是应限制有色金属和低熔点元素含量，不应含有大量水分和混入危险品，为此废钢应注意回收、分类和保管。氧化剂主要是铁矿石，要求含铁高、酸性成分低、S和P低、坚硬致密、块状少粉、水分低。造渣剂主要是石灰、萤石、白云石和合成造渣剂。石灰的CaO不小于90%，SiO_2不大于3%，S不大于0.1%，活性度不小于300mL，块度5～40mm，灼烧小于4%，生、过烧率不大于14%。萤石应含CaF_2高，含SiO_2、S低。白云石对MgO含量应有一定要求，并应具有合适的块度。合成造渣剂是将石灰和溶剂预先在炉外制成低熔点造渣材料，然后用于炉内造渣。增碳剂一般使用石油焦，碳含量应大于95%，S尽量低，粒度适中。加入的铁合金应符合标准要求。

我国转炉炼钢规范规定炉容比 $V/T \geqslant 0.7\mathrm{m/t}$，铁水配比75% ~90%。分阶段定量装入。供氧强度为2.3 ~3.5m/(t · min)，压力8 ~10MPa。分阶段衡压变枪操作。转炉的造渣，有的只造一次渣，中途不出渣，脱磷率可达90%，脱硫率约为30% ~40%。造两次渣的中途出一次或几次渣，适于冶炼中、高碳钢。将上炉终点炉渣留一部分改善操作，适用于冶炼中、高磷铁水，脱磷、脱硫率都比较高。

吹炼过程温度控制主要是适时地加入适当数量的冷却剂，其关键是准确地确定冷却剂用量和最适当的加入时间。由于脱硫比脱碳复杂，所以先脱硫和脱磷，然后再在终点只对碳和温度进行控制，所以把终点停止吹氧叫做“拉碳”。经验控制终点的吹炼方法有“拉碳法”和“增碳法”两种。自动控制终点的吹炼方法有静态控制和动态控制两种。我国规定50t及以上的转炉出钢持续时间为3 ~6min。出钢应挡渣，国内多用挡渣球法。

镇静钢脱氧首先是借内加硅锰合金预脱氧，然后在钢包内补充脱氧。脱氧虽好，但是占用转炉作业时间，容易回磷。全部脱氧剂加入钢包内进行脱氧，不占用转炉作业时间，但脱氧产物容易留在钢中。沸腾钢脱氧是在钢包内用锰铁脱氧。出钢时加少量铝调整钢水氧化性。多数情况下，脱氧和合金化同时进行。为了降低非金属夹杂物应提高原料质量、改善工艺操作、减少二次氧化、强化熔池搅拌、提高炉衬质量和采用炉外精炼。炉外精炼包括合成渣洗、钢包吹氩、真空处理和其他精炼方法（鞍钢采用CAS-OB法即可以调整成分和底部吹氧降碳)。

铸锭有上注法，适用于注大锭和内部质量要求比较高的钢。半镇静钢适于上注，沸腾钢适于下注，沸腾钢模注应控制钢水氧化性、浇注温度、浇注速度和封顶操作。半镇静钢模注应控制脱氧方式、注温和注速。

7.2.4 电炉炼钢过程控制

冶炼前的准备工作包括配料、补炉、装料等，其中配料是电炉炼钢中重要的环节，应根据冶炼的钢种正确计算、准确称量、合理搭配、保证顺行。在冶炼过程中炉衬受到高温钢水和炉渣的冲击浸蚀，每次出钢后应及时进行修补，以延长炉龄。装料就是将炉料（废钢、生铁、返回料或软铁以及铁合金等）按布料顺序装入炉中。

熔化期是将装入炉内的炉料迅速熔化、升温，并造渣，覆盖在钢液上防止金属吸气或挥发，并提前除磷。过程控制的要点为：按起弧、穿井、电极上升和熔清等阶段控制供电制度和电极位置。控制造渣过程的渣量、碱度和氧化性，除磷和防止钢液吸气和热损失。吹氧助熔、快速补炉、合理供电可加快熔化，缩短熔化期。氧化期主要是在熔清后脱磷、脱碳、去气和去非金属夹杂物。过程控制的要点为熔清后的温度（不低于1550℃）、吹氧压力（0.6~0.8MPa）、炉渣碱度（2~3）、氧化期终点碳和温度。扒渣和增碳后进入还原期，还原期主要是脱氧、脱硫、调整成分和温度。电炉炼钢主要采用扩散脱氧或综合脱氧法。为了脱氧和脱硫主要控制炉渣中FeO含量、碱度和渣量。缩短还原期和正确控制还原期温度（1550~1650℃）。出钢过程应控制温度和成分达到规定要求。

7.2.5 炉外精炼过程控制

真空脱气法主要的精炼功能是脱除钢中的气体（主要是氢气）和增强碳的脱氧能力。应用最多的是真空提升脱气（DH）和真空循环脱气（RH）两种方法。

真空提升脱气（DH）法是将真空室的吸管插入钢包中，利用真空对钢水进行脱气处理；而真空循环脱气法（RH）是通过真空将从上升管进入真空室的钢水进行脱气处理后，再由下降管返回钢包中。这两种方法过程控制的要点是真空度和真空处理时间。但也可以加入合金料，处理过程都有一定程度的温降。为此，又出现RH的吹氧升温和CO二次燃烧升温技术，即RH-OB和RH-KTB法。

钢包精炼法也可以进行成分调整。过程控制的要点是精炼温度、真空度及搅拌强度或时间。经过LF精炼后，轴承钢的氧可降到$10\times10^{-4}\%$，氢可降到$(3\sim5)\times10^{-4}\%$，氮可降到$(15\sim20)\times10^{-4}\%$。

CAS是封闭式钢包吹氩成分微调，CAS-OB是在CAS装置上加一支吹氧枪，CAS和CAS-OB一般用于精炼普通钢，AOD用于精炼不锈钢。CAS和CAS-OB精炼过程控制的要点是吹氩压力、强度、时间、浸渍深度等，CAS-OB还应控制吹氧参数。CAS的成分命中率比较高，CAS-OB还可以提高温度命中率。

钢包喷粉主要是向炉内或钢包中喷入CaC_2、Ca-Si等粉剂，降低钢中硫化物（钢中硫可降到0.002%~0.009%）。喂丝法（WF）是向钢包中喂送包芯（Ca-Si 或 Ti）线或铝线，实现脱硫、脱氧和成分微调。控制要点是喷入数量或喂入速度。利用喂丝法加铝，钢中［Al］s 的标准差从 0.01% 降到 0.008%。

渣洗法是将钢水利用事先熔化的合成渣净化去除夹杂。关键是控制合成渣成分和渣量以及渣洗时间。

7.2.6 连铸过程控制

连铸过程应重点控制保护浇注，即一般钢包和中间包之间采用长水口的方法进行保护，而在中间包和结晶器之间采用浸入式水口或密封罩法进行保护。浇注温度应控制在钢的液相线温度 + 适当的过热度。不同的钢种不仅液相线温度有差别，过热度也不一样。一般控制在 10 ~ 20℃ 的过热度。浇注速度既影响产量，也影响质量。一般小方坯控制在 3.5 ~ 4m/min，大方坯控制在 2m/min 以下。大板坯 < 1.5m/min。在浇注速度控制的同时还应注意控制拉速均匀和结晶器液面高度。结晶器的冷却主要控制水流速度，二次冷却主要控制冷却强度（比水量）。中间包具有储存钢水、阻挡钢渣、吸附夹杂、调整温度和微合金化作用。保护渣具有防止钢水氧化、去除夹杂、改善传热、形成润滑等作用，应控制其黏度和碱度。电磁搅拌具有改善铸坯内在冶金质量和表面质量的作用。特别是能够改善低倍组织，减少中心缩孔、疏松和中心偏析。

7.2.7 轧钢过程控制

7.2.7.1 型钢

工字钢和槽钢（包括 H 型钢）在生产中应注意控制加热均匀，减少断面温差，高压水除磷确保表面质量，采用万能轧制法比弯腰大斜度轧制法变形均匀，表面质量好。严格控制终轧温度，以保证型钢的力学性能。在热锯时注意控制冷却水量，切成定尺后送冷床冷却，大型型钢的冷却方式对质量也有影响。矫直过程应控制矫直温度不大于 80℃，防止变形。产品检验应包括测长、标志、打印，并对表面和尺寸公差进行检验，然后包装出厂。

等边和不等边角钢应控制钢坯质量，不能有裂纹、夹杂和分层，一定要清理。为了提高轧制精度，除轧机因素外，应注意轧辊材质和孔型设计。为了防止变形，采取先冷却，后矫直，冷切成定尺。

热轧轮辋型钢生产过程应注意控制坯料尺寸（一般为100～130mm）和孔型设计，对不同部位在不同道次上设定合理的压下系数，以提高轧制精度。

轻轨的质量首先取决于冶金质量，应提高刚的纯净度和均匀性，改造轧制设备，完善矫直、剪切和包装。

重轨的生产中有一个热处理过程，即在线全长淬火。有两种热处理工艺：淬回火全长热处理（QT）和欠速淬火热处理（SQ）。SQ比QT处理硬度高。最近又发展了RQ，即余热热处理，节能、环保且成本低。关键是控制重轨的移动速度和水流大小，基本上采用计算机进行控制。

螺纹钢的坯料化学成分应合格、表面无缺陷，更不能有裂纹、夹杂和分层等现象，必要时进行表面清理。根据钢种和坯重设定加热炉预热、均热和出炉温度，加热均匀，减少头尾温差。加热温度一般在950～1250℃范围内。超过规定温度或加热时间过长，会增加烧损和晶粒长大。加热不均也会形成裂纹或尺寸不合等缺陷。目前，像螺纹钢一类的小型型钢多采用连续轧机轧制，严格控制开轧温度和终轧温度。每个机架轧制的孔型设计和压下分配影响产品的尺寸精度和质量性能，可根据在线检测及时进行调整。用热锯或热剪切去头尾。切多了影响成材率，切少了会残留缺陷。经冷床冷却、矫直、剪切定尺、包装后交付。

7.2.7.2 线材

线材的坯料化学成分应合格、控制中心偏析和夹杂，表面无缺陷，更不能有皮下气泡、裂纹、划痕和尺寸超差等现象，必要时进行表面清理。坯料加热应均匀，减少头尾温差。超过规定温度或加热时间过长，会增加烧损、脱碳和晶粒长大。目前，线材多采用高速线材轧机，粗、中轧是微张力轧制，预精轧是活套轧制，精轧机组是微张力轧制。精轧机组轧辊质量是控制线材表面质量的关键。轧制的温度和变形制度是影响线材性能的重要因素。因此应严格控制开轧温度和终轧温度，包括轧件进入精轧机组的温度、卷线温度和散冷温度。线材轧后的控制冷却是影响线材组织和性能的重要环节。目前多数线材轧机采用斯太尔摩冷却工艺（有适用于高碳钢的标准型、适用于低碳钢的缓冷型和适用性比较宽的延迟型）。根据钢种的不同，应在控制终轧温度的基础上，设定吐丝温度（760～950℃之间）、冷却速度和集卷温度。为了保证线材的性能一般在250℃以下集卷，最高不能超过400℃。一般采用自动打捆和打印标牌，并电子秤重和入库。

7.2.7.3 中厚板

首先要求板坯冶金质量好，夹杂和偏析少，无表面缺陷，必要时应进行表面清理。加热时要求控制合理的热工制度，均匀加热，减少氧化和脱碳。轧制前应去除氧化铁皮，一般采用高压水（10～15MPa）。在轧制过程中应控制厚度偏差和板形。控制厚度偏差的方法有液压 AGC 和电动 AGC，可使中厚板的厚度偏差控制在 ±0.035mm。控制板形的方法有液压弯辊、交叉轧制、工作辊横向移动、改变轧辊凸度等，为了消除板形上存在的问题，也有进行热矫的。在平面形状、长度、宽度控制上也应有具体措施。剪切是最简单的控制长度和宽度的方法。有圆盘剪和滚切剪两种，厚度超过 50mm 的钢板一般采用火焰切割。中厚板的冷却一般在冷床上进行。步进式冷床是比较先进的。根据顾客要求，一般采用超声探伤，特殊用途的钢板在探伤后还要经过酸洗、涂油或喷丸等。有些品种需要常化和调质处理。在热处理过程中应注意控制热处理温度、时间和冷却速度。

7.2.7.4 热轧宽带钢

坯料的化学成分、尺寸公差、弯曲度和端部形状应符合要求，表面不得有肉眼可见的缺陷，内部不应有缩孔疏松和偏析等。在加热时主要控制加热温度、时间、速度和温度制度（包括预热段、加热段和均热段温度）。防止过热、过烧、氧化、脱碳或粘钢等现象。钢坯从加热炉出来后，应采用高压（约 15MPa）水除去氧化铁皮。在粗轧过程中应按设定的各道次压下量和速度进行控制，尽可能提高粗轧机组的出坯温度，并保证粗轧坯的厚度和宽度。将粗轧坯切除头尾，便于精轧机咬入和卷取机卷取。按轧制规程规定各机架的压下量、轧制温度、速度进行轧制。一般是按秒流量相等或恒张力模式进行控制。一般采用液压或电动 AGC 控制厚度，轧制过程的温度控制包括终轧温度和头尾温差控制。精轧后钢带温度约为 850～950℃，必须冷却道 570～650℃才能卷取。一般采用层流和水幕冷却。卷取温度一般在 500～650℃，卷取温度过高，晶粒粗大。热轧钢带开卷，经过切头、切边、切成定尺和矫平，成为单张钢板交付。

7.2.7.5 冷轧宽带钢

坯料化学成分、宽度和厚度尺寸公差（三点差和同条差）、镰刀弯应符合要求，表面光洁，不得有裂折叠、分层、气孔、非金属夹杂等缺陷。酸洗前带钢应矫直和对焊，以便进行连续酸洗。酸洗主要是为了清除氧化铁皮。在酸洗过程中，应控制酸溶液浓度、温度和酸溶液中亚铁盐含量。为了控制厚度和板形，应调整压下、速度、张力和辊型。厚度主要采用 AGC 控制，板形主要靠轧辊凸度和凸度补偿措施控制，例如 HC、CVC 等。退火分为中间退火和成品退火。中间退火是为了消除加工硬化，成品退火是为了得到所需的组织和性能。退火设备有连续退火炉和罩式退火炉。罩式退火炉退火过程中应控制炉内保护气体的比例、加热时间、冷却时间；连续退火炉退火过程中应按退火曲线控制温度、速度、时间和气氛。控制炉内带钢张力保证板形，控制炉辊凸度可以防止带钢跑偏。精整包括平整、剪切、涂油和包装等。平整能够改善板形、净化表面和得到需要的性能。平整过程应控制带钢的伸长率，剪切主要控制尺寸和表面质量，涂油应均匀，包装应符合规定要求，有利于保管、运输和交付。

7.2.7.6 热镀锌钢板

原料准备过程主要包括开卷、矫平、切头、堆焊、张紧、入口活套和纠偏，要求入口活套中保持满套状态。前处理是为了去掉油脂、氧化铁皮和进行再结晶，主要控制无氧化预热炉的预热、还原和冷却温度。热镀锌过程主要控制锌液温度（450 ~ 465℃），为了提高镀锌层的黏附性，应当采用沸腾钢作基板，但是由于普及了连铸，采用镇静钢作基板时应降低钢中碳、硅、铝含量（$C<0.08\%$，$Si<0.03\%$，$Al<0.04\%$）。锌液中保持 0.15% ~ 0.20% 的 Al。针对不同用途选择不同基板，一般用途采用低碳钢或超低碳钢，如 St01Z，St02Z、St03Z 等。冲压采用 St01ZR、St02ZR，深冲或超深冲采用超低碳钢 St05Z，St06Z，结构用碳素钢或低合金钢，冷成形用超低碳、低合金高强度、加磷或烘烤硬化高强度钢等。

对基板表面质量要求：FB 较高级 O3，FC 高级 O4，FD 超高级 O5。镀锌层种类、形式、结构和表面处理包括纯锌、锌铁、等厚、差厚、锌花、铬酸钝化或涂油。后处理包括退火、锌花控制、冷却、光整、矫直和钝化。为了提高热镀锌板的深冲性，采用罩式退火或改进原板钢质、控制退火制度和镀后进行合金化处理等。采用铬酸盐钝化或加入铝等元素可提高耐蚀性。采用小锌花或光整锌花可以提高镀层的均匀性和涂着性。热镀锌钢板品种有无锌花 F、大锌花 N（正常锌花）、小锌花 M、光整锌花 S、合金化板差厚镀层板和单面镀锌板。最后经出口活套进行分卷剪、涂油和卷取。

7.2.7.7 热轧钢管

管坯应符合技术要求，包括几何尺寸及允许偏差、表面质量、低倍组织和显微组织。如有表面缺陷应进行清理，并执行按炉送钢制度。根据成品钢管定尺确定管坯长度，进行剪断。剪断的断面应平齐、无毛刺，椭圆度和长度偏差也应符合技术要求。为了穿孔对准中心，必须定心。定心有冷定心和热定心。除不锈钢和高合金钢外，一般均采用热定心。定心时应控制定心孔的形状和尺寸，偏心度应小于2mm。加热时应控制加热温度、加热时间和加热速度，防止过热或过烧，尽可能减少氧化皮和脱碳。穿孔方式有压力穿孔、推轧穿孔和斜轧穿孔。斜轧又分为二辊式和三辊式。穿孔时应控制穿孔温度和调整穿孔参数（轧辊距离、顶头位置、导板距离、顶杆位置、轧辊倾角和轧辊转速等）。轧管机有多种：纵轧方式的有自动轧管机和连轧管机；斜轧方式的有三辊和二辊轧管机；另外还有周期轧管机、顶管机和挤压机等。轧管时应控制轧制温度，根据轧制表要求控制轧制道次、轧辊孔型、顶头尺寸、顶杆直径、荒管外径和壁厚。均整主要是扩径和减壁，并改进内外表面质量。通过调整轧辊距离、导板距离顶杆位置和轧辊倾角进行均整。定径的目的是减小直径偏差，达到成品尺寸要求；减径的目的是为了使大直径穿孔、轧管和均整后的钢管减径成为小直径（<70mm）的钢管。在定减径时应控制来料钢管的温度和尺寸，调整各机架轧辊转速、轧制线、孔型高度和导位位置等。为了矫直、切管、检查、包装等作业，必须进行冷却。冷却有缓冷和急冷、强制冷却和自然冷却。一般在冷床上冷却。根据钢种的不同选择不同的冷却制度。为了达到规定的弯曲度，必须进行矫直。通过调整矫直辊的倾斜角度和压下量，特别是第二对矫直棍和导位的位置，来实现矫直。切头、切尾和切成定尺长度。端面应与钢管的中心线垂直，平滑无毛刺。按订货要求进行检查（包括化学成分、力学性能、表面质量、尺寸公差等），判断是否符合要求。承受流体压力的钢管需要进行水压试验。根据需要也有时进行超声波（检查外表缺陷）、磁粉（检查表面缺陷）或涡流探伤（检查内部缺陷）后，按规定包装交付。

7.2.7.8 冷轧（拔）钢管

管坯是热轧管，根据产品要求，选择尺寸适宜的热轧管作为坯料。在冷加工生产前应进行酸洗或修磨去除氧化铁皮和表面缺陷。酸洗过程应注意控制酸的浓度和氧化亚铁的含量；修磨应控制修磨深度和修磨效果。冷轧的坯料应根据成品管的尺寸切断，以保证成品的尺寸公差，冷拔的坯料应打头，以便冷拔机夹住。有些钢种在冷加工前需进行热处理，消除应力，并使组织均匀化，有利于冷加工。热处理过程应注意控制加热温度和时间。热处理后再进行酸洗，去除氧化铁皮。酸洗过程也应控制酸的浓度和氧化亚铁含量。为了降低冷加工压力，减少轧辊或模具损耗，降低动力消耗，一般采取涂皂。冷轧过程应控制轧制程序（轧制道次和变形量）。冷拔过程的无芯棒冷拔，只能减径，不能减壁；短芯棒冷拔既可以减径，也可以减壁；长芯棒的变形量大。冷拔时应控制变形量，变形量过大会产生折叠或裂纹等缺陷。加工后切除钢管头尾不规则的部分，注意切除的多少，过多会影响成材率，过少会影响成品管头尾质量。对成品钢管进行修磨，去除冷轧制或冷拔所产生的表面缺陷，使表面光洁无缺陷。在线检查主要是无损探伤或水压试验。如果是油井管还可能要求进行压溃性或抗腐蚀试验；锅炉管要求检验持久蠕变性能等。为了防腐，应均匀涂油，并按规定进行包装、标识和交付。

7.2.7.9 焊管

带钢是焊管的原材料，要求成分均匀、纯净，控制碳含量；机械性能也应均匀稳定；表面无缺陷；尺寸符合公差要求；对晶粒度也有一定要求。带钢通过拆卷机开卷，然后用矫平机平整以便顺利通过活套和成型。剪切切除夹层和带头，使前后带钢端面对齐。然后对焊接长以便连续成形生产。通过对辊成形，使管坯具有符合要求的管筒尺寸，管缝对接平直，并使开口角度符合要求。通过高频焊机将管缝焊接。有的品种要求焊后进行热处理。焊接是特殊过程，低碳钢焊接温度为1350～1500℃，焊接挤压力为0.2～0.4MPa，V形开口角控制在2°～6°。在焊接过程中设备本身就带有内外毛刺清除装置，使焊缝光滑平整。无损探伤主要用于检验焊缝质量和缺陷。焊后的钢管经过水冷，在定径机上控制其直径，并使钢管外表光洁平直。然后通过飞锯或飞剪将钢管切成定尺长度。为了控制管端形状和垂直度，对管端进行加工，平头和倒棱。与无损探伤一样，需检验焊缝质量，经检验合格后，包装入库交付。

7.2.7.10 钢丝和钢丝绳

盘条是钢丝和钢丝绳的原料，要求盘条的表面质量好，外形尺寸和公差在规定的范围，化学成分符合要求，硫、磷和气体含量低，金相组织应索氏体化，盘重应在1～2t。为了去除表面氧化铁皮进行酸洗，酸洗过程主要控制酸的浓度和氧化亚铁的含量。为了增加润滑作用进行磷化，但应控制总酸度与游离酸的比值以及氧化锌的含量等。拉丝过程主要控制润滑、模具和冷却。粗拉采用固体润滑剂，细拉采用液体润滑剂，在拉丝过程中，模具对钢丝质量有影响，除现在适合的模具材质外，关键是孔型的设计和变形量的分配，即拉拔道次。在拉丝过程中为了消除加工硬化，需要经过中间退火，控制加热温度、钢丝温度、退火温度以及速度。

如果是生产镀锌钢丝，还需要进行热镀锌，热镀锌过程主要控制锌液温度、镀锌时间和引出的速度，冷却方式也有一定影响。镀锌后拉丝与拉丝过程相似，应控制润滑、模具和冷却。

捻股是通过压线瓦和预变形器控制合理的成形压力和捻股的结构紧密、不松散、不反拨。与捻股相似，主要通过压线瓦和预变形器控制合理的成形压力和合绳的结构紧密、不松散、不反拨。

7.3 铁合金生产过程控制

7.3.1 硅铁

硅铁主要在炼钢时用做脱氧剂和合金加入剂。硅铁从含硅 45% 到 90%，共有 10 多个品种。生产过程中采用硅石作原料，焦炭为还原剂，一般以铁屑为含铁原料，在矿热炉中进行冶炼，并连续生产。生产过程应注意控制配料准确，混合均匀，及时加料，控制料面，保持电极在炉料中的插入深度，控制合适的二次电压，尽量使三相电流保持平衡。

7.3.2 硅钙合金

硅钙合金是炼钢的复合脱氧剂，既能脱氧又能脱硫。冶炼方法有两种，一种是一步法，另一种是二步法。一步法又有混合加料和分层加料两种加料方法。混合加料的一步法是采用碳质还原剂同时还原二氧化硅和氧化钙。分层加料的一步法是先加石灰和碳质还原剂，熔化后再加硅石和碳质还原剂，减少渣量，提高还原效率。二步法是采用两个炉子，一个炉子还原石灰中氧化钙形成碳化钙，另一个炉子还原硅石，然后再用硅石破坏碳化钙生产硅钙合金。生产硅钙合金过程中，应注意控制配料准确、严格控制配碳量，合理选择二次电压和电流，并控制合适的焖烧时间。

7.3.3 锰铁合金

锰铁合金是炼钢的脱氧剂和脱硫剂，也是合金加入剂。锰铁有高碳锰铁和中低碳锰铁。高碳锰铁可以用高炉冶炼，也可以用电炉冶炼。高炉冶炼与高炉过程控制相似，电炉冶炼高碳锰铁有熔剂法、无熔剂法和少熔剂法，即加石灰，不加石灰或少加石灰。碱度不同，锰的回收率也不一样。在生产锰铁时应控制原料配比，保持适当的料面高度，调整炉渣碱度，控制三相电压和电流，使炉况顺行。中低碳锰铁的生产有电硅热法、摇包法和吹氧冶炼法。电硅热法是在电炉中用锰矿对锰硅合金脱硅；摇包法是在摇包中将预热的锰矿和石灰与液体锰硅合金混合并搅拌使锰硅合金脱硅；吹氧法是在转炉中将液体的高碳锰铁与锰硅合金混合吹氧降碳和硅，得到中低碳锰铁。电硅热法生产过程主要控制电力制度、炉渣温度和碱度。摇包法生产过程主要控制锰矿品位、摇包温度、时间和回转次数。吹氧法生产过程主要控制吹炼温度、炉渣碱度、锰硅合金加入量以及生产终点。

7.3.4 锰硅合金

锰硅合金是炼钢的复合脱氧剂，生产过程控制与高锰铁基本相同。

7.3.5 铬铁

铬铁是重要的合金化用铁合金。铬铁有高碳铬铁、中低碳铬铁和微碳铬铁。

（1）高碳铬铁主要采用矿热炉冶炼。以铬矿为原料，以焦炭为还原剂，硅石用于控制炉渣碱度和熔点，生产过程主要控制配料准确，混合均匀，保持料面高度，并控制三相电压和电流、保证渣铁温度和成分正常等。

（2）中低碳铬铁的生产方法有电硅热法和氧气吹炼法。电硅热法是用硅铬合金中的硅还原铬矿中的铬和铁，生产过程主要控制电力制度、炉渣温度和碱度。氧气吹炼法是用氧吹炼高碳铬铁使其脱碳，制得中低碳铬铁，生产过程主要控制吹炼温度、供氧制度、炉渣碱度以及生产终点。

（3）微碳铬铁的生产方法有电硅热法、热兑法和真空法。电硅热法是以铬矿为原料，以硅铬合金中的硅为还原剂，石灰为造渣剂在矿热炉中冶炼。

生产过程主要控制电力制度、炉渣温度和碱度。特别注意降低原料中的碳含量和防止过程中增碳。热兑法是将预先熔化的铬矿和石灰熔体与硅铬合金在炉外铁水包中热兑生产微碳铬铁，采用热兑法时应注意硅质还原剂的选择和搅拌方式。真空法是以高碳铬铁为原料，用氧化铬为氧化剂，在真空和高温条件下进行反应，生产微碳铬铁。生产过程应控制真空电阻炉的温度和压力。

7.3.6 硅铬合金

硅铬合金也是炼钢过程的脱氧剂和合金加入剂，但主要在生产中低碳铬铁时作为电硅热法的还原剂。生产硅铬合金有两种方法，一是有渣法（也叫一步法）即将铬矿、硅石和焦炭混在一起加到电炉内冶炼；另一种是无渣法（也叫二步法），即先用一个电炉焦炭还原铬矿生产出高碳铬铁，然后再在另一个电炉中把高碳铬铁、焦炭和硅石混在一起冶炼硅铬合金。目前多用二步法。生产过程应注意控制配料准确，混合均匀，及时加料，控制料面，保持电极在炉料中的插入深度，控制合适的二次电压，尽量使三相电流保持平衡。生产微碳铬铁用的硅铬合金应进行炉外脱碳。炉外脱碳主要是用微碳铬铁渣粉覆盖在摇包中液态硅铬合金表面吸附硅铬合金中的SiC，生产含碳比较低的硅铬合金。

7.3.7 钨铁

钨铁是炼钢时的合金加入剂。钨铁的生产方法有矿热炉法和炉外法。矿热炉法以钨精矿为原料，以沥青焦为还原剂，以钢屑为铁料在矿热炉中冶炼。生产过程应按加热、精炼、取铁和贫化各阶段控制供电制度和炉料加入量。精炼期主要完成钨的还原，在取铁期注意控制炉渣成分（特别是 WO_3 含量）和渣铁温度，在贫化期用沥青焦和硅铁还原炉渣中的 WO_3，进一步提高钨的回收率。炉外法生产钨铁是以钨精矿为原料，以铝粒和硅铁为还原剂，以镁屑为点火剂，以硝石为发热剂，点火后铝和硅迅速还原钨精矿中的 WO_3，并形成炉渣，渣铁分离后得到钨铁。生产过程主要控制配料，保证热量和成分，反应平稳，降低杂质。

7.3.8 钼铁

钼铁也是炼钢时的合金加入剂。钼铁的生产方法有硅热法、碳热法、真空法和等离子法等，但以硅热法为主。硅热法是以钼精矿为原料，以铝粒和硅铁为还原剂，以铁屑为铁料，用铝粒和硝酸钠做点火剂，以镁屑为引火剂，以硝石为发热剂，点火后铝和硅还原钼精矿中的 MoO_3，并形成炉渣，渣铁分离后得到钼铁。生产过程主要控制配料，保证热量和成分，反应平稳，降低杂质。

7.3.9 钛铁

钛铁既是炼钢过程的脱氧剂，也是合金加入剂和脱氮剂。钛铁生产也用炉外法。以钛精矿为原料，以铝粒和硅铁为还原剂，以铁矿或铁屑为铁料，用镁屑和氯酸钾做点火剂，点火后铝和硅还原钛精矿中的 TiO_2，在加精炼料，提高炉渣温度，加入石灰后放渣和冷却后进行渣铁分离，得到钛铁。

7.3.10 钒铁

钒铁是合金加入剂。钒铁生产方法有电硅热法和铝热法。电硅热法是在电弧炉中用硅铁还原 V_2O_5，生产过程应注意控制配料、冶炼温度和炉渣碱度。铝热法同其他炉外法一样，用铝还原 V_2O_5，用 BaO_2 和铝粉做引火剂，点火后反应，形成钒铁。生产过程应注意控制配料准确，混合均匀，及时补热，提高钒的回收率。

7.4 耐火材料生产过程控制

首先将大块的耐火材料原料用机械或其他方法破碎到 4 ~ 5mm，以便能够进行磨粉。关键是根据企业生产规模选择适宜的破碎设备。然后将大小块分开，大的重新破碎，小的送去磨粉。磨粉的目的在于将破碎后的原料磨至 0.10mm 以下，以便能够配料和混练。影响磨粉过程的因素有设备类型、物料的性质和研磨体的选择。将不同组分的原料按比例配合在一起，应控制配料的精度和误差。在配好的原料中加入结合剂，在挤压力的作用下进行混匀和润湿。混练过程应控制原料的颗粒度、加料数量和顺序、结合剂的加入量、混练时间等，以保证混练后的泥料水分均匀，成形性好。将混练好的泥料放入模型中用力压成要求的形状和尺寸。成形的方法很多，有机械成形、振动成形、挤压成形、捣打成形、浇注成形、熔注成形和等静压成形等。目前最常用的是机械成形。成形过程应控制成形的形状和尺寸。为此应充分掌握压机特性和模具的维护。去除成形砖坯中的水分，增加强度，送去烧成。干燥设备多为有隧道型，也有竖窑型、转筒型等。干燥过程应控制干燥温度和时间。干燥后的砖坯在高温下进一步排除水分和气体，通过固相或固液相反应，使砖坯具有一定性能和形状，形成耐火材料成品。烧成设备主要有倒焰窑和隧道窑。烧成过程应控制装窑程序、烧成曲线和压力制度。

耐火材料的重要品种如下：

（1）镁砖：以镁砂为原料，以纸浆为结合剂制成的耐火砖。镁质耐火材料中有镁硅砖、镁钙砖、镁铝砖等。

（2）镁碳砖：使用烧结镁砂时 MgO 大于98%，使用电熔镁砂时 MgO 大于91%。使用的石墨中固定碳含量大于94%～95%、灰分小于5%；结合剂应是酚醛树脂，有热塑性和热固性两种酚醛树脂。热固性的酚醛树脂的技术指标（固定碳、游离酚、游离醛和水分）应符合规定要求。添加剂金属铝粉、硅粉、SiC 等也应符合要求。若在配料时加玻璃粉、碳纤维或锆英石等，应控制加入的比例或数量。混料时控制加入结合剂酚醛树脂的量，有一次加入的，也有多次加入的，对成品的体积密度应有要求。注意控制成形压力，一般在210MPa，压力大了，过压内部会产生裂纹；压力小了，气孔多。镁碳砖只干燥，不用烧成。

另外，还有铝镁碳砖、铝锆碳砖、镁白云石碳砖、MgO-SiC-C 不烧砖等。

（3）高铝砖：高铝砖是以高铝矾土做原料，以软质黏土为结合剂，成形、干燥和烧成的。高铝砖有一般高铝砖、高炉高铝砖、热风炉用高铝砖、盛钢桶用高铝砖、不烧高铝砖等。

（4）莫来石砖：以人工合成的莫来石（$3Al_2O_3 \cdot 2SiO_2$）和高级高铝矾土为原料，另外加入添加剂可以制成低蠕变的莫来石砖。由莫来石形成了一系列的莫来石砖，例如莫来石刚玉砖、莫来石硅线石砖等。

（5）黏土砖：以黏土为原料的耐火砖，主要有流钢用的黏土砖和高炉用的黏土砖。黏土砖应注意控制外型尺寸和降低气孔率。

（6）硅砖：以优质硅石为原料，以纸浆和石灰乳为结合剂制成的耐火砖。主要用于焦炉。生产过程应注意控制外形、尺寸公差和裂纹。加入金红石可以提高硅砖的热导率。

（7）白云石砖：以白云石为原料，以焦油沥青为结合剂制成的耐火砖，也叫焦油白云石砖。

（8）不定型耐火材料：不定型耐火材料是粒状或粉末状耐火材料，其中加有结合剂，没有固定的外形，所以称为“不定型耐火材料”或“散装耐火材料”，主要用于浇注、捣打、喷补等方面。不定型耐火材料生产过程应控制粉碎、筛分、配方和结合剂的选择。浇注料有以氧化镁为主要成分的碱性不定型耐火材料，包括镁质、铝镁质、铬镁质、镁硅质、镁碳质、尖晶石质普通铝酸钙和纯铝酸钙水泥浇注料，无水泥浇注料等。

浇注料用于盛钢桶内衬，RH、DH 真空管内衬，转炉的永久炉衬和加热炉底等。结合剂有镁石水泥、氯化镁、硫酸镁、水玻璃和多聚硫酸盐。

捣打料与浇注料材质变化不大，只是呈干或半干状态，加入结合剂或助熔剂，借助强力捣打成型，用于感应炉炉衬或小型高炉铁沟。

喷补料有氧化镁质、镁钙质、镁硅质、镁碳质、硅酸铝质和 Al_2O_3-SiC-C 等，主要用于喷补高炉、转炉、电炉、盛钢桶和真空精炼炉。

第8章

节能减排管理

质量经营非常重视相关方要求和社会责任，因此节能减排、打造“绿色钢铁”应是钢铁企业质量经营的重要任务之一。

我国钢铁工业是能源和资源消耗的大户，能源消耗构成中煤炭消耗约占全国的70%，焦炭消耗占全国的79%，总能耗约占全国工业总能耗的15%，而能源有效率仅为30%左右，全行业固体废物回收利用率在53%，水资源利用率在40%左右。总体上讲，我国钢铁工业的资源和能源综合利用指标与国际先进水平相比差距很大。

我国钢铁工业每生产1t钢需要消耗6～7t原料和燃料，其中80%以上以各种废物形式排入环境，钢铁工业废气、废水、废渣的排放量占全国的10%～15%。因此，钢铁工业是国民经济中的重污染行业。以高炉-转炉流程的企业为例，生产1t钢大约需要消耗1500kg铁矿石、600kg炼焦煤、200kg石灰石和萤石、175kg废钢、15t新水，并产生10t左右的外排废水、0.05kg的COD、15000m^3废气、1.2kg烟尘、3kg工业粉尘、3.1kg SO_2、500kg左右的废渣。电炉流程的企业也同样产生相当数量的废水、废气、废渣和其他固体废物。

在生产过程中产生大量的污染物，对环境造成的影响是多方面和多层次的，对大气、土壤、水系、海洋以及人类生活都具有重大影响。为了在2020年实现党的十六大提出的国内生产总值力争比2000年翻两番、全面建设小康社会的奋斗目标，钢铁工业树立科学的发展观，把坚持以人为本和实现经济社会全面、协调、可持续发展统一起来，既要满足增长迅速的市场需求，在结构调整中重视产品质量，又要提高资源能源利用效率和保护环境，在推行清洁生产中促进可持续发展。因此，节能减排对钢铁工业非常重要。

节能减排、打造“绿色钢铁”不仅仅应当成为钢铁企业的经营理念，更应当成为质量经营的目标。“绿色钢铁”不仅仅是节能减排，同时包含着循环经济的原则和方法，包括再资源化、再能源化和清洁生产。

《中华人民共和国国民经济和社会发展第十二个五年规划纲要》要求，

化学需氧量、二氧化硫排放分别减少8%，氨氮、氮氧化物排放分别减少10%。工业和信息化部发布的《关于钢铁工业节能减排的指导意见》要求，到“十二五”末，重点大中型企业基本建成资源节约型、环境友好型企业，能耗、水耗达到国际先进水平。吨钢综合能耗不超过615kg标准煤，主要生产工序能耗全部达到国家《粗钢生产主要工序单位产品能源消耗限额》和《焦炭单位产品能源消耗限额》限定值。《关于钢铁工业节能减排的指导意见》还指出，要全面实施综合污（废）水回收利用，钢铁联合企业废水基本实现“零”排放；氮氧化物、二噁英等污染物排放得到有效控制；冶金废渣基本实现综合利用，尾矿综合利用率大幅度提高；废钢资源循环利用水平大幅提升，铁钢比降低5%。

钢铁企业节能减排的目标：一是普及推广已成熟的节能减排技术，大中型钢铁企业2015年干熄焦率达到100%。二是按国家要求2015年焦化、烧结、炼铁、炼钢的工序能耗达标率达到100%。三是凡没有通过国家建设项目环境影响评价的，要努力完善环保措施，补办手续，获得审批。到2011年底，重点大中型钢铁企业应达到以下指标：

（1）吨钢综合能耗不超过620kg标准煤；

（2）吨钢耗用新水量低于$5m^3$；

（3）水重复利用率95%以上；

（4）吨钢烟粉尘排放量小于1.0kg；

（5）吨钢二氧化硫排放量低于1.8kg；

（6）吨钢化学需氧量排放量低于0.2kg；

（7）二次能源基本实现回收利用；

（8）钢渣综合利用率94%；

（9）铁渣综合利用率97%；

（10）尘泥综合利用率99%；

（11）尾矿综合利用率10%。

8.1 钢铁工业的节能

根据国家发改委能源研究所的统计，我国钢铁的单位产品能耗和国际先进水平的差距为21.4%，能源有效率仅为30%左右，比发达国家低10%。可以看出，我国钢铁企业的节能空间很大。差距不仅仅在于能源消耗高，而且“二次能源”利用效率也低。钢铁企业的能源管理不仅应重视降低各生产工序的能源消耗，也必须考虑能源的转化、回收和利用。

从图 8-1 和图 8-2 可以看出，钢铁生产过程吨钢能耗的 40% 外排了。而在生产过程中不同的工序都有可以回收的热能。

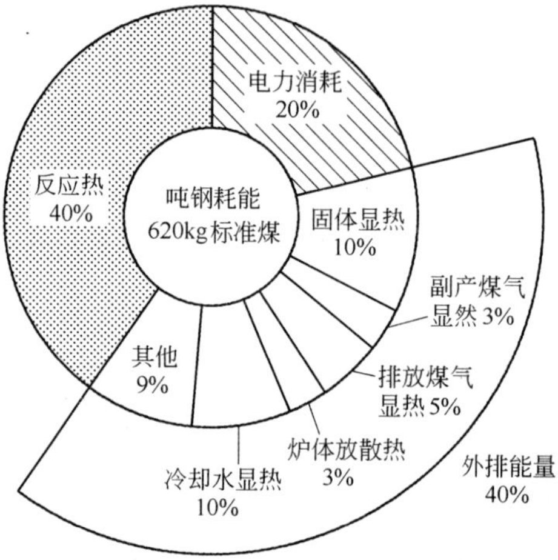

图 8-1　钢铁联合企业的能量结构

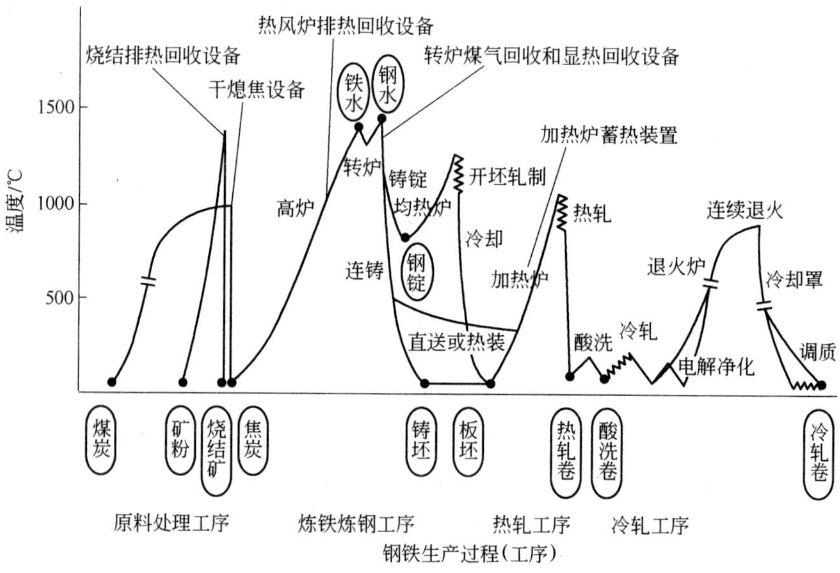

图 8-2　钢铁生产过程铁素流的温度变化和回收技术

8.1.1 焦化过程的节能

8.1.1.1 焦炉大型化

近年来，焦炉大型化是一种发展趋势，炭化室高度已经由4m左右增高到6～8m；长度也由13m左右增长到16～17m；每孔炭化室的容积由25m³左右增大到50m³；每孔的装煤量由20t增加到40t。

8.1.1.2 焦炉煤气回收利用

从炭化室到上升管逸出的650～700℃荒煤气带出热约占焦炉输出热的30%。一般采用喷洒循环氨水进行冷却，循环氨水的大量蒸发浪费了大量的热量。现在已经开发采用有机热媒体（导热油）来回收荒煤气带出的热量，即将上升管作成夹套管，有机热媒体（导热油）通过夹套管与高温荒煤气间接换热，被加热的可去蒸氨，有机热媒体（导热油）可用于煤焦油蒸馏，也可用于入炉煤的干馏。

8.1.1.3 干熄焦

采用干熄焦可以回收约80%的红焦显热。平均每熄1t红焦可回收3.9MPa、450℃蒸汽0.45～0.58t，还可以改善焦炭质量，降低高炉焦比。

在保持焦炭质量不变的情况下，采用干熄焦可在配煤中多用10%～15%的弱黏结性煤。采用干熄焦技术可大大减少环境污染。干熄焦回收红焦热产生蒸汽，并可用于发电，避免了生产等量蒸汽燃煤而对大气的污染。

8.1.1.4 煤调湿

煤炭调湿技术是将水分为8%～10%的装炉原料煤，在不影响装炉扬尘的情况下，将湿度调整在6%左右，然后装炉炼焦。煤调湿可以降低干馏热量、提高生产效率和焦炭质量。调湿的热源可以使用低压蒸汽，也可以回收利用焦炉煤气的显热，以焦炉烟道180～230℃的废气作为热源，对入炉煤进行调湿。将入炉煤与焦炉烟道气直接接触换热，这样可以提高烟气余热利用率。这种工艺流程短，设备少，投资省，操作成本低，占地面积少，但是必须设置庞大的除尘器。另外，也有的企业采用流化床的方法进行调湿。应用最多的煤调湿装置是以低压蒸汽为热源的。

8.1.2 烧结过程的节能

8.1.2.1 厚料层烧结

烧结节能主要来自烧结机大型化、厚料层烧结和工艺流程改进。厚料层技术包括小球烧结、低温烧结、燃料分加等，使料层厚度达到：粉矿为650～750mm，精矿为600～700mm。

8.1.2.2 新型点火器

为了适应微碳粉和焦粉作为燃料的需要，开发高效烧嘴改善煤气和空气的混合；烧嘴从线形发展到缝隙形、面形和多缝隙形。点火器小型化（内部容积为 $2m^3$），使点火器内保持微负压，点火温度在1200～1400℃；特别是在负压达到350mm汞柱以下时，工序能耗会明显下降。预热点火器的空气和控制点火器压力，将辐射热点火变为直接用明火点火。

8.1.2.3 废气余热回收

冷却机废气和烧结机烟气的显热约占烧结过程全部热支出的50%，充分回收和利用这部分热量可以显著降低烧结工序能耗。但是这部分热属于中低温废气，利用难度大。冷却机废气主要回收利用方式有：加热回收蒸汽、预热点火用的空气、预热点火前的原料（如使点火前原料层的上部温度达到300℃）。

8.1.2.4 降低电耗

主要依靠降低抽风系统的漏风率和变频调速技术来降低电耗。过去是在风机最大转速时用阀门调节风量，后来改为依靠调节风机的电压和频率实现节能。为了降低漏风率，也改进了给料和卸料的密封系统，并使烧结车和侧壁一体化。

8.1.3 炼铁过程的节能

8.1.3.1 全面实行精料方针

全面实行精料方针，提高精矿品位，改进炉料结构，稳定炉料成分，提高辅料质量，强化高炉入炉料混匀设施。铁矿品位波动范围不超过0.5%，碱度波动不超过0.05；改善燃料质量，推广应用铁水预处理技术，降低炼钢铁水的硫、硅含量，加强废钢分类加工，发展活性石灰生产。

8.1.3.2 高炉煤气全部回收

高炉煤气中含有大量的可燃性成分（CO > 20%）并夹杂有大量的灰尘，温度通常为150～400℃。从炉顶排出的废气一般先经重力除尘器后，再进行洗涤处理和深度除尘。但高炉煤气中不可燃烧的惰性气体约占75%，可燃成分仅占25%，发热值低，采用低热值煤气燃气轮机（CCPP）技术和工艺对回收和利用高炉煤气具有重要作用。

8.1.3.3 炉顶煤气余压发电

积极推广高炉炉顶煤气余压发电技术（TRT），炉顶压力大于0.1MPa的大型高炉均应配装TRT系统。高炉煤气除尘逐步从湿法过渡到干法除尘有利于提高TRT发电量（比湿法除尘提高30%以上），并可以节约水消耗。

8.1.3.4 强化冶炼技术

强化冶炼技术包括大风量和高压操作、高风温、喷吹燃料和富氧鼓风。

8.1.3.5 余热回收

回收热风炉烟道废气余热，预热煤气和助燃空气，可以提高热风炉热能利用效率，降低能源消耗。

8.1.4 炼钢过程的节能

8.1.4.1 铁钢界面“一罐制”技术

铁钢界面“一罐制”技术是在受铁罐容积与转炉容积相匹配。铁水从受铁罐到转炉只经过一次暴露冷却，并加盖保温。铁钢界面“一罐制”技术可以减少铁水降温和降低能源消耗。铁钢界面“一罐制”技术可简化工序，加快生产节奏，降低成本和污染。

8.1.4.2 转炉煤气全部回收利用

转炉煤气干法除尘效率高，可将粉尘浓度降到10mg/m^{3}以下，不存在二次污染，不用进行污水处理。煤气发热值高，可以实现转炉煤气全部利用和负能炼钢。

8.1.4.3 转炉烟气余热发电

转炉余热资源包括转炉煤气、转炉烟道冷却低温蒸汽等。以电能形式回收转炉余热，回收后的转炉煤气平均热值介于回收的高炉煤气和焦炉煤气之间。如果转炉煤气回收大于100m^3/t，煤气经干法净化后则作为二次能源主要供自备电厂发电。

8.1.5 轧钢过程的节能

8.1.5.1 热送热装

铸坯热送热装可以降低能耗，减少烧损，提高成材率，简化生产工艺流程，缩短生产周期，节约生产费用，降低铸坯库存，减少资金占用，提高加热炉生产能力，减少轧制事故和废品，铸坯热送热装外表温度在500℃以上，其综合效益可达吨坯100元左右。可以大幅度降低产品成本，增加经济效益。不少企业铸坯热装率已达90%，甚至更高。

8.1.5.2 蓄热式加热炉

蓄热式加热炉是通过换向装置使两个蓄热室交替吸热、放热，最大限度地回收烟气的热量，再将助燃空气和煤气加热到1000℃以上，即使低热值的劣质燃料（如高炉煤气）也能实现稳定着火和高效燃烧，可节省燃料40%～70%，使产量提高15%以上，钢坯氧化烧损下降40%以上，NO_x排放小于$100\times10^{-4}\%$，烟气排放温度低于160℃，并且实现了对低热值的高炉煤气的利用。

8.1.5.3 加热炉绝热和保温

水梁立柱采用双层绝热包扎，炉衬采用复合炉衬和高效保温材料可以减少热损失，降低能耗。

8.2 钢铁工业的减排

我国钢铁工业废气、废水、废渣的排放量占全国的10%～15%。因此，钢铁工业是国民经济中的重污染行业。目前，我国钢铁工业主要以高炉-转炉流程为主，另外还有一部分电炉流程。

钢铁工业的废气排放量大，污染范围广，废气温度高，为400～1000℃，最高可达1400～1600℃，治理难度大，同时烟气阵发性强。在废气中排放的烟（粉）尘颗粒细，吸附力强，1μm以下占多数。除烟（粉）尘外，烟气中还含有CO、SO_x、NO_x等。高炉-转炉流程中焦炉废气中含有H_2S、BaP、BSO等有害物质。烟气中的余能、余热、余压、氧化铁尘泥等都具有回收利用价值。

钢铁工业的废水包括烧结废水、焦化废水、高炉煤气洗涤水、高炉冲渣水、转炉烟气除尘废水、轧钢废水等。这些废水具有不同的 pH 值，含有悬浮物、重金属、有机物、油污、酸碱等，如焦炉废水中含有酚氰、冷轧废水中含有铬等有害物质。

钢铁工业的固体废物包括铁矿开采时产生的剥离废石、选矿时产生的大量尾矿、高炉炉渣、转炉炉渣、电炉炉渣、铁合金炉渣、含铁尘泥、电镀金属污泥、六价铬渣等。

8.2.1 废气控制

废气中含有粉尘、热能和化学物质，为了充分利用废气中的有用物质和能量，首先应将烟（粉）尘除去。除尘的方法有 3 种：一种是利用惯性力，另一种是借助于过滤器，还有一种是利用水滴或电荷进行扑集。根据粉尘的大小和性质，钢铁工业采用的除尘器有重力除尘器、袋式除尘器、喷淋洗涤塔、文氏管除尘器和静电除尘器等。

8.2.1.1 焦炉废气

焦炉的装煤烟气采用双集气管、高压氨水或蒸汽喷射和顺序装煤等措施，可以使烟尘减少 60% ~80%。湿法熄焦烟气采用高洗焦塔，增设挡尘板和加强冲淋等措施，可以减少外排尘量 60% ~80%。焦炭筛分贮运系统采用密闭收集和湿法除尘净化，可以减排烟尘。对易挥发性的废气在槽罐顶部采用氮封、浮动顶或活性炭吸附措施。采用密封措施减少装煤孔和炉门泄漏等。焦炉煤气含氢在 60% 左右，采用适当技术（如变压吸附）进行提氢，供其他行业作为燃料（代替汽油）。焦炉煤气热值高，含尘少，毒性（CO）也小，既可作为燃料用于各种工业炉窑，也可以作为民用煤气。焦炉煤气的内部循环利用、剩余发电和富余采用煤气柜回收，需防止煤气泄漏和保持容器、管道、阀门的密封。焦炉产生的二氧化硫回收可用于生产硫酸钙或作为硫酸生产原料，包括煤气脱硫、脱氰技术、脱硫废液制酸技术、煤气净化和产品回收精制系统优化控制技术等。

8.2.1.2 烧结废气

烧结过程的主要污染是粉尘，一般粉尘占烧结矿产量的 3% 左右，严重污染环境。机头采用电除尘器，燃料破碎采用布袋除尘器，热返矿参与配料时混料系统采用喷淋式除尘器。环境除尘集中化，以减少二次扬尘。

烧结点火用的煤气和烧结废气中的 SO_2 可以采用铺底料、确保烧透、杜绝夹生料、降低烧结机尾气温度和含尘浓度等方法减少其排放；也可取消热返矿的筛分和运输等，对管道、阀门和容器进行密封，并对烟囱排放的 SO_2 进行回收。脱硫工艺有 3 类：副产品为脱硫渣的钙基法、副产品为硫铵的氨-硫铵法和副产品为硫酸的有机胺法。主要以石灰石为脱硫剂，有湿法、半干法和干法，包括循环流化床（LJS）（三钢、梅钢、济钢）、密相干塔（石钢、昆钢）、旋转喷雾（SDA）（沙钢）等。其中石灰-石膏法和氢氧化镁泥浆吸收法较常用。

副产品为脱硫渣的钙基法中，石灰-石膏法是目前采用最多的一种方法，吸收剂为 $CaCO_3$、$Ca(OH)_2$ 浆液，吸收 SO_2，生成石膏 $CaSO_4$（宝钢）。氢氧化镁泥浆吸收法是用含 5% ~ 15% $Mg(OH)_2$ 的浆液吸收 SO_2，生成 $Mg(HSO_3)_2$、$MgSO_3$，这些产物直接排放会使水的 COD 增大，所以用空气将它氧化成 $MgSO_4$。这种工艺设备投资和运行费用都比较低，韶钢采用的是这种工艺。

副产品为硫铵的氨-硫铵法是用 NH_3 作吸收剂，以 $(NH_4)_2SO_4$ 回收硫。在硫酸铵溶液中加少量硫酸可以促进硫铵结晶成长，将洁净的硫酸铵分离、干燥就可以得到磷酸铵产品。目前，柳钢、南钢、杭钢、日钢采用这种工艺，虽然硫铵产品有用，但是要求设备耐蚀性高。特别是硫铵中含有重金属和二噁英，作为农肥会造成污染。

副产品为硫酸的有机胺法主要有 SML 法和活性炭吸收法。SML 法是采用有机胺脱硫。烧结烟气经洗涤塔降温、除尘和洗涤后，进入吸收塔吸收 SO_2，再进入解吸塔析出 SO_2，然后在再生塔回收 SO_2 进入生产硫酸工序，莱钢是采用这种工艺。太钢采用活性炭吸收法，即利用活性炭吸收 SO_2，并在吸收塔入口处向烟气中加脱硝所需氨，烟气在吸收塔内形成硫酸、硫酸氢氨等，并被活性炭所吸收，再进入脱吸塔，经加热到 400℃ 解析出高浓度的 SO_2，用以回收高浓度硫磺或浓硫酸。如果再加焦吸附工艺还可以脱去二噁英，但这种工艺能耗大、投资高，活性炭易自燃，很难推广。

8.2.1.3 炼铁废气

炼铁过程的废气主要有：高炉的原料，燃料以及辅料在运输、筛分、转运过程中产生的粉尘，热风炉的废气，高炉出铁场作业时产生的烟尘和有害气体，炉渣处理排放废气，高炉煤气放散和煤粉制备系统排放废气。对高炉废气的控制方法主要有：高炉炉顶煤气余压发电（TRT），高炉炉顶煤气大于

0.08MPa 时可以采用 TRT 技术，吨铁发电量在 20～40kWh，如采用干法煤气除尘，发电量可增加30%。低热值煤气可以采用燃气轮机发电（CCPP）技术，比常规锅炉蒸汽发电气电转换率高 70%～90%。利用高炉煤气预热热风炉燃烧用煤气和空气，可以提高热风温度。利用余热锅炉可以回收高炉煤气的余热。

8.2.1.4 炼钢废气

转炉炼钢废气污染的特点是：吹炼时原始烟气中含尘浓度可高达 100～150g/m^3，烟尘粒度 50% 以上小于 30μm；吹炼时原始烟气中 CO 高达 90%、毒性大；原始烟气温度高达 1400～1600℃，增加了废气净化的复杂性；高温烟气中的热能、CO 以及烟尘中的铁（总铁高达 60%～70%）均具有较高的回收综合利用价值。

转炉炼钢的废气处理按处理方法分类有燃烧法和未燃法。燃烧法即烟气进入净化系统时与大量空气混合燃烧，燃烧后的烟气经过冷却和除尘排放到大气中。未燃法即采取措施吸收少量空气使炉气中的 CO 只有少量燃烧成 CO_2，绝大部分不燃烧，烟气经冷却和除尘后将煤气回收或点火放散到大气中。按操作工艺分有湿法（OG 法）、干法（LT 法）和干湿结合法。由于湿法除尘系统存在能耗高、环保治理难度大、废物利用率低等缺点，所以应更多地推广干法除尘技术。干法除尘具有节水、节电、除尘效率高、降低生产成本等优点，煤气回收量为 95～100mg/m^3 以上，煤气热值为 8360kJ/m^3 左右，可以实现回收煤气含尘量小于 10mg/m^3，排放废气含尘量可小于 20mg/m^3，炼钢工序的吨钢能耗为 -10kg 标煤，收集的除尘灰干燥、加热后可以直接压制成块体回转炉得到更好的利用。缺点是系统相对复杂，对运行和维护要求高。目前国内重点钢企业平均回收量约 60m^3/t，先进企业在 100m^3/t 左右；我国重点钢铁企业转炉炼钢的平均工序能耗已经实现了“负能炼钢”。

转炉炼钢过程中，兑入高炉铁水、加入辅料、吹氧、出渣、出钢均有大量的含尘烟气产生，烟气中除烟尘外，还有 CO 和粉尘，LF、VD 等精炼炉冶炼及铁水预处理过程均有含尘烟气产生。通常采用高效布袋除尘器净化，排放废气中的烟粉尘浓度一般可低于 20mg/m^3。

连铸机结晶器加保护渣时也有少量烟尘产生，铸坯火焰清理有烟尘产生；中间罐倾翻和修砌有粉尘产生，其特点是产生量比较大且不连续。对于结晶器废气，由于烟气量比较小、含尘浓度比较低，通常通过排烟装置将其排入二冷室机械去除；中间罐倾翻和修砌含尘废气通常采用布袋除尘器净化，排放浓度一般可低于 20mg/m^3；铸坯火焰清理烟气，通常根据烟气的性质采用湿式电除尘器净化，粉尘排放浓度一般在 30mg/m^3 以下。

8.2.1.5　轧钢废气

轧钢加热炉产生的污染物主要是烟尘、SO_2、NO_x。同时由于燃料为脱硫后的煤气，烟气中含尘、SO_2 浓度很低，基本能够满足《工业炉窑大气污染物排放标准》的要求。热镀锌机组的各热处理炉也分别以精脱硫后的煤气为燃料。为了控制 NO_x，一般采用先进的烧嘴设计、优化燃烧控制等措施，减少 NO_x的产生，宝钢以煤气做燃料，加热炉外排 NO_x一直控制在 150mg/m^3 之内。其排放烟气中 SO_2含量小于国家允许排放标准所以一般不作处理直接排入大气。轧制过程由于钢材表面氧化铁皮破碎和冷却轧辊水的蒸发，轧机前后生成氧化金属粉尘、油雾及水蒸气，烟气含尘约 3000mg/m^3，可用湿式电除尘或过滤设备净化达标后排入大气。

轧制过程也会产生含酸废气，主要是酸洗机组酸雾、中性盐雾、硝酸雾、混酸（$HNO_3 + HF$）酸雾、盐酸再生站酸雾和铬酸雾；含碱废气主要是热镀锌机组、连退机组、脱脂等设备产生的碱雾等，经碱雾吸收塔喷淋洗涤后外排，含碱浓度可达到不大于 10mg/m^3。含油废气冷轧机在轧制过程中产生大量的乳化液油雾，为了有效地捕集乳化液油雾，一般将轧机做成密闭式，油雾由轧机进入出口端的上部烟罩和机架间的上、下部吸气口以及卷取机上部烟罩，吸入主风道（钢板风道和混凝土风道），经油雾分离器过滤，由风机、烟囱排至室外大气，乳化液油雾排放浓度可做到小于 30mg/m^3。连退机组退火炉以煤气为燃料，经烟囱直接排放，也可以设计采用先进的烧嘴、最优燃烧控制等措施，减少 NO_x 的产生；同时由于燃料为精脱硫后的煤气，烟气中含尘、SO_2 浓度很低，满足《工业炉窑大气污染物排放标准》的要求。热镀锌机组的各热处理炉分别以精脱硫后的煤气为燃料，烟气中含尘、SO_2浓度很低，可以满足《工业炉窑大气污染物排放标准》的要求。

8.2.2　废水控制

8.2.2.1　焦化废水

焦化废水主要来源于 3 个方面：接触煤、焦粉尘的废水，含酚、氰、硫化物和有机油类的酚氰废水以及生产古马隆树脂过程的洗涤水。焦化废水是在原煤的高温干馏、煤气净化和化工产品精制过程中产生的。废水成分复杂，其中无机化合物主要包括大量氨盐、硫氰化物、硫化物、氰化物等，有机化合物除酚类外，还有单环及多环的芳香族化合物，含氮、硫、氧的杂环化合物等。总之，焦化废水带来的污染严重，是工业废水排放中一个突出的环境问题。焦化废水的处理方法有用酚水熄焦、蒸汽脱酚、溶剂萃取脱酚、终冷水脱氰、废水生化处理、生物脱氮和降低COD、废水分离油和悬浮物、干熄焦技术等。过去，国内外去除焦化废水中的NH_3-N和COD主要采用生化法，其中以普通活性污泥法为主，能有效去除酚、氰类物质，但难降解NH_3-N和COD。焦化废水的二级处理技术主要是预处理技术，常用是厌氧酸化法，如催化湿式氧化技术、生物强化技术、芬顿试剂技术、固定化细胞技术、三相气提升循环流化床、缺氧-好氧-接触氧化法等。焦化废水的三级处理技术是焦化废水深度处理技术，有化学氧化法、加氯法、絮凝沉淀辅以加氯法、吸附过滤辅以离子交换法等。但由于经济和技术的原因，这些方法均处于试验阶段。目前较为经济可行的三级处理方法主要有氧化塘深度处理法和粉煤灰吸附法。

采用干熄焦技术是防止焦化过程对污染水的重要措施。干熄焦产生的蒸汽可以用于发电，不会污染空气，还可减少SO_2、CO_2的排放量。干熄焦还可以从红焦中回收热能，产生蒸气和发电，提高焦炭强度和耐磨性，使块度均匀、焦末少、水分低。

另外，采用煤干燥和预热技术也可以减轻焦化过程对水的污染。煤干燥是在炼焦炉外进行干燥、脱水以降低入炉煤的水分或对入炉煤的水分进行调节，从而缩短结焦时间，减少炼焦能耗量和剩余氨水产生量，稳定焦炉操作，提高焦炭质量或扩大弱黏结性煤用量。煤调湿的技术主要包括以蒸气为热源的多管转筒干燥器煤调湿工艺技术和以焦炉烟道气为热源的流化床型煤调湿工艺技术。

8.2.2.2 烧结废水

烧结废水包括：湿法除尘设备排水、洗地坪冲水、设备冷却水、胶带机冲洗水、生活污水和雨水。处理烧结废水既要循环使用处理后的水，又要回收废水中的矿泥。设备间接冷却水冷却后循环使用，在系统中设置过滤器和除垢器。胶带机冲洗水加絮凝剂混合后进入沉淀池，澄清水溢流提升回用，污泥送原料场回收利用。生活用水与雨水排入企业内部下水道，不用单独处理。

8.2.2.3　炼铁废水

炼铁废水包括生产过程废水（高炉煤气洗涤水和炉渣粒化用水）、设备（炉体、风口）间接冷却水和设备直接冷却水（炉缸喷水）。高炉废水主要是煤气净化水和水冲渣废水。高炉煤气净化水污染比较严重，每循环一次含尘量约为0.4～0.5g/L。每净化1000m^3 煤气，需要3.5～6m^3 水，这部分水应循环利用。水冲渣废水含有炉渣颗粒和硫化氢，必须加以处理，不能直接外排。

8.2.2.4　炼钢废水

转炉废水主要是转炉除尘废水，转炉除尘废水主要是由除尘系统（一文二文重力脱水器、弯头脱水器和湿旋脱水器）的除尘水而来，通过污水槽送至水处理车间。转炉煤气处理工艺不同，除尘废水特性也不同。采用未燃烧法的煤气处理工艺，除尘废水中的悬浮物以 FeO 为主，颗粒大，pH 值大于7；采用燃烧法的煤气处理工艺，由于在烟道内 CO 和 O_2 燃烧反应，使 CO 氧化，颗粒物小，废水 pH 值在 7 以下。

连铸过程废水主要有 3 种：设备间接冷却废水、设备与产品直接冷却废水和除尘废水。设备间接冷却废水主要指结晶器和其他设备的间接冷却废水。设备间接冷却废水是净环水，用过的水经降温后即可循环使用。在循环用水过程中应注意水质稳定，主要是防止结垢、防腐蚀和防止藻类等生物污染。设备和产品直接冷却废水主要是二次冷却区产生的废水。直接冷却废水不但水温提高，而且会被氧化铁皮和油脂污染。除尘废水主要指设在连铸机后步工序中的火焰清理机的除尘废水。除尘废水含有氧化铁皮、油脂和粉尘。主要采用沉淀、除油、过滤、冷却、水质稳定等措施净化。

8.2.2.5　轧钢废水

热轧过程的废水一般包括净环水和浊环水。浊环水用于设备的间接冷却。净环水是直接冷却轧辊、轧辊轴承等设备及轧件产生的废水。热轧过程废水主要是轧制过程直接冷却水。废水中主要污染物是粒度分布很广的氧化铁皮和润滑油类，热轧废水温度高直接排放会形成热污染。采用沉淀、机械除油、过滤、冷却等物理方法处理后，一般可循环使用。

冷轧过程废水种类比较多，根据机组不同，有时产生含有酸、碱、乳化液和少量机械杂质（还有的含有金属盐类，例如铬）的废水或含有氰酸盐的废水。冷轧废水的处理方法主要是化学处理，包括油、乳化油分离、氧化、还原、中和、混凝、沉淀、污泥浓缩、脱水等。

酸洗和电镀过程会产生含有重金属的废水。最简单的治理方法是氢氧化物沉淀法，可以去除 Cu、Pb、Zn、Cd 和 As。对含 6 价铬的废水可以采用电解法和离子交换法处理。减少外排废水和合理用水是控制污染的最好办法。酸洗池、酸再生污泥和废水处理装置产生的氢氧化物污泥可以填埋处理。

8.2.3 固废控制

8.2.3.1 焦化固废

焦化固体废物有煤尘、焦尘、焦油渣、洗油再生渣、黑萘、酸焦油、污泥、残渣和用过的耐火材料等。煤尘和焦尘一般返回配料使用；焦油渣通过改质加工成工业燃料油或以焦油渣为原料制备活性炭；酸焦油用于生产高温沥青或做水泥添加剂；生化剩余污泥作为烧结料利用；残渣作为原料煤返回利用；而对用过的耐火材料，目前处理方法主要是填埋。

8.2.3.2 烧结固废

烧结过程的固废主要是粉尘和尘泥。干式电除尘捕集的粉尘加湿处理后返回使用，湿式电除尘捕集的尘泥脱水处理后返回使用。

8.2.3.3 炼铁固废

炼铁固废主要是高炉渣。高炉渣也可以说是高炉炼铁的副产品。高炉渣由脉石、灰分、助熔剂和其他杂质组成。高炉渣的化学成分与普通硅酸盐水泥类似，主要含有 CaO、MgO、SiO_2、Al_2O_3、MnO，特殊情况含有 V_2O_5、TiO_2。高炉渣的主要矿物相为：钙铝黄长石、钙镁黄长石、硅酸二钙、假硅灰石、硅长石、钙镁橄榄石、镁蔷薇石和镁方柱石以及少量硫化物等。在高炉炉渣利用前，需要把高炉渣先进行加工处理。用途不同，加工方法也不一样。炉渣经急冷（水冲），可以用于做水泥原料。掺合约 50% 高炉渣的高炉水泥与普通水泥相比，石灰石使用量减少，是节省能源和资源的材料。高炉渣还可以作为建筑材料、肥料和土壤改良材料。钢铁炉渣再资源化的前景是非常好的。目前我国的加工工艺主要有加工成水渣、矿渣碎石、膨胀矿渣和矿渣珠等。

8.2.3.4 炼钢固废

炼钢固废主要是钢渣。钢渣主要由钙、铁、硅、镁和少量铝、锰、磷等的氧化物组成。主要的矿物相为硅酸三钙、硅酸二钙、钙镁橄榄石、钙镁蔷薇辉石、铁铝酸钙以及硅、镁、铁、锰、磷的氧化物形成的固溶体，还含有少量游离氧化钙以及金属铁、氟磷灰石等。有的地区因矿石含钛和钒，钢渣中也稍含有这些成分。钢渣中各种成分的含量因炼钢炉型、钢种以及每炉钢冶炼阶段的不同，有较大的差异。

钢渣的用途可以直接加入高炉或加入烧结矿，在钢铁厂内部循环使用。钢渣的成分中，除硅无用和磷有害外，钙、铁、镁和锰（共占钢渣总量的80%）都可得到利用。先将加工后的钢渣存放3~6个月，待体积稳定以后使用。钢渣筑路，具有强度高，耐磨性和防滑性好，耐久性好，维护费用低等优点。钢渣中的钙、硅、锰以及微量元素均有肥效，可作为渣肥施于酸性土壤。各类钢渣均可作为填坑、填海造地材料。中国目前生产少量钢渣水泥，多用转炉钢渣掺50%左右高炉粒化渣、10%左右石膏，磨制无熟料钢渣水泥。将钢渣粉碎后，干燥，磁选、筛分，磨细粉碎分级，湿法磁选分级，可生产球团。钢渣还可制造砖、瓦、碳化建筑材料等。有些地方利用电炉钢渣生产白钢渣水泥。

但是，转炉渣和电炉渣具有膨胀崩裂性，适用范围受限制。如果采用蒸汽固化处理，可以用作路基材料。发达国家钢铁炉渣的利用率已经达到98%~100%，而我国仅为87%。特别值得指出的是在生产铬铁时产生的废渣中含有6价铬，必须进行控制和治理。比较可行的方法是进行高温还原，将6价铬还原成3价铬，进行无害化处理。也可以将铬渣经处理后用于房屋建筑或做管线沟的基础填料，在道路建设中也可作为隔热材料，具有很好的承载性。还可以作为玻璃制品的着色剂，生产钙镁磷肥添加剂等。

8.2.3.5 轧钢固废

酸洗池、酸再生污泥和废水处理装置产生的氢氧化物污泥可以填埋处理。切头切尾和退火炉废弃的耐火材料可以分别返回炼钢和填埋处理。

8.3 再资源化、再能源化和清洁生产

近年来，随着我国钢铁工业现代化的发展，环境管理和技术也有很大的变化。吨钢综合能耗从1995年的1516kg标准煤，降到2010年的604.6kg标准煤。与2005年相比，2009年重点统计钢铁企业吨钢新水消耗从8.6m^3下降到4.5m^3，减少了47.7%；水重复利用率由94%提高到97%；吨钢外排水量

由4.89t下降到2.06t，减少了57.9%；吨钢化学需氧量由0.254kg下降到0.090kg，减少了64.6%；吨钢 SO_2 排放量由2.83kg下降到2.01kg，降幅29%；吨钢粉尘排放量由2.18kg下降到1.35kg，下降38.1%。但是，钢铁工业仍然是资源和能源消耗比较多的工业部门之一，也是污染大户。因此，在钢铁工业进一步发展中必须重视环境保护工作，继续向再资源化、再能源化和清洁生产方向发展。

8.3.1 再资源化

目前，钢铁工业的炉渣用作水泥的掺和料、铺路用的原料和混凝土原料。高炉渣的利用率达到100%（特殊渣除外），转炉渣的利用率也在逐年提高。含铁尘泥作为回收料返回使用。但是，为了节约资源，今后将追求新的资源循环，即将废弃的塑料（氯乙烯）在高炉中继续处理。既节约焦炭资源，又解决废弃塑料的污染问题。

8.3.2 再能源化

高炉煤气是钢铁工业最重要的能源，炼铁过程各工序的废热，多数已经用于预热或余热发电。转炉回收的煤气，通过燃烧法或不燃烧法转换成蒸汽或电能，实现负能炼钢。今后将探讨如何利用中温（200℃左右）和低温（80℃以下）的热能，比较可行的措施是用于城市居民生活。还有钢铁厂废水资源化问题等。

8.3.3 清洁生产

清洁生产的概念不仅限于废气的净化与利用、固体废弃物的回收与利用、建立封闭的水循环系统、设计短流程、开发直接还原、熔融还原、高效连铸或直接炼钢等，而是将自然生态体系引入并建立人间生态体系，达到"节能降耗，减污增效"，生产出绿色产品的目的。将资源-生产-社会作为动脉系统，将废弃物-再生利用-再资源化作为静脉系统，使社会变成循环的，未来的钢铁工业的目标就是实现这种循环的清洁生产。

第9章

安全生产管理

近10年来，随着钢铁产能的扩大，企业数量的增多，重特大事故时有发生。2010年9月国家安全监督管理总局下发26号令《冶金企业安全生产监督管理规定》，冶金行业已经被当作高危行业来进行管理。一定时期以来，一些企业片面地追求“效益最大化”，忽视了环境保护和安全生产，以致造成一些重大的生产事故，因此安全生产已经成为企业质量经营关注的重要内容之一。

9.1 钢铁生产过程的主要危险因素和危害因素

GB/T 28001—2001《职业健康安全管理体系规范》要求：“组织应建立并保持程序，以持续进行危险源辨识、风险评价和实施必要的控制措施。”危险源辨识、风险评价和控制是建立职业健康安全管理体系的基础，主要来源于风险管理思想。

目前多数钢铁企业的危险源辨识一般是以部门、分厂或车间为单位，按GB/T 13816—92《生产过程危险和危害因素分类与代码》或按GB 6441—1986《企业伤亡事故分类》的危险和危害因素分类，对本部门或单位的生产活动和工作场所中具有的危险源进行辨识。危险源的辨识包括所有进入工作场所人员的活动、工作场所、设施及组织活动，并考虑三种时态（现在、过去和未来）和三种状态（正常、异常和紧急）。设备的开机、停机、检修等情况属于异常状态；发生火灾、爆炸、洪水等属于紧急状态。

危险源的风险评价方法也有很多，有定性评价方法和定量评价方法。风险评价表是评价风险的最简单的方法，是根据定性的对伤害的可能性和严重程度的判断而对风险进行分级评价。格雷厄姆法是一种常用的半定量方法，用于评价作业条件的危险性或风险值。

从我国钢铁企业的伤亡事故来看，主要的危险因素是机械伤害和物体打击，车辆伤害居第3位，高处坠落居第4位，起重伤害居第5位，灼烫居第6位。生产过程的主要危害因素中化学因素有：一氧化碳、氮氧化物、二氧化硫、硫化氢、氯、苯、铅、汞、锰及其粉尘等；物理因素有：高温、低温、高压、低压、噪声和振动、电离辐射（β射线、γ射线等）、非电离辐射（紫外线、红外线、射频辐射和激光等）。

9.1.1 原料系统的危险因素和危害因素

钢铁企业原料场的主要危险因素有：各种机械运转和处理故障时所发生的机械伤害，其次是高处坠落和物体打击。在翻车机、接料槽和卸料工作过程中，有受车辆或机具伤害的危险。在清理矿槽过程中有被风管打伤、滑伤或跌伤的危险。在胶带运输过程中，在处理跑偏、打滑、压料、堵漏斗、跑小车、上托轮等作业时有被胶带绞伤的危险。在检查、清扫、维护抓斗吊车的机电设备或处理钢丝绳、抓斗故障时有发生高处坠落和物体打击的危险。在石灰石和焦炭破碎加工作业过程中有被物料飞出击伤或受物体打击、机械伤害和起重伤害等危险。

原料场的主要危害因素有：原燃料装卸、运输、破碎、筛分过程中产生的粉尘，其次是破碎、筛分时的噪声。原燃料产生的粉尘除游离的二氧化硅外，还有铅、锌、砷、氟等对人体有害的物质。

9.1.2 焦化过程的危险因素和危害因素

焦化过程的主要危险因素有：焦炉和备煤系统移动或转动设备造成的机械伤害事故，推焦机等三相裸线造成的触电事故。推焦和装焦过程高温作业产生的被焦炭烫伤的事故。易燃易爆物质引发的火灾爆炸事故是焦化系统的主要危险因素。焦化生产过程中产生的煤气、苯类、吡啶等，容易发生火灾和爆炸，包括气体爆炸、粉尘爆炸和火灾性爆炸。

焦化过程的主要危害因素有：焦炉煤气中含有7%左右的一氧化碳，泄漏会发生中毒。焦炉生产过程的烟尘，其中含有粉尘、一氧化碳、硫化氢、二氧化硫、苯和焦油等，会危害工人的健康，特别是苯并芘（BaP）是致癌物质。在焦油氨水分离、蒸馏、贮槽和放散管等处的硫化氢、氯化氢和氨等若泄漏会造成工人中毒。吡啶蒸气会伤害工人眼睛、皮肤和呼吸道系统。在苯精制的初馏分中苯类物质会伤及工人的皮肤和呼吸道系统，而且还是致癌物质。在酚、萘生产过程中，如果发生泄漏，萘会使人中毒，酚会烧伤皮肤。沥青的蒸汽、烟雾和粉尘会危及皮肤和眼睛，沥青烟中还含有苯并芘。焦化生产过程中噪声和高温作业也对人的身心有伤害。

9.1.3 烧结过程的危险因素和危害因素

烧结过程的主要危险因素：在配料和混料时，如果矿槽内发生堵料、棚料或粘料现象，人工处理有伤人危险。在处理圆盘给料机排料口堵料时也容易造成机械伤害。烧结机突然停电或突然停煤气，会引起烧伤或炸伤。煤气管道或阀门泄漏会引起煤气中毒事故。在机头铲料，脚踩在轨道上易被台车轮压伤，进入机头内补炉箅条时容易伤及头部或手。在机尾观测孔观察卸料或捅料时，容易被含尘热浪烧伤。烧结矿单辊破碎机和热矿筛出口堵塞时，用水捅料容易被蒸汽和红料烫伤；热矿筛振动大，机械零件振断飞出会击伤人。冷却机的进出口和返矿槽出口堵料或“放炮”也容易烫伤工人。抽风除尘系统的抽风机转子失衡，叶片脱落，可能击破机壳飞出伤人。油箱油管漏油容易引起火灾。进入除尘器或烟道内检查或处理故障时有煤气中毒的危险，如果孔门关闭会窒息。上下或进入电除尘器有跌落或被电击伤的危险。

烧结过程的主要危害因素是粉尘危害，主要发生在烧结机机尾卸矿、成品矿的热破、热筛和冷破冷筛以及各进料点或出料口和除尘系统。毒物危害主要是烧结点火用的煤气（一氧化碳）和废气中的二氧化硫。如果管道、烟道或闸阀泄漏会引起中毒。烧结过程都属于高温作业岗位，有高温危害。烧结系统的噪声主要来自抽风机室、熔剂、燃料破碎间，噪声可达 100dB(A)。

9.1.4 炼铁过程的危险因素和危害因素

炼铁的主要危险因素有：在出铁或发生故障检修作业时，容易发生煤气泄露，造成一氧化碳中毒。高炉喷吹煤粉的制备和喷吹设施可能发生爆炸。高炉的铁水和炉渣遇水或泄露的煤气遇明火也会爆炸。高炉出铁时的开堵铁口操作失误，出铁沟的修补以及出渣出铁的渣铁飞溅，可能会灼烫工人。出铁场的起重机、解体机和泥炮等也会形成机械伤害。

炼铁过程的主要危害因素有：高温热辐射，例如铁口的单向辐射热和渣口的单向辐射热；炉前出铁场、碾泥机等处会产生烟尘和粉尘，也会伤及工人呼吸系统，严重的会造成矽肺病。炼铁过程的毒物危害主要是 CO 和炉渣

中含有的 H_2S 及 SO_2；高炉鼓风、喷吹煤粉、煤气放散和机电设备运转会产生噪声，有时也会超过 100dB(A)。

9.1.5 炼钢过程的危险因素和危害因素

炼钢过程的主要危险因素有：火灾是炼钢过程的主要危险因素。火灾事故的原因有 3 个方面：一是燃油、润滑油、液压油和可燃气体引起的；二是电气设备故障造成的；三是高温钢水炉渣喷溅和泄漏引起的。高温钢水炉渣喷溅或遇水也能引起爆炸，煤气爆炸、氧气爆炸、超压爆炸和电气爆炸等也是炼钢过程的危险因素。原燃料和钢水、钢渣的吊运，设备检修过程的设备与零件的拆卸和安装，会形成起重和机械伤害。起重伤害和高处坠落也是炼钢过程的事故原因，特别是在设备检修过程，这类危险更值得注意。炼钢系统的电气设备多，特别是电炉高压系统或低电压大电流系统会产生触电伤亡事故。连铸的变电所的配电室、控制室、电缆隧道、液压站和计算机房容易发生火灾。浇注过程的钢包吊运和设备检修时设备的吊装容易产生起重伤害和高处坠落。

炼钢过程的主要危害因素有：来自原料的准备和冶炼、精炼过程的粉尘，每吨转炉钢产生 35kg 粉尘，每吨电炉钢产生 15kg 粉尘。电炉熔化期的噪声高达 120dB(A)，氧化期的噪声也有 100dB(A)。车间的除尘风机、设备的液压泵和真空泵、耐火材料拆除机等产生的噪声一般在 100dB(A)左右。炼钢过程的有毒、有害气体主要是 CO。铁水、钢水、钢渣的热辐射，电炉炼钢的紫外线辐射，液面控制系统采用同位素时的放射线辐射，对人体也有危害。连铸过程也会产生一定的烟尘，连铸坯修磨、钢包拆除和修理以及结晶器修复也会产生粉尘。连铸系统的风机和泵会产生 100dB(A)左右的噪声。连铸系统的高温热辐射和结晶器液面控制的同位素射线辐射，对工人健康也有伤害。

9.1.6 轧钢过程的危险因素和危害因素

轧钢过程的主要危险因素有：轧钢系统大量使用煤气、氧气、氢气、氨气、乙炔等易燃易爆气体，各种油类、酸、碱、电气设备和液压设备具有火灾和爆炸危险因素。行车故障是轧钢的又一危险因素，例如行车主体与厂房立柱之间挤压伤亡事故，行车装置故障、超重、脱钩也会形成危险。在轧钢生产、处理故障和检修过程存在机械、物体打击、起重伤害、高处坠落和灼伤等危险。

轧钢过程的主要危害因素是噪声，特别是钢管生产过程的噪声热区超过90100dB(A)，冷区超过100100dB(A)。高温危害包括加热设备、涂镀层设备、热处理设备和轧件的高温会引发疾病。毒物危害主要有一氧化碳、氮氧化物、硫化氢、二氧化硫和氯化氢等有毒气体，酸洗过程会产生酸雾，对工人健康有危害。烟尘和粉尘危害主要发生在钢坯修磨、加热、除鳞、轧制、精整和热处理等过程。在金属监测器、测厚仪和探伤仪工作时会有射线危害。

9.2 钢铁企业生产过程的风险控制

从危险因素和危害因素的辨识和风险评价来看，钢铁企业安全生产中存在的风险主要是冶炼伤害、机械伤害、电气伤害、防火防爆、中毒窒息、起重运输伤害和特种设备伤害以及职业病伤害。为了实现安全生产应对上述风险进行有效控制。

9.2.1 冶炼伤害及其控制

冶炼伤害主要是灼伤，这种伤害仅次于机械伤害和物体打击，居第3位。冶炼伤害来自高温铁水，钢水和炉渣喷溅，白云石、石灰、电石、蒸气、热水、热钢件，煤气、氧气等着火灼伤，化学性和电弧灼伤等。伤害多发生在焦化、烧结、炼铁、炼钢、连铸和轧钢工序。主要控制措施主要是：按规定提供劳动保护用品，加强个体防护；制订和执行安全操作规程，严格标准化作业；加强探测，严防废钢带水和爆炸物；采用检测和探伤等方法，防止设备老化和破损。

9.2.2 机械伤害及其控制

机械伤害主要来自旋转式机械（轧机）、移动式机械（焦炉四大车）、往复式机械（剪切设备）和运输式机械（运输提升设备）等。主要控制措施是：加强安全点检，保持设备状态良好。严禁不停机清理和触摸，检修时应实施三方确认和挂牌、交叉作业安全联络，并设有醒目安全警戒和安全防护装置。

9.2.3 电气伤害及其控制

电气伤害主要来自电-动（电力传动）、电-热（电热设备）、电-光（照明设备）和电-化（电解设备）等。主要的控制措施是：在接触和运行电器设备、进行检修和使用工具时应防止触电。按安全规程操作防止短路电弧灼伤和防止电气火灾爆炸。

9.2.4 火灾和爆炸伤害及其控制

火灾和爆炸伤害主要来自：钢水、铁水和炉渣，煤气、易燃气体、液体氧气、电气、蒸气等。主要的控制措施是：采用防火措施，防止起火和火灾；采用灭火措施，减少次生伤害；采用防爆措施，减少爆炸伤害，必要时启动应急措施和预案。

9.2.5 中毒和窒息伤害及其控制

中毒和窒息伤害主要来自：窒息性毒物（CO、N_2）、刺激性毒物（SO_2）、麻醉性毒物（汽油）、全身性毒物（铅、汞）等。主要控制措施是：采用空气置换，防止氮气窒息；采用防止泄漏、安全监控、保护用具和急救等措施防止 CO 中毒；对危险化学品履行审批作业、安全防护和急救措施等，防止危险伤害。

9.2.6 起重运输伤害及其控制

起重伤害主要来自：起重驾驶、指挥、点检和维修作业过程，主要控制措施是：加强安全管理、实施标准化作业、安全装置齐全可靠和采用专用安全吊索工具。

运输伤害主要来自：厂内铁路和机动车辆驾驶。主要控制措施是：加强安全生产管理、实施标准化作业、专业培训持证上岗、建立安全标识和地面反光镜与后视镜，设立安全护栏和连锁装置。

9.2.7 锅炉压力容器伤害及其控制

锅炉伤害主要来自锅炉爆炸、水击、二次燃烧与烟气爆炸等。主要的控制措施是：防止超压，定期校准压力表；防止过热，设置超温报警器；按规定进行水处理和除氧；加强缺陷检查，加强培训和规范操作。

压力容器伤害主要来自变形、泄漏、破裂引起爆炸、火灾和中毒。主要的控制措施是：认真遵守安全操作规程，加强容器检验，及时发现缺陷，加强容器维护和管理，对操作工加强培训，持证上岗。

9.2.8 职业病伤害及其控制

钢铁企业常见职业病有：尘肺、职业中毒、中暑和噪声聋。主要预防措施是：定期体检，实行职业卫生监护；采用三级预防机制：Ⅰ级预防，执行工程项目中的安全措施“三同时”；Ⅱ级预防，降低有害物质；Ⅲ级预防，患者早期治疗。

9.3 坚持标本兼治，重在制度建设

2010年9月29日温家宝总理主持国务院常务会议，研究部署进一步加强安全生产工作。会议认为，当前安全生产形势依然严峻。会议指出，安全生产要“坚持标本兼治，重在制度建设”，以更加严密的管理、更加科学的方法、更加有力的措施，加强安全防范，抓好安全生产。“坚持标本兼治，重在制度建设”首先应当从领导开始，树立安全生产意识，重视安全生产工作。安全生产是以人为本，以适用的法律法规为准则，安全第一，预防为主，全员参与和持续改进。安全管理是一项系统工程，企业的安全管理必须建立安全分析、安全评价、安全决策、安全控制和安全改进等完整的安全管理体系。

“坚持标本兼治，重在制度建设”的前提是策划制订安全管理方针和目标。建立安全方针和目标是企业遵守安全法律法规的表现，是企业实践以人为本的经营理念，是实现安全生产的宗旨。先进的企业提出“三个零，一个一”的方针目标，即“废品为零，人身事故为零，设备故障为零，产品质量一流”。在员工中具有鲜明的导向作用。

“坚持标本兼治，重在制度建设”应当建立必要的安全管理制度，例如安全生产责任制度，安全生产措施计划制度，安全生产教育制度，安全生产检查制度，事件、事故调查、报告和处理制度，安全监察制度，“三同时”制度等。现在，有些企业有制度不执行，有些企业根本就没有这些制度。特别是在遇到紧急情况时，没有应急准备和响应制度（或预案），缺乏处理突

发安全事故的能力。

“坚持标本兼治，重在制度建设”应当采取必要的技术措施，用于预防事故、避免和减少事故损失、改善作业环境以及作业现场的安全管理等。首先从工艺设备本质安全化作起，依次为采取技术措施、安全装置、检测装置、报警系统等。安全技术措施必须与工艺技术装备水平相适应，以实现经济效益和安全生产的统一。

“坚持标本兼治，重在制度建设”也应当建立对安全绩效的检查和评价制度，包括主动检查，被动检查，定性的、定量的、预防性指标，事后性指标等。对安全绩效的检查和评价用于评价：安全方针目标是否得到贯彻实施，安全信息是否得到交流与沟通，对员工和相关方的培训是否已经落实，危险和危害是否得到控制，发生的事件或事故是否得到处理并吸取了教训等。

安全管理是一个系统工程，必须从人、机、环境3个方面进行综合治理。而建立安全管理体系是实现“坚持标本兼治，重在制度建设”的有效途径，特别是GB/T 28001—2001《职业健康安全管理体系规范》为我们建立安全管理体系提供了准则。认真贯彻实施该规范有助于“消除或减少因组织活动而使员工和其他相关方可能面临的职业健康安全风险”，有助于坚持科学发展观，有助于实现可持续发展。

9.4 安全生产必须“软硬兼施”

目前，安全生产已经成为我国钢铁工业的一个薄弱环节，为了扭转这种局面，必须“软硬兼施”，也就是说应从安全生产的科学管理和生产设施的本质安全两个方面去抓。

我国一直提倡“安全第一，预防为主”的方针，但是有些企业只把它当成一个“口号”，虽然也制订了安全生产责任制，教育制度，检查制度，事故报告、调查和处理制度，安全措施计划制度等，但是如果企业领导没有树立“以人为本”的理念，只追求“效益最大化”，没有采取科学的管理方法和本质安全的设施，安全风险依然存在。

目前，不少钢铁工业在贯彻实施GB/T 28001—2001《职业健康安全管理体系规范》，建立了安全生产和职业健康的方针目标，对危险源进行了辨识和评价，针对目标建立了管理方案，对危险因素和危害因素建立了控制措施，并有应急准备和响应预案；但是许多企业并没有把它作为现代化安全生产的管理模式，只是在管理部门和文件化层次上忙活，基层的安全隐患依然存在，事件或事故依然频发。有的虽然没有造成人员伤亡，但材料、设备和设施损失很大。问题关键在于安全管理没有落实到基层岗位。既没有作到危险预知，又没有实施安全标准化作业。设备检修过程，特别是外包作业，风险更大。今年上半年的死亡事故多是煤气中毒引起的，但是从钢铁行业总体来看，主要的危险因素仍然是机械伤害、物体打击、车辆伤害、高处坠落、起重伤害和高温灼烫。如果在操作岗位上没有把机械、电气、起重、运输、装卸、中毒、窒息、防火、防爆、灼烧等危险因素和危害因素的防控措施落实到危险预知和标准化作业中去，就很难实现安全生产。安全生产管理的重点应是作业前的危险预知和作业中的标准化操作。

另外，生产技术和设备的本质安全也非常重要。从工厂设计开始就应采用消除、预防、减弱、隔离、连锁、加强防护、合理布置、机械化、自动化等措施，防止人为失误、控制失误后果、防止能量释放和故障传递。在新建、改建和扩建过程中应落实资源投入和进入管理程序，在执行“三同时”过程中不应走过场。本质安全技术和设备，包括主体设备的安全、辅助设施的安全、供电供水的安全、防火防爆的技术、降低劳动环境危害的措施以及用机械化和自动化的无人操作技术等应作为安全措施计划的重点。

9.5 安全生产应以现场管理为重点

GB/T 28001—2001 的 4.4.6 d）规定，“建立并保持程序，用于工作场所、过程、装置、机械、运行程序和工作组织的设计，包括考虑与人的能力相适应，以使根本上消除或降低职业健康安全风险”。这就是要求对作业现场安全管理，保证生产现场的职业健康安全管理应从以下两个方面去抓。

（1）对人的安全管理，包括制订安全操作规程和作业标准，规范员工的作业行为，为了使员工自觉地遵守规程，应经常进行培训和教育。为了消除生产现场作业场所的不安全因素，应创造安全条件。对人的安全管理的关键是标准化作业。标准化作业能够控制人的不安全行为。标准化包括管理标准、技术标准和作业标准。作业标准就是控制人的不安全行为。作业标准应合理地规定作业内容、作业顺序、作业条件（包括技术、设备和环境）。另外，应严格规定劳动保护用具的规范使用和尽可能使作业标准可视化。

（2）对物的安全管理，包括生产设备的设计、制造、安装和运行符合安全要求，并对设备进行点检、维护和检修，使设备处于完好状态。安全合理地布置作业现场（5S 管理），规范安全点检作业现场物（包括原辅材料、半成品、成品、设备和工具等）的危险因素和危害因素，做到危险预警。从根本上消除或降低职业健康安全风险，实现"本质安全"。

9.6 加强对检修过程的安全管理

检修过程的事故多发生于设备和部件、动力传动设备、起重设备、电气设备、车辆和梯子等。事故因素主要是物体打击、机械伤害、灼烧、高处坠落、起重伤害、电气伤害和中毒窒息。事故的原因有物的不安全状态（煤气隔绝不严或泄漏）、人的不安全状态（违章、执行制度不严）、安全管理的缺陷（联系不到位和安全措施不完善）和安全教育的缺陷（缺乏煤气危害知识）等。

为了保证检修过程的安全，应建立检修安全管理体系。检修安全管理体系是职业健康安全管理体系的子体系，是以设备点检定修制为依据，针对检修中的危险源采取对策，以检修安全有关的法规为准绳，以检修安全计划为中心，以安全组织为保证的管理体系。检修安全管理体系管理的重点包括：推进检修工程设备停机、开机、试运转和使用的工、器具安全化，进行安全教育，纠正习惯违章，促使人的行为安全化。推进的方法是危险预知活动、标准化作业、安全检查和安全教育等，以达到减少、免除检修过程事故，高效优质完成检修任务的目的。

检修安全体制可分为年修安全管理体制、定修（日修）安全管理体制和抢修安全管理体制，有领导、有指挥、有单位、有负责人、有跟踪检查人员。在计划中应明确安全方针、目标、工作重点与对策。

为了保证检修过程的安全，应建立检修安全规章制度，包括明确规章制度的作用，规范检修过程和确保检修安全。规章制度包括安全管理、安全技术和消防保卫。安全管理规章制度应对检修前、检修中和试车过程的安全要求和责任作出规定。根据国家法规对移动式、手持式电气用具和氧气瓶、乙炔瓶运输、现场储存与安全装置的安全作出技术规定。另外，应规定检修过程中谁检修谁负责消防和保卫，特别是区域动火管理要求以及其他消防管理。

为了保证检修过程的安全，应坚持安全教育，包括常规三级安全教育、特种作业人员的安全教育、职业健康教育和本工种的安全规程教育。检修前准备和作业过程中应进行检修工程危险预知教育，安全作业规章制度、工程安全交底、进入危险区域作业的安全技术和技能培训。检修作业开始应对工程项目的危险源的影响及其防控措施进行教育。检修过程中坚持在前5min进行安全讲话，明确当班的危险源及防范措施等。必要时应讲解工器具安全标准和使用方法、劳动保护用品的使用方法和安全事故案例。

检修安全工作应标准化：采用工程委托单、建立安全组织、进行现场调查和安全交底、实施安全确认和联络挂牌、危险预知、5S活动或定值管理以及安全巡视与安全会议等有规范性的规定和要求。

检修安全工作应注意技术机械设备和工具安全（包括机械设备检修安全，电气设备设施检修安全，气压、液压设备检修安全和检修工、器具安全），潜在危险性较大的生产系统的检修安全（氮气等窒息性介质系统和煤气系统安全），检修中重要作业安全（包括吊运作业、焊割作业、登高作业和交叉作业的安全）。

检修工、器具安全检修作业人员往往需要频繁使用各种工、器具，因为是手工操作，所以需多种携带式工、器具，由于手工器具本身缺陷或操作不当，极易发生人身伤害事故。由于使用广泛，容易疏忽，可能造成多发性、重复性事故。应加强对工、器具及其操作的安全管理。安全要求包括合理选用、定置放置、正确使用等。

9.7 加强对外包方的安全管理

目前，钢铁企业除新建、改建和扩建工程项目是外包过程外，有相当多的企业将生产设备检修、耐火材料砌筑和起重运输等过程也外包，因此对外包方（协力单位）的安全作业必须进行控制。对外包方的控制应注意以下几个方面。

（1）实施安全认定。认真进行资格审核，实施安全认定，凡进入本企业控制范围内参加维护检修、施工建设或其他外协服务的组织，必须有营业执照、资质证明、安全生产许可证或其他安全认定要求。在签订的合同或协议中有安全生产、治安消防等条款要求。

（2）明确管理职责，不能以包代管，发包单位或项目单位对外包方明确工作区域、组织机构、人员组成、工作负荷、配套设施、进度要求等。

（3）对外包方进行安全培训和沟通，对厂区的主要危险源，特别是煤气、氧气、氮气、放射性和易燃易爆物质等进行交底。明示煤气管道、氧气管道的安全色和煤气区域的定义、煤气报警电话、煤气作用于人体的反应和自救方法、高浓度氮气作用于人体的反应和自救方法、放射性对人体的危害和保护措施。规定起重、挂吊、登高、特殊工种、动火作业和煤气作业的安全作业注意事项。规定和执行检修作业的“安全联络”制度与提示、标示和警示牌的识别。要求外包方执行厂内交通安全规定。规范废弃物收集、堆放与处理。明示火警、救护和应急电话报警。明确灭火器材适用范围和使用规定以及其他安全事项。

（4）对外包方提出安全管理的要求，明确安全责任机构与人员。外包方必须接受发包单位的监管。必须加强现场安全管理。要求配备符合要求的工、器具。必须穿戴符合要求的劳动保护用品。

（5）进行必要的安全检查和监控，明确监控的单位和人员，规定监控的内容和时间，规定发现问题的报告和处理程序，并规定必要的监控清单和记录。

9.8 对特种设备和特种作业人员的管理

特种设备是指涉及生命安全、危险性较大的锅炉、压力容器（含气瓶）、压力管道、电梯、起重机械、客运索道、大型游乐设施等。其中锅炉、压力容器（含气瓶）、压力管道为承压类特种设备；电梯、起重机械、客运索道、大型游乐设施为机电类特种设备。

特种设备应建立设备安全和岗位安全责任制度。特种设备生产、使用和检测机构应依法接受安全监察。在投入使用前或投入使用后30日内，应向地方特种设备安全监督管理部门登记。使用单位应建立特种设备安全技术档案，应至少每月进行一次检查。在安全检验合格有效期届满前1个月提出检验要求。存在严重事故隐患，无改造、维修价值或超过安全技术规范规定使用年限的设备，应及时报废和注销。

特种作业包括电工、金属焊接切割、起重机械运行、企业内机动车辆驾驶、登高架设、锅炉作业、压力容器操作、制冷、矿山通风、矿山排水、政府批准的其他作业。应按《特种作业人员安全技术培训考核大纲》对特种作业人员进行安全培训和考核。特种工作人员在独立上岗工作前必须接受与本工种相适应的、专门的安全技术培训。特种作业人员的安全技术考核由特种作业人员所在单位或培训单位向当地负责特种作业人员考核的单位提出申请。特种作业人员的安全技术考核分为安全技术理论考核和实际操作考核。经考核合格者发给特种作业操作证。特种作业人员操作证每 2 年复审一次，连续从事本工种 10 年以上的，复审时间可延长到每 4 年一次。加强对特种作业人员的身体检查和健康监护工作。离开特种作业岗位 1 年以上的特种作业人员，必须重新进行安全技术考核。

9.9 合理进行个体防护，维护作业安全

个体防护用品是劳动者在劳动中为抵御危险源伤害而穿戴和佩戴的各种物品。应保证个体防护用品质量安全可靠，采购时必须选择经有关部门核发生产许可证的单位，并要求提供产品合格证。按照有关要求，按不同工种和不同劳动条件发放个体防护用品。员工应按规定穿戴个体防护用品。通过培训使员工会检查、使用和维护个体防护用品。应根据实际需要发放个体防护用品，不是福利待遇。个体防护用品只是一种辅助性的安全措施，只能延缓或减轻伤害，不能从根本上解决问题。

企业坚持以人为本，重视安全生产和职业健康工作，不仅是对员工负责，也是一种社会责任，是质量经营关注的内容之一。不考虑员工利益，只关注经济效益，不仅不符合安全生产要求，更有悖于现代化企业的经营原则。质量经营好的企业，员工的劳动条件和安全措施也好，员工的积极性和创造性也能够得到充分的发挥。

第10章

质量成本管理

10.1　质量成本的基本概念

质量成本的概念是美国质量专家 A. V. 菲根堡姆在 20 世纪 50 年代提出来的。P. B 克劳斯比认为企业应将预防成本和鉴定成本与故障成本一并考虑，形成质量报告，便于企业高层管理者了解质量问题对企业经济效益的影响，并为进行质量管理决策提供重要依据。后来人们逐渐认识了降低质量成本对提高企业经济效益具有重要的潜在作用，于是提高了质量成本管理在企业质量经营中的重要性。特别是在质量责任法制化、质量管理标准化和卓越绩效评价准则逐步实施的形势下，质量成本逐渐受到重视。美国 QS9000 和德国的 VDA6. 1 已经将种类成本纳入要求内容。

质量成本是保证产品达到和保持在规定水平上所需要的有关费用，也可以说是产品稳定在满足顾客要求水平上所需要的费用。质量成本包括工作质量成本和外部保证质量成本。工作质量成本是企业为达到和保持规定质量水平所需要的费用，其中包括预防和鉴定成本与故障成本，如图 10-1 所示。外部保证质量成本是由顾客或第三方为提供证据所支付的

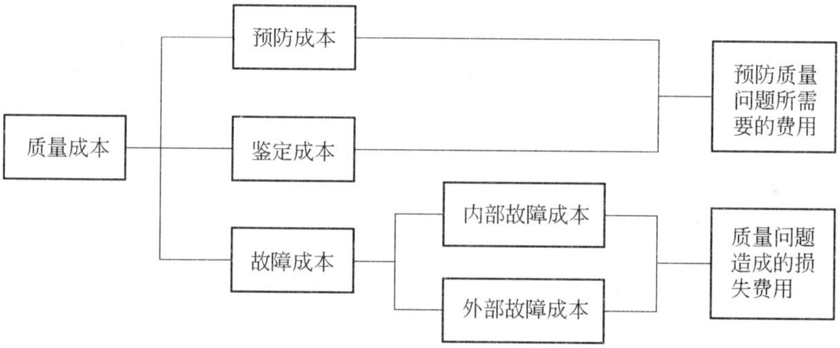

图 10-1　质量成本

费用。

预防成本包括人员培训、设备管理、在线监视和测量、标准化作业、工序控制、质量改进和质量计划等用于防止产品和服务质量问题的费用。鉴定成本是产品的监视和测量、监视和测量设备的校准等评价产品和服务质量的费用。故障成本是由于发生质量问题而发生的费用。内部故障成本是指企业内部发生不合格品等质量问题的费用，包括返工、返修、报废以及更换原辅材料增加的成本；外部故障成本是指产品交付后的质量投诉、售后服务、产品召回和产品退货或报废等产生的费用。

从质量管理角度来分析，质量成本与质量管理有密切关系，如图 10-2 所示，预防和鉴定成本属于贯彻实施质量管理的成本，或为达到质量要求而产生的费用；而故障成本，包括内部故障成本和外部故障成本，属于质量管理活动贯彻实施不好的成本，或达不到质量要求而损失的费用。

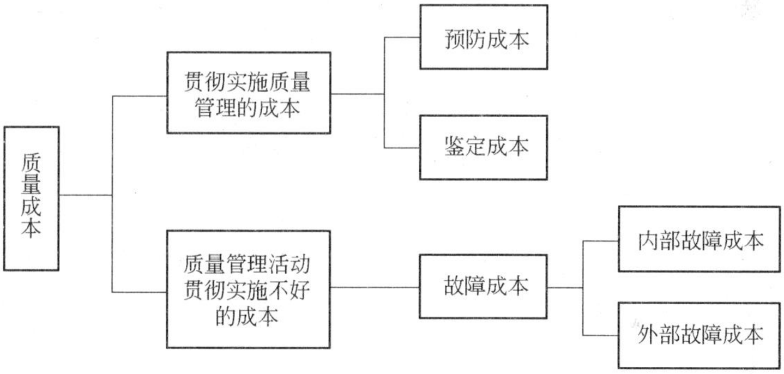

图 10-2 质量成本与质量管理的关系

质量成本中的预防成本和鉴定成本与故障成本之间的关系是对立的，加强质量控制提高预防成本和鉴定成本可以提高产品质量。虽然可以降低故障成本，但同时也加大了预防和鉴定成本；如果放松预防和鉴定，虽然可以降低控制成本，但可能又加大了故障成本。质量成本控制的原则应是增加的费用不大于损失的费用，或预防和鉴定成本的增加所带来的经济效益应抵消由于故障造成的损失。图 10-3 是质量成本结构的模式。

从图 10-3 可以看出，“质量成本”这个术语表示两个不同的概念，一个是由于产品质量不好而形成的成本；另一个是为了提高产品质量而形成的成本。前者应属于尽可能降低的成本，后者内容比较复杂，如果生产高附加值的产品，需要设计开发；如果生产高质量的产品，需要加强预防措施和检验验证，但是“质量成本”一般是属于由产品质量问题而形成的成本。

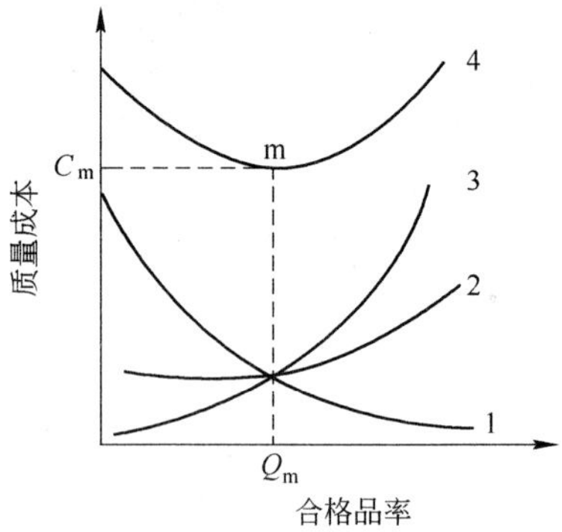

图 10-3 质量成本结构的模式

1—故障成本曲线；2—鉴定成本曲线；3—预防成本曲线；4—工作质量成本曲线

著名的质量管理专家 J. M. 朱兰认为，企业不要盲目地进行质量成本管理，应有明确的目标和计划。扩大财务系统业务范围，一定要有有效的回报。企业在明确质量成本管理目的前，首先要对质量成本进行分析，制订目标和措施，再认真进行控制和管理。特别是应识别降低成本的主要机会和途径，明确责任与分工，及时交流与沟通，解决财务管理与质量成本脱节的问题，将质量成本作为质量经营的重要内容之一。

10.2 质量成本数据和核算

质量成本数据是质量成本构成项目中各项细目在报告期间所发生的费用。这些数据既可以从会计账目中分出来，也可以从统计资料中取出来。质量成本核算是企业会计核算的一部分，是对生产经营过程发生的质量成本以货币形式进行记录、统计、汇总、计算和报告的过程。

质量成本的主要数据来源是凭证（包括会计分离凭证、质量统计记录凭证），将凭证与质量成本构成的项目对应，来收集有关质量成本的数据。质量成本是通过这些凭证按规定进行收集和汇总，进行统计和核算。

10.2.1 质量成本数据

为了收集和汇总质量成本数据，首先应界定质量成本的开支范围，包括不同质量成本的费用支出的收集和汇总的内容。收集汇总的方法有的按质量成本类型、有的按质量成本项目、有的按职责分工、有的按时间间隔进行。对钢铁企业来说，质量成本的费用范围如下。

（1）预防成本包括质量培训、质量管理、质量改进、质量评审和与预防成本有关的单位员工的工资和奖金等。

(2) 鉴定成本包括原辅材料、半成品和产品的监视和测量、监视和测量设备的维护和检修、与鉴定成本有关的单位员工的工资和奖金。

(3) 内部故障成本包括不合格品的损失、不合格品评审和处置（包括报废、降级、让步接收、再加工等)、产品质量事故处理费用等。

(4) 外部故障成本包括质量异议和投诉处置、仲裁、退货、折价和赔款等费用。

上述这些质量成本数据应按分工从会计凭证和账目、质量记录和质量统计中获取和收集，最后由财务部门负责汇总和核算。

10.2.2 质量成本核算

质量成本的核算主要是将当期发生的各类费用在各种产品之间进行分担以及在半成品和成品之间进行分担。凡是能够直接计入某产品的质量成本费用就直接承担，需要计入不同产品或不同工序产品的质量成本就分别承担。经过质量成本核算，企业可以清楚地了解质量成本费用发生在哪种产品或哪个工序，原料、半成品和成品各自投入了多少质量成本。质量成本核算后应形成质量成本核算报表，这是质量成本核算过程的输出，它将综合反映企业质量成本的发生和投入情况，质量成本的支出结构，以及寻求和控制适宜的质量成本的信息。

企业一级质量成本核算主要针对企业日常活动中发生的各项质量成本，分别对预防成本、鉴定成本、内部故障成本、外部故障成本和外部质量保证成本等三级账户进行核算。企业二级质量成本核算主要针对企业各生产单位在产品生产过程中发生的各项质量成本，按质量成本发生的性质分别设立不合格品损失和不合格品处置费用等科目。

10.3 质量成本分析和报告

质量成本分析实际上是对质量成本核算结果进行分析，了解在生产经营过程中质量成本的投入和质量成本计划完成的情况，为策划新的目标和指标提供科学的依据。为了提高质量成本分析效果，应由财务管理和质量管理部门提供质量成本核算报告、质量成本目标计划、质量成本对比准则，尽可能运用统计方法进行现状和趋势分析，对不同产品和因素进行分析，以及找出存在的问题和解决的方法。质量成本分析的结果应形成报告，提供质量成本分析信息和质量管理改进依据。一般来说，质量成本报告包括两个方面内容：一是质量成本报表；二是对质量成本的分析。尽可能做到内容完整、数据真实、分析仔细、措施具体。报告时限可分为月度、季度和年度报告。

为了降低产品或服务的成本，首先应关心质量成本核算报告对质量成本进行的综合分析。质量成本综合分析包括质量成本总额分析、质量成本构成分析、内部故障成本和外部故障成本分析、质量成本与基数的比较分析等。根据成本综合分析找出影响产品质量成本的关键，编制适宜的质量成本计划。根据质量成本分析和质量成本计划，进行质量成本控制。

10.3.1 质量成本总额分析

质量成本总额是预防成本、鉴定成本、外部故障成本和内部故障成本的总和。质量成本总额分析是计算本期（年度、季度或月度）质量成本总额，并与上期质量成本总额进行比较，了解质量成本动态，分析变化原因和趋势。比较完整和系统的分析一般包括将质量成本与企业工业总产值、销售收入、生产成本、利润等相关指标进行比较和分析，既可以反映产品质量和质量管理水平，又可以分析质量成本对经济效益的影响。一般来说，质量成本总额分析应包括计算本期指标并与上期（或基期）相关指标进行比较（表 10-1）。

表 10-1 质量成本总额分析对比表

	项 目	基 期	本 期	比较（±）
质量成本	质量成本总额			
比较指标	总产值			
	总成本			
	总销售额			
比率/%	质量成本占产值比率			
	质量成本率占总成本比率			
	质量成本率占总销售额比率			

10.3.2 质量成本构成分析

质量成本构成分析是分别计算内部故障成本、外部故障成本、鉴定成本和预防成本占质量成本的比率。前两项是故障损失费用，后两项是质量保证费用，两者应处于一个平衡位置。通过这些比率的分析，可以反映质量成本的投入状况，分析质量成本投入的适宜性，寻求适宜的质量成本构成和降低质量成本的途径。一般来说，质量成本构成分析也应包括计算本期指标以及与上期（或基期）指标进行比较（表10-2）。

表10-2 质量成本构成分析对比表

项 目	本 期		基 期		绝对额增减（±）/元	比率增减（±）/%
	数值/元	比率/%	数值/元	比率/%		
预防成本						
鉴定成本						
内部故障成本						
外部故障成本						
外部质量保证成本						

10.3.3 质量成本与基数的比较分析

质量成本与基数的比较分析（表10-3）包括：

（1）内部故障成本与销售收入总额比较，计算销售收入总额的内部故障成本率，它反映了由于产品质量问题对销售收入的影响程度。

（2）外部故障成本与销售收入总额比较，计算销售收入总额的外部故障成本率，它反映了企业为客户服务的支出水平，以及企业给客户带来的经济损失。

表10-3 质量成本与成本总额基数的比较分析表

项 目	本 期		基 期		绝对额增减（±）/元	比率增减（±）/%
	数值/元	比率/%	数值/元	比率/%		
销售收入总额		—		—		
预防成本						
鉴定成本						
内部故障成本						
外部故障成本						

（3）预防成本与销售收入总额比较，计算销售收入总额的预防成本率，它反映了为防止发生质量故障和提高产品质量的投入占销售收入总额的比重。

（4）鉴定成本与销售收入总额比较，计算销售收入总额中鉴定成本率，它反映了为鉴定产品质量的投入占销售收入总额的比重。

10.3.4 外部故障成本分析

外部故障成本分析主要是找出外部故障损失最多的产品或问题，以便进一步分析原因和采取纠正或预防措施，降低外部故障损失。有些钢铁企业外部故障造成的损失比较大，主要是质量投诉、折价、退货或赔款，多数原因是表面质量、包装或成分性能达不到规定水平。虽然造成了损失，但是进行外部故障成本分析的企业并不多。

10.3.5 内部故障成本分析

内部故障成本分析主要是找出内部故障较高的产品、问题和单位（分厂、车间或班组），然后用统计技术和方法找出内部故障的问题，经过分析和讨论，提出改进方法。钢铁企业内部故障造成的损失也比较大，主要是半成品和成品的质量问题。例如化学成分、力学性能、表面质量和尺寸公差等达不到规定水平。有些企业将这些质量问题列为经济责任制考核，但没有作为质量成本提出要求和评审。

10.4 质量成本控制

质量成本控制是以降低质量成本为目标，对影响质量成本的因素进行控制的管理过程。质量成本控制应属于全员参与、贯穿全部过程和持续改进的活动。为了有效地控制质量成本，必须明确管理职责，一般由财务管理部门和质量管理部门共同负责，把降低质量成本的目标展开，分解到基层，并制订考核办法，与经济责任制或奖励制度结合起来进行考核。对与质量成本有关的人员应进行必要的培训，提高其降低成本的意识和能力。在主管部门的支持下，策划质量成本控制系统和网络，制订降低质量成本的目标和措施，按规定进度进行检查和提出改进意见。

控制方法有按月计划进行控制、按质量成本项目进行控制或按生产经营全过程进行控制。按月计划进行控制就是对每月发生的实际质量成本与计划质量成本进行比较，找出差距，分析原因，采取措施，进行控制。按质量成本项目进行控制就是根据质量成本的构成分项提出降低成本的要求，以便于发现影响质量成本的因素。对生产经营全过程进行控制，如按设计开发、采购、生产、销售等几个阶段分别进行控制。

控制的形式有预先控制（编制控制计划和考核准则）、过程控制（按程序进行降低成本的控制）和反馈控制（经过核算和考核提出持续改进的目标和措施）。

对钢铁企业来说，质量成本控制应分为 5 个阶段，即设计开发阶段、原材料与能源采购阶段、产品生产阶段、产品质量检验和试验阶段及产品销售与售后服务阶段。表 10-4 是质量成本控制各阶段影响质量成本控制的因素。

表 10-4 质量成本控制各阶段影响质量成本控制的因素

质量成本控制阶段		影响质量成本的因素
1	设计开发	设计开发中关于质量的策划，输入确定和评审，设计开发输出的评审、验证和确认（包括半工业和工业试验），设计开发的修改
2	采　购	原材料和能源介质标准的制定和合格供方评价，采购性能价格的选择，运输和进厂验收，也包括部分生产过程的外包
3	产品生产	标准和规程制订，人员培训，质量控制设备，在线性能监视和测量设备，必要的工作环境和信息系统
4	检验和试验	原材料、半成品和产品的成分分析，性能监视与测量，不合格品的处置和质量数据分析
5	销售与售后服务	对客户质量需求的调查、确认和评审，售后质量服务，与客户沟通和处理投诉，必要时进行的第三方仲裁

日本东京大学教授、著名的质量管理专家久米均在其《质量经营入门》

一书中提到质量成本和效益的关系时，他认为“质量成本根据商品的种类、技术水平或者市场情况而发生变化。静止的状态下，质量成本需要不断降低，但从经营整体来看时，质量成本少的经营不一定就好”。如果产品质量出现问题，不仅涉及质量成本，甚至影响企业声誉。如果客户不满意，虽然没有直接影响质量成本，但有可能失去市场。所以质量成本低，不一定经济效益好。J. M. 朱兰也认为，“生产缺陷多的产品，其代价是高昂的”，但是“生产100%好产品时，其代价也是很高的。因为越是接近完美无缺，成本增加就越显著。因此，适宜的质量成本水平就是在两个极端之间的某一点。”图 10-4 是最适宜的质量成本模型。

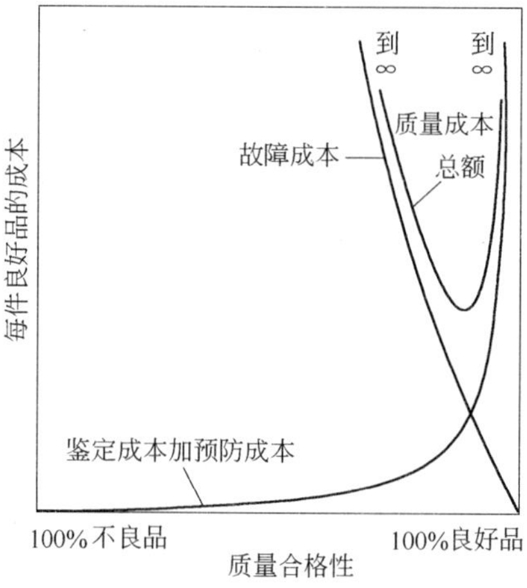

图 10-4　最适宜的质量成本模型

从图 10-4 中的故障成本曲线可以看出，当所有产品均合格时，故障成本为 0；当所有产品均不合格时，故障成本则为无穷大。从鉴定成本加预防成本的曲线可以看出，当产品 100% 是不合格品时，鉴定成本和预防成本之和等于 0；当产品趋向完美无缺时，该值趋于无穷大。质量成本总额曲线是故障成本曲线、鉴定成本加预防成本曲线之和，其两端都向无穷大提升，所以该曲线中间有一个最小值或最佳值。J. M. 朱兰认为，这个模型虽然在理论上是有根据的，但是如果没有实际数据，该模型就没有实用价值，于是他提出了质量成本模型的最适宜部分（图 10-5）。

质量成本控制是质量成本管理过程的重要环节。通过降低故障成本和提

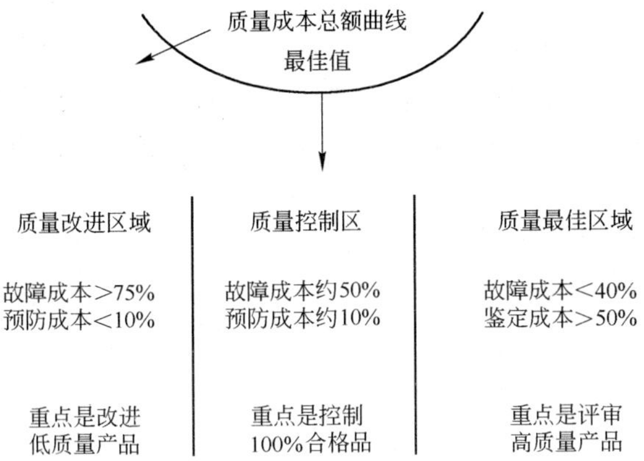

图 10-5　质量成本模型的最适宜部分

高预防与鉴定成本，达到最佳的质量状态，应是质量成本控制的关键。降低故障成本就是降低质量损失。在生产过程降低质量损失的主要措施是防止不合格品发生，在营销过程降低质量损失的主要措施是避免或降低质量异议、投诉和索赔。为此，应从与客户要求有关的过程开始，识别和确认客户明示的要求、隐含的要求和法律法规的要求，在生产过程严格控制；如果为了满足客户的差异性、增值性、变化性和综合性的要求，用设计开发或质量计划提供策划方案，除严格控制生产过程外，还应强化监视和测量过程，提高顾客满意度。

目前钢铁企业广泛开展的 QC 小组活动是持续改进降低质量损失方法的重要方式之一。部分钢铁企业开展的 6σ 活动和建立的 ERP 系统，也会使流程优化，减少管理层次，降低成本，提高质量，改进管理的有效性和效率。

还有的企业开展精益生产管理，不仅关注消除浪费，同时还以创造价值为目标。企业生产活动中的浪费现象很多，常见的有：工作失误（提供有缺陷的产品）、产品积压（多余的库存）、过度加工（不需要的加工程序）、多余搬运（不必要的物资移动）、停工待料（因上工序不能按时转序而等待）、多余活动（生产过程中不必要的活动）。努力消除这些浪费现象是精益管理的最重要内容，同时对质量成本控制也非常有利。

不论企业采取什么样的模式对质量成本进行管理，首先领导必须重视，将质量成本管理纳入企业的管理目标或质量目标中，并加以量化和分解。各基层单位应根据分解的目标制定具体的计划和指标。在必要时策划与编制质量成本管理程序，明确职责，规定措施，严格控制，及时检验，收集数据，进行核算，综合分析，认真判断，持续改进，这些都对提高质量经营效益具有重要作用。

第11章

无形资产管理

11.1　无形资产的定义

无形资产是以知识形态存在的经济资源（例如知识、技术、技能、人才、信息、品牌和客户等）。一切与企业生产经营有关，能够给企业带来经济效益的、没有物质实体的资产，都属于无形资产。无形资产也是固定资产，它与有形资产一样，为企业提供所有权利或竞争优势。

按来源，无形资产可分为企业自创的无形资产和外购的无形资产。自创是由企业自己研究开发获得的，如专利技术、非专利技术、商标权、企业声誉等；外购是企业以一定代价从其他单位引进的，如外购专利权、商标权等。

有些学者和专家认为，无形资产具有非独立性、转化性、增值性和交易性特点，也就是说任何无形资产不可能脱离有形资产而存在，例如专利和品牌与产品有关，计算机软件的形成和应用离不开硬件，任何操作技能也不能离开装备与设施。虽然无形资产是“看不见”的，但是它可以转化为有形资产，例如固有技术和技能可以形成品牌产品，所获取的效益可能远远超过投入。专利出售和品牌营销会带来一定的效益，所以质量经营非常关注无形资产的管理和经营。

有的无形资产所有权明确，可以交易，例如专利权、著作权、商标权和品牌权等。有的所有权明确，但交易困难，例如处在研究开发过程的项目、企业声誉、企业特有的业务过程等。还有的无形资产与员工或相关方有关的，企业难于控制，例如人工技能、核心竞争力、顾客、供方等。

工业发达国家的无形资产中，知识产权在企业的实际价值中所占的比例日益增大，甚至超过有形资产。这种“看不见”的财富对企业具有非常重要的作用。有些企业的市场价值远远高于企业的注册价值，其差就是无形资产，特别是知识产权。

11.1.1 知识产权

随着第三次产业革命的发展和科学技术的商业化，无形资产，特别是人工技能和知识产权已经成为保持企业竞争优势的重要因素。现代企业成功与失败的关键就是知识产权，它也是竞争手段的核心。知识产权主要包括专利、商标、版权、工业品外观设计、集成电路布图设计等。知识无偿共有的时代已经结束，在知识和技术是致富关键的当代，必须有可以交易的知识产权。效益高的企业，一般都握有一定的知识产权。在钢铁行业，我国对某些技术的研究和开发，并不晚于其他国家，但是有些技术仍然需要从国外引进，其中重要的原因就在于没能够形成创新的知识，当然也就没有形成无形的资产——知识产权。例如，在 20 世纪 50 年代，我国钢铁工业的技术经济指标与当时的日本不相上下，但是我国没有对氧气顶吹转炉、连铸和连轧技术进行创新，较长时间固守平炉、模铸和初轧技术，后来在相当长一段时期内，我国的钢铁工业生产技术落后于日本，尽管我国在 1954 年就开始研究氧气顶吹转炉，但是因为没有形成创新的成果，到了 20 世纪 80 年代，宝钢仍需从日本引进 300t 的氧气顶吹转炉。又如，20 世纪 70 年代前，世界上 80% 取向和无取向硅钢均是引进美国阿姆柯公司的专利技术。而 70 年代后，美国等 11 个国家先后引进日本的高磁感 Hi-B 硅钢专利技术，我国武钢也在 1974 年从日本新日铁引进了冷轧硅钢生产装备和技术，为了扩大生产能力，1992 年又与新日铁签订合同。无形资产的创新—硅钢专利为新日铁创造了巨大的经济效益。

所有企业的经营活动都是根据质量经营战略有效进行的。质量经营战略包括市场竞争战略、研究开发战略和知识产权战略。知识产权战略不仅与企业经营领域和品牌有关，也与研究开发等战略密切关联，所以说知识产权与企业经营战略，特别是与研究开发战略具有重要关系。如图 11-1 所示，企业的上述三个战略的整合，对企业的价值增长和确立竞争优势均具有重要作用。知识产权是重要的经营资源，最高管理者必须重视。为了创新知识产权应重视人力资源和技术创新的管理。知识产权战略应积极地对应全球化和信息化。为了实现知识产权等无形资产的价值，必须强化无形资产管理，包括无形资产的创新、评价、运营和信息保护等管理。

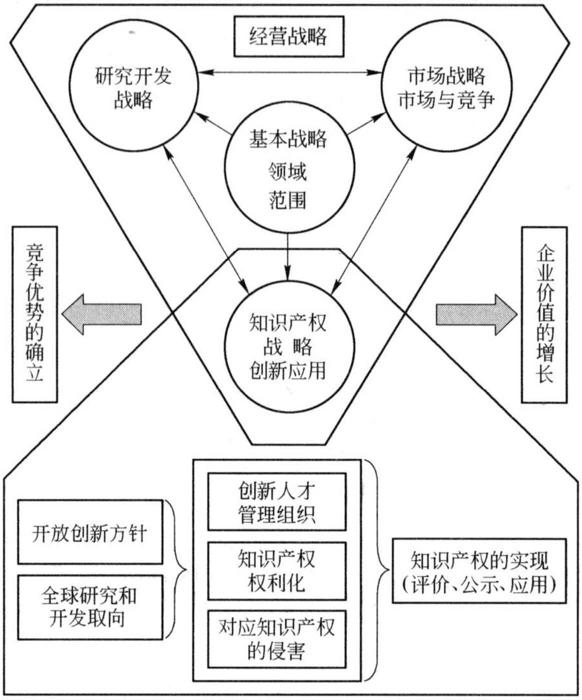

图 11-1　经营战略和知识产权战略的关系

11.1.2　客户关系

在传统的管理观念中，只有厂房、设备、现金、股票、债券等是资产（有形资产）。随着科学技术的发展，逐步将技术和人才也视为企业的资产（无形资产）。无论是固定资产、流动资产，还是人才和技术资产，都是企业经营中能够实现价值的必要条件，而不是充分条件，质量经营非常重视的是产品实现过程最具有价值的阶段，这个阶段的主导者是客户。

在以产品为中心的经营模式向以客户为中心的经营模式转变的情况下，企业应将客户视为最重要的无形资产，不断地采取多种方式满足客户要求，提高客户的满意度和忠诚度。据国际上某些权威研究机构的调查研究和分析可知，如果能够把客户的满意度提高 5%，企业的利润将增加一倍，高兴的客户比满意的客户采购量将高出 6 倍，有 90% 以上的企业最高管理者认为客户是企业的无形资产，客户关系管理是提高企业竞争能力的关键。

“客户关系”是企业最为重要的无形资产之一，质量经营的主要目标就是培养客户，与客户形成战略伙伴关系。对钢铁企业来说，客户是企业的重要资产，能否有效对客户进行管理是决定企业生存发展的关键。企业应重视客户关系，不仅应了解客户的现实需求，也应关注客户的未来需求，包括明示的和隐含的要求。对客户给以承诺和保证，与其建立长期的战略伙伴关系，是企业重要的无形资产。能够长期、持续和稳定为上海大众、一汽和二汽提供汽车用板的钢铁企业，为海尔提供家电用钢材的企业，显然都以这些无形资产给企业带来了明显的经济效益。有些民营的不锈钢管企业与核能、石油化工和煤制气客户建立了互利共赢的关系，这种关系作为这些企业的无形资产，为其生存发展和有形资产增值提供了机遇和条件。这些企业在评价和选择客户时，是以“客户长期价值”为准绳的，与这些客户保持长期的战略伙伴关系会为企业带来非常好的收益。与此相反，有些民营不锈钢企业，以暂时利益生产或销售200系列或假200系列不锈钢，其前途是令人担忧的。

为了充分发挥和利用客户关系这一无形资产，目前很多企业建立和实施客户关系管理（Customer Relationship Management，CRM）项目，即通过对企业业务流程进行有效管理，提高质量、降低成本，以提供优质、快速和周到的服务来吸引和保持更多的客户，改进与客户的关系。客户关系管理是一个不断加强与顾客交流与沟通，了解顾客明示的和隐含的需求，持续改进和提高产品或服务质量，以满足客户增值需求的过程。企业可利用信息技术和互联网技术实现对客户的整合营销。CRM项目涉及企业的所有过程，包括设计开发、生产制造、经营销售、物流服务和行政管理等，实施成功的关键在于质量经营理念。如果没有把客户关系看成是无形资产，CRM项目形同虚设。

11.1.3 品牌

在市场竞争激烈的形势下，品牌也是无形资产，品牌是客户选择生产企业的重要因素，是生产企业有效经营的重要基础。例如宝钢的汽车板、武钢的硅钢片、包钢和攀钢的重轨、莱钢和马钢的H型钢，均是我国名牌产品，不仅在国内，在国际市场上也具有一定的竞争力。据统计，宝钢汽车板实施品牌战略的第1年，品牌第一的提及率为73.02%，品牌认同度为94.18%，品牌影响力为81.55%，当年世界品牌实验室给宝钢品牌价值评估为597.38亿元，可见品牌不仅塑造了企业形象，而且提高了企业经济效益。武钢是继宝钢之后获得驰名商标的钢铁企业，世界品牌实验室给武钢品牌价值评估为101.72亿元，可见品牌已经成为企业的重要无形资产和发展战略。质量经营非常重视品牌战略，除产品和服务质量、成本和交付期等竞争外，品牌战略更强调经营理念、管理水平、信誉程度和社会责任。为了实现品牌战略目标，企业应提高产品质量，满足客户增值需求；坚持企业技术创新，提升产品竞争优势；重视关键技能传承，提高技术装备效能；严格质量管理，健全质量保证体系。

11.2 无形资产的创新

无形资产是以知识形态存在的经济资源，知识必须不断创新才能增强竞争力。创新的重点是根据新的知识开发新产品、新技术和新工艺。无形资产的创新也属于技术创新范畴，但在创新过程应注意总结、提升和形成有实用性的、创造性的和增值性的知识。也就是说，研究开发过程的输出不仅仅限于有形的产品，也应关注无形的知识。这些知识是形成有形产品的诀窍。有的可能是实用技术，有的可能是发明创造。如果不加以总结和提升，就会影响研究开发过程的有效性和效率。在钢铁行业，我国对某些技术的研究和开发并不晚于国外，但是有些技术仍然需要从国外引进，其中重要的原因就在于没能够形成创新的知识，当然也就没有形成无形的资产——知识产权。

无形资产创新的关键是对市场需求、技术发展和企业自身的创新资源条件进行综合分析，并把市场分析作为第一要素进行思考，在对市场进行分析后找出创新的目标。在创新目标确定后选择技术是关键。例如，我国钢铁行业在高炉炼铁中坚持“大风、高温、精料和顺行”的强化冶炼技术，这一技术一直处于领先地位；但是在炼钢方面，我国淘汰平炉进度慢，采用转炉时间晚，精炼技术应用少，使得我国的钢铁产品精细化程度低。到目前为止，我国的钢铁产品多为创新的“追随者”而非创新的“领跑者”。

无形资产的创新机制也对质量经营有重要作用。无形资产的创新机制就是为无形资产创新所建立的组织机构、运行程序和管理方式。虽然有些钢铁企业在贯彻实施ISO9000过程中，也建立了设计和开发的组织机构、运行程序和管理方式，但是并没有将决策、开发、生产、销售、服务和信息化管理融合在一起，为技术创新增强活力，更没有将技术创新纳入企业的文化。

工业发达国家的无形资产创新已经从技术推动型、市场拉动型发展到战略经营型。无形资产的创新过程是一个完整的、系统的和优化的过程，包括设想的形成、技术的获取、技术的创新和技术的扩散，与之相对应的有信息管理、决策管理、计划管理、创新管理和营销管理等。同时，企业应为创新创造良好的环境，包括人力资源、资金、设施和工作环境等。

11.3 无形资产的评估

对无形资产的创新所形成的知识产权、产品品牌、企业声誉、顾客或供方应采取不同形式或方式进行评估。评估的目的在于合理地运用这些资源发挥其重要的作用。其中对知识产权的评估尤其重要。一般对知识产权的评估分两个阶段进行：一是从创新阶段到权利化阶段；二是从权利化到商品化阶段。从创新阶段到权利化阶段的评估主要是分析是否具有专利价值、是否具有发展价值、是否既有应用价值又有保护价值，从而决定是申请专利，还是“黑匣子”化。从权利化到商品化阶段的评估主要是分析是否具有竞争能力、是否具有经济价值、是否具有战略意义等。有些产品和技术研究的成果鉴定还缺乏对无形资产的评估。

企业对无形资产的评估应包括 3 个方面，首先应对无形资产是否能够产品化进行评价，技术水平很高，但是产品化很难，实用性就比较差。其次应对无形资产是否能资产化进行评估，能够成为企业资本、股权或融资的无形资产具有重要的经济价值。另外，还应对无形资产是否能够贸易化进行评估，能够具有产权，可以转让的无形资产具有重要的战略意义。

对无形资产商品化评估的方法有未来价值评估、市场交易评估和资产成本评估等。通过评估预测未来企业的效益，计算给有形资产带来的收益以及无形资产本身的收益，包括企业握有无形资产和转让无形资产的效益等。通过对无形资产的评估，不仅能够充分发挥和利用无形资产的价值，而且能够推动员工技术创新的积极性和创造性。目前，我国对知识产权评估基本上是对技术水平进行评估，而对未来企业的效益，包括给有形资产带来的收益以及无形资产本身的收益评估很少。

攀钢在 2010 年获得 297 项专利授权，其中“钢轨热处理方法及钢轨热处理机组”还获得欧盟专利授权。攀钢形成了比较完善的专利管理制度，也包括评估制度，根据攀钢参与国际市场竞争的战略需要，经过评估有针对性地提交涉外专利申请，不仅能提高其在国际市场的竞争力，而且有利于知识产权等无形资产的保护和交易。

11.4 无形资产的运营

无形资产的运营主要是研究如何将无形资产用于提高企业竞争力、如何提高企业的经济效益和如何提高企业的生存和发展的实质价值。质量经营应关注无形资产的运营。

首先，利用无形资产的创新研究和开发新产品、新技术和新装备，与竞争对手实现差异化，提高竞争优势和经营效益。例如，日本新日铁的高磁感Hi-B硅钢片，不仅提高了本企业的竞争力，其生产技术和设备的输出也为新日铁创造了明显的经济效益。又如，日本大同特殊钢的汽车用易切削结构钢，不仅以硫取代铅，对环境保护有正面作用，而且在硫化物形态和与减少氧化物的负面影响方面具有创新，使其产品在汽车行业具有明显竞争优势。

其次，由于具有产品或技术的知识产权，可以阻止竞争对手进入本企业市场，确保自身的竞争优势，保证效益最大化。另外，也可以向其他企业转让或与其交换无形资产，合理划分市场和稳定经济效益。日本新日铁的高磁感Hi-B硅钢片技术的输出，对引进企业的产量和生产规模也有一定的限制。

另外，利用技术专利或知识产权等无形资产的贸易，可提高企业的竞争优势。例如，美国是国际上最主要的技术输出国，特别是尖端技术收益非常大。日本在技术贸易中也具有一定的优势，获取过明显的经济效益。日本无形资产的运营多是在引进、消化、吸收和创新过程中运行的。我国宝钢也具有很多技术创新，并形成了专利技术，宝钢的企业声誉和品牌形象也属于无形资产，其竞争力也多来自对先进技术和设备的引进、消化、吸收和创新。宝钢和鞍钢等企业已经开始从跟踪型向原创型创新转变，估计今后技术的商品化和贸易化的比例将逐步增大。

据联合国有关机构统计，国际上技术贸易的总额从1975年的110亿美元到1995年增加到5950亿美元。在国外，无形资产，特别是技术专利或知识产权还可以证券化和信托化，转化成为股权或资本。我国《公司法》规定：无形资产作为资本对外投资的比例可达投资总额的20%，特殊情况下可达50%。

11.5 无形资产的信息

无形资产的信息是企业无形资产管理的内容之一，也是企业信息管理的重要组成。无形资产的信息包括产权属性信息、保护客体信息、法律信息和经济信息等，特别是知识产权有共享信息和非共享信息。共享信息有适用的法律法规、市场信息和专利技术信息等。非共享信息主要指企业秘密、个人秘密或商业秘密等。无形资产的信息管理为本企业的无形资产的创新、经营（引进或转让）和保护服务。在企业的组织构筑和职能分配上应考虑无形资产的信息管理。信息管理一般包括信息的收集、分析和利用。

共享信息管理有助于技术和技能的传承，应建立适宜的方法和制度，形成企业特有的知识积累、技术创新和持续改进模式。非共享信息管理的关键是保守秘密，一方面应建立和执行严格的保密制度，另一方面应培养员工遵守保密规定和关心企业利益的精神。在工业发达国家的钢铁企业，职工的职业发明专利，不论是否形成经济效益，只要获得授权，发明它的员工就会得到奖励。退休的员工常与企业签有协议，在5年内不许接受外聘和泄漏技术秘密。

对无形资产的信息管理能够防止技术或商业秘密的流失，防止损害竞争优势和影响企业的核心利益。质量经营将无形资产的经营管理作为重要内容之一，所以对无形资产的信息管理非常重视，这既有利于技术市场的开发，也有利于技术机密的保护。

11.6 无形资产的保护

钢铁企业无形资产运营中的专利获取、应用和转让过程应关注知识产权的保护，防止流失。专利的知识产权包括本企业的原创技术、引进的专利技术、企业重组兼并获得的知识产权，应采取不同的方法加以保护。为了保护企业的无形资产，我国已有适用的法律和法规，特别是在加入WTO后与国际接轨，更加重视无形资产的保护。企业内部也加强了对无形资产的管理，很多企业也建立无形资产管理制度，有些企业还设立了专门机构，配备了专业人员，对企业的固有技术进行管理和保护，包括无形资产权利化、商品化以及对外投资转让等。通过对无形资产的保护既可以减少损失，又可以提高效益。据统计，知识产权的秘密有70%是由员工流动所泄露的。国外有的企业通过给部分员工一定的股票期权或签订保密协议进行约束。另外，网络渠道和技术贸易也会造成知识产权的流失。

目前，我国在知识产权保护方面已经具有完整的法律法规，拥有知识产权的企业，在其权利受到侵害时，可以通过司法程序进行保护。另外，在我国的《专利法》中还规定了知识产权保护的行政途径。行政途径比司法途径简便、迅速、效率高。这种“双轨制”的保护是我国对知识产权保护的特点。钢铁企业应熟悉行政执法保护和司法保护的规定和程序，有效地保护企业的知识产权和其他无形资产。

钢铁企业无形资产的保护主要是对知识产权（包括引进的和原创的）的保护，但品牌和商标也属于保护范围。现在有不少企业的钢材品牌和商标被一些非法生产或经营的企业盗用，由于“地方保护主义”，给品牌和商标的保护带来了很大的困难，也给被盗用品牌和商标的企业对伪劣产品质量的投诉带来了很大的麻烦。从质量经营角度看，电子商务、产品直销和授权代销会对品牌和商标的保护起一定的作用。但是，知识产权的保护主要应强化产权归属和保密工作。有的专利技术从立项开始，就应以一定的方式与主持和参加人员对技术资料的归档和技术诀窍的保密予以严格的规定；并对原创技术进行专利申请和保护。国外部分钢铁企业对员工退休后5年内不允许外聘的规定，实际上是对知识产权的保护。我国一些民营企业用高薪聘请国营企业专家或技师，主要目的是廉价盗用国营企业的技术和技能，实际上是一种侵权行为，应从司法和行政两个方面加以保护。国外和国内部分企业利用利益分配机制来保护知识产权，例如，在获得专利权或在专利转让获得利益时，给参与发明的员工以奖励。

为了保护知识产权，企业应界定应保护哪些技术秘密或诀窍，有哪些岗位和人员涉及应保护哪些技术秘密或诀窍，按《中华人民共和国劳动合同法》第二十三条，用人单位与劳动者可以在劳动合同中约定保守用人单位的商业秘密和与知识产权相关的保密事项，与有关人员签订“竞业限制”或“竞业禁止”合同。

第12章

人力资源管理

质量经营与其他经营管理一样，也非常重视人力资源的管理。在质量管理体系中，人力资源管理属于支持性过程。对产品实现过程来说，人力资源是重要的条件，但在质量经营中人力资源属于资源管理的重要组成部分。

在朱兰质量手册的第15章人力资源和质量中，人力资源的定义为“指人员以及所有相关的网络和结构的集合，人们在这样的网络中共同工作而形成对质量的综合贡献”。从这个定义出发可以将人力资源理解为集体中的成员，此成员在集体中对质量有贡献。

传统的人事管理主要是对人员的进与出、升与降、奖与罚等进行管理。当代企业竞争的实质是人才的竞争，人是企业最宝贵的资源，如何充分发挥人的作用，对质量经营非常重要。企业应根据战略规划和目标，建立以人为本的人力资源管理系统，包括人力资源的开发和管理，建立适宜的绩效考核和激励机制、员工培训与教育体系，提高员工的能力和意识，营造充分发挥员工能力的良好环境，保护员工合法权益，充分发挥和调动员工的潜能，提高员工满意程度，发挥人力资源的积极性和创造性，为企业的生存和发展贡献力量。

12.1　以人为本的观念

现代企业人力资源管理的基本观念必须是以人为本。什么是以人为本？以人为本，是科学发展观的核心。人是发展的根本目的，也是发展的根本动力，一切为了人，一切依靠人，二者的统一构成以人为本的完整内容。企业的生存和发展，既要依靠员工，又要为了员工。只有树立这种观念才能将人力视为资源，有的观点甚至主张人力是资本，是可以增值的，国外有些企业因此将人力资源部改为人财部（Human Capital Dept.）。资源需要

“维护”，因此必须培训；而资产需要增值，必须投入。美国企业用于员工的投入占企业总投入的2.5%左右。除工资外，人才培养的成本约占工资总额的3%。

“以人为本”不应只是一句口号，必须体现在企业质量经营的各个方面。日本新日铁的原副总经理相原满寿美在其《管理者是企业的太阳》一书中说：“企业运行的基础是人。所谓组织只不过是工作顺利进行的支柱，是引导企业行动统一协调的形式。如果在那里工作的人没有热情，结果将会一事无成。”事业成功的主要因素是人，失败的根源也在于人。技术创新是以产品或技术为对象，而管理创新是以人为对象，研究如何充分发挥员工的积极性和创造性，为企业的发展做贡献。管理者就是发动和引导员工完成方针、目标和任务的人，是通过员工来实现企业愿景和使命的人。相原满寿美先生认为，管理者是员工的领导，也是伙伴，只有当员工感到与你在一起工作心情愉快和事业有成，才能充分发挥作用。管理者的使命就是使员工愉快，使企业繁荣，为社会做出贡献，完成这一使命的关键是必须相信员工和依靠员工，否则将一事无成。

美国吉姆·柯林斯在其《从优秀到卓越》（Good to Great）一书中说，“那些成功实现从优秀到卓越转变的公司的人士心里十分清楚，任何卓越公司的最终飞跃，靠的不是市场，不是技术，不是竞争，也不是产品。有一件事比其他任何事情都举足轻重，那就是招聘并留住好的员工”。

现在，有的企业，特别是民营企业人员流动非常频繁，关键在于员工没有感觉得到尊重，即使工资高一些，也没有感受到他能够发挥作用或者被企业认可他发挥的作用。有些民营企业，特别是中小企业，员工流动和人才流失非常严重，尤其是技术工人，往往刚刚熟练就“跳槽”了。有些企业因此而成了其他企业的“培训中心”。究其原因，有很多企业是没有坚持“以人为本”的观念，在工作安排、薪酬奖励和工作环境方面存在问题，更重要的是管理者与员工缺乏感情交流，没有把业绩与员工共享，于是员工就对企业没有感情。

12.2 人力资源工作系统

为了充分发挥人力资源的作用，首先必须建立人力资源工作系统。

人力资源的工作系统有两方面管理工作，一是对工作和职位进行策划和管理，二是对员工的绩效进行管理。如果工作内容不明确，职位不确定，人力资源就会造成浪费。如果对员工绩效管理不到位，就会影响员工的积极性。

唐钢炼铁厂人力工作的组织和管理包括人力资源规划、人员招聘与配置、培训开发、绩效考核、薪酬福利、人事管理、职业管理和员工关系管理等，机构设置合理，岗位职责明确，有利于发挥人力资源的作用。在构建人力资源开发与管理体系时，首先应弄清现有人力资源的数量、质量、结构及分布状况；分析现有人才开发使用情况及存在问题，策划具体计划和措施，明确岗位职责，合理配置人力资源。其次要预测未来人力资源需求，确定人员需求量，制定相应的政策，确保需求与供应协调一致。在人力资源规划后，应建立有效的人员招聘录用和配置制度。根据企业发展规划的需要，通过工作分析，确定用人的数量、类别、工作条件、任职资格、拟订工作说明书、工作规范和用人程序，在人力资源规划的指导下，把优秀、合适的人才招纳进来，并把适用的人才放在合适的岗位。这种制度的建立，对人员的招聘与配置起着重要的作用。

在完善人力资源的培训体系方面，首先是对培训需求进行分析，掌握企业现有人员的素质现状，找出企业员工欠缺的知识与技巧，从而确定培训的内容和方式。在培训需求分析的基础上，根据培训的紧迫程度、难易程度和成本等因素，制订培训计划。在培训内容上，根据不同岗位系列和层次设置不同的培训课程。培训完毕后对培训与开发的效果进行评估，评估的结果与员工的薪酬和任用等相结合。

在绩效考核中，应主要根据员工特征、行为和工作结果进行考核，应将被考核员工本人及其他部分员工的意见，综合起来考核绩效。在薪酬制度中，应建立领导与员工相互交流沟通的平台，开放相关的薪酬信息，让员工了解到只要通过努力就能得到与付出相应的报酬。让员工参与薪酬制度的设计和管理，有助于形成更适合企业实际的薪酬制度。激励机制是通过一套理性化的制度来反映激励主体与激励客体相互作用的方式。

人力资源管理中薪酬与绩效考核和薪酬制度密不可分。在设定薪酬时，一般将薪酬分解为固定工资和绩效工资，绩效工资是通过绩效考核确定的。激励机制往往要与约束机制相配合。在建立激励机制时，应以高奉献换取高收入的原则，形成能够最大限度地激发员工的、工效和收入挂钩的分配制度。通过岗位考核拉开分配差距，使员工按照实际工作量和创造的效益获得薪酬，实现同工不同贡献不同酬，同岗不同作用不同酬。另外，为了调动员工持续改进和技术创新，设立厂长创新基金，对合理化建议、小改小革和技术创新，加大表彰奖励力度，激励员工的积极性和创造性。建立激励和约束机制，使人力资源的配置与流向趋于更合理。

12.3 能力和意识要求

人员的能力是表现在多方面的。首先，应当接受过一定教育，即有一定的文化程度，不同的岗位要求不同的文化程度。这是最起码的要求，没有接受一定的教育，不具备一定的文化程度，对质量经营来说，是不合格的。但是只有教育或文化水平，没有经过岗位培训，也不能说是具备要求的能力。为了能够胜任岗位工作，必须经过一定的培训。这种培训是有针对性的和持续性的，包括上岗前的培训，在岗培训和转岗培训。为了能够胜任工作，还需要具有一定的技能。技能是通过学习和实践积累的，是完成本职工作的根本能力。有些岗位还需要具有足够的经历，没有足够的经历，就没有足够的技能的积累，没有足够的经历，就没有充分的能力。

人力资源管理的首要任务是对不同的岗位，确定胜任的能力要求。为了满足顾客对产品的要求，首先必须对质量经营过程的人员有能力和意识要求。因此，在确定能力要求时，应当着眼于能否识别顾客要求、实现顾客要求和改进顾客要求。这就要求人员具有顾客意识、质量意识和改进意识，知道本职工作的重要性和相关性。知道自己工作的重要性才能爱岗敬业；了解自己工作的相关性才能相互合作，形成团队精神。有人甚至认为，人力资源管理的任务就是造就团队精神。有些企业把人力资源管理当成战略任务来抓。

宝钢将员工分为管理人员、技术业务人员和技能人员 3 类，并采用不同的岗位管理模式。管理人员依据管理幅度和管理岗位要求等不同分为核心决策层、高级决策层、高级经营层、经营管理层、专业管理层和作业管理层。宝钢针对高级决策层、高级经营层、经营管理层、专业管理层和作业管理层这 5 个层次有不同的核心能力要求（表 12-1）。

表 12-1　宝钢的管理人员的“五层”核心能力要求

层　级	基本素质	核心能力	
高级决策层	严格苛求的精神、学习创新的道路、争创一流的目标、符合公司行为规范要求，并以诚信作为基本价值观	战略性思考 政治敏感度 决　策	管理变革 影响力 发展他人
高级经营管理层		制定战略 经营意识 决　策	推进变革 影响力 团队建设
经营管理层		实施战略 组织计划 自我管理	判断决策 激励团队 管理创新
业务管理层		战略执行 专业管理 激励他人	组织实施 自我管理 改　善
作业管理层		亲力亲为 计划推进 团队合作	沟通协调 改　善 现场处置

12.4　教育和培训

为了提高员工素质和能力，必须抓好培训工作。日本的质量管理专家石川馨曾经提出，“质量管理始于教育，终于教育”，把教育培训作为质量管理四大支柱之一。

企业培训应有针对性，培训的内容主要包括：对新进厂人员的基础性培训，包括本企业基本生产技术和通用技术；对在职员工进行质量管理方法培训（例如 7 种统计工具和新 7 种统计工具），用以提高员工的持续改进能力；在企业的产品或技术发生变化时对有关员工进行适应性培训；不少企业也在进行技能传承的培训。在我国也应当根据实际情况进行培训，用什么学什么，缺什么补什么。但是，企业又不是学校，把补初中和高中课程也作为培训内容，这样培训的成本就太大了，应把岗位技能和管理方法作为培训重点。

培训应当是分层次的，包括最高管理者和普通员工，都应当接受教育和培训。

（1）最高管理者的培训：在质量经营中的作用非常重要，如制订经营方针、管理理念、发展战略和方针目标等。管理者应识别和提供资源，创造员工能够完成方针、目标和任务的环境。最高管理者应当尽可能参加国家和行业组织的各种重要会议，领会国家的行业政策和市场动态，防止决策失误。有关部门应定期向最高管理者提供有关资料和信息，让他了解与本企业有关的技术和管理动态，使最高管理者能够从战略高度思考和决策。

（2）各职能层次管理者的培训：这一层次的管理者具有重要的管理职责和权限，对质量经营的运行具有重要作用。搞市场营销的不懂顾客管理，搞采购的不会评价供方，搞设计开发的没有管理程序，质量管理部门不会建立标准化体系，技术中心不会管理技术规程，搞生产调度的不了解计算机等，在我国钢铁企业并不是个别现象。对这部分中层干部应当列为培训的重点。

（3）技术人员和管理人员的培训：这部分人员是在管理部门或生产现场起关键作用的人员，承上启下，通过技术或管理贯彻实施方针、目标和具体任务，他们工作的好坏，对企业生产经营具有举足轻重的影响。除在工作中提高外，有计划的培训也非常重要。培训的重点应是质量管理原则、方法和统计技术。鼓励这一部分人员参加行业举办的重要的和适用的培训，了解行业动态和经验，有助于不断地改进本职工作。

（4）作业长（包括车间主任）的培训：作业长（包括车间主任）是质量目标和指标的实践者，他们的能力和素质直接影响产品的产量、质量、成本和企业的绩效。对这部分人员不应仅仅从工资福利上考虑提高，更应当加强培训，使他们成为产品质量的控制者、保证者和管理者，使他们不仅懂技术、有技能，而且有经验、会管理。

目前，有些企业只对工人进行操作规程的培训，没有安排或很少安排对作业长（包括车间主任）的培训，因为他们忙，没有时间，所以只任用，缺乏教育和培训。应当对他们进行适用技术和管理方法的培训，使他们不仅能够带领工人完成生产任务，而且能够不断地改进设备和操作，不断降低成本、提高质量，改进现场环境，形成团队精神和良好的企业文化。

（5）作业人员的培训：除了操作规程的培训外，应当指导他们会用简单的统计工具进行 QC 小组活动，不断地改进岗位工作和提高工作效率。让作业人员参加本企业或行业的 QC 成果发表会，使他们体会到成功的快乐，激发他们的积极性和创造性，助其树立正确的价值观。企业文化也就是在这种培训中潜移默化地形成的。

宝钢将管理人员与职业发展相结合，实行“五层三进”培训体系，即对高级决策层、高级经营层、经营管理层、专业管理层和作业管理层等 5 个层次有不同的培训要求和内容，见表 12-2。

表 12-2　宝钢的管理干部“五层三进”培训模式

<table>
<tr><th>功能模块</th><th colspan="2">子模块</th><th>内　容</th><th>目　的</th><th>学习方式</th></tr>
<tr><td rowspan="2">任职基础培训模块（2）</td><td colspan="2">管理制度模块</td><td>公司管理规范、管理制度、流程</td><td>了解公司的管理规范、管理制度和流程等</td><td>面授</td></tr>
<tr><td colspan="2">管理基础与领导力模块</td><td>通用管理知识和领导技巧，包括时间目标管理、自我管理、领导者角色定位等</td><td>掌握一般通用管理知识和领导技巧</td><td>面授</td></tr>
<tr><td rowspan="8">任职资格培训模块（7）</td><td rowspan="2">素养模块</td><td>政治素养</td><td>学习党的理论方法，弘扬党的传统</td><td>提升管理者对岗位的敬业、对企业的诚信、对社会的责任</td><td>面授、研讨</td></tr>
<tr><td>人文素养</td><td>中西方管理差异、价值观、艺术欣赏等</td><td>培养为人处世的基本“德性”、“价值观”和“人生哲学”等</td><td>面授、研讨</td></tr>
<tr><td colspan="2">核心领导力模块</td><td>管理者战略思维与使命感、决策与执行能力、掌控与组织能力、文化变革与创新能力、自我管理与团队建设能力</td><td>提升管理者核心领导力</td><td>面授、研讨、管理游戏</td></tr>
<tr><td colspan="2">宝钢管理实务模块</td><td>公司内部基层管理、专业管理、经营管理与运作实务</td><td>强化全局意识、提升系统思考和总体把握能力</td><td>面授、研讨</td></tr>
<tr><td colspan="2">管理视野拓展模块</td><td>性格类型分析、拓展训练、管理焦点问题研讨</td><td>开拓思维，拓展视野，提升管理者综合素质和能力</td><td>面授、研讨、行动学习</td></tr>
<tr><td colspan="2">管理实践诊断</td><td>宝钢内部的管理经验和管理问题</td><td>最佳实践总结与分享，内部管理改善与提升</td><td>面授、研讨、行动学习、头脑风暴</td></tr>
<tr><td colspan="2">战略伙伴考察</td><td>战略伙伴的战略目标、规划、经营现状，以及业务合作情况和拓展方向</td><td>加深对战略伙伴的了解和理解，提升宝钢管理工作的有效性</td><td>参观考察、研讨</td></tr>
<tr><td colspan="2">旅程历练</td><td>同工序实习、绿色军营、红色革命圣地之旅、蓝色海外之旅</td><td>对东方传统理论和西方理论有更直观的感受</td><td>参观考察、研讨</td></tr>
</table>

续表 12-2

功能模块	子模块	内 容	目 的	学习方式
在职研修模块（4）	领导力发展模块	党建、宝钢企业文化、价值观以及沟通、授权、激励、团队合作、团队管理和建设等	提升核心领导力	自学、网上学习、面授、研讨
	管理改善与创新模块	针对每年公司战略要求和年度绩效考核反映的管理能力问题，以及公司运营中的管理问题	寻找解决方案，形成问题解决的推进措施，制订行为计划、提高管理人员分析问题和解决问题的能力	自学、网上学习、面授、研讨
	专业管理模块	财务管理、人力资源管理、营销管理等	把一般专业管理人员培养成为高级专业管理人员	面授、研讨、网上学习
	管理新视野模块	国际、国家、行业、社会的经济形势、企业管理发展前沿的相关主题	拓展管理人员的知识和思路	聘请国内外著名专家讲学，网上学习

注：引自《世界金属导报》，2009 年 2 月 24 日 30 页。

培训的形式应根据实际情况多样化，包括在岗培训、脱产培训和外派培训。

（1）在岗培训（on the job training，OJT）：这种培训有点像师傅带徒弟，同事间互相帮助、互相学习。上级有责任教育下级，师傅有义务培养徒弟，相互之间有交流，是培训的最基本的和最简单的形式。但是，必须有这种意识和实践。

（2）脱产培训（off the job training，Off-JT）：这种培训不只是听讲课，也有实习。例如日本企业有“培训工场”，新进厂的职工在那里接受教育和培训，经考核合格后上岗。在岗职工也有脱产培训的，有正规的培训大纲、培训计划，有教材、教师，有实习设备，有操作示范，不像有些企业培训半天或一天，答卷有统一答案，一抄了事。

（3）外派培训：如果有必要可以派出去培训，例如参加学习班或短期实习，包括出国考察。不论是培训、实习或考察，都有明确的目标和具体的任务。培训后应形成文件报告，并成为共享资源。日本企业到国外考察，明确分工谁提问、谁记录、谁观察、谁照相；白天考察，晚上小结，回国后整理形成文字总结并汇报和归档。未参加考察的人也可以从中学习。下一次外出考察时，这些资料也可作为再进一步了解的基础。

12.5 培训的有效性

培训应注意有效性，避免形式主义。培训也是一个过程，应识别需求（输入），提供满足需求的培训（输出），为了该过程规范地进行，应识别和提供必要的人（教师和学员）、机（必要的教学设施）、料（适宜的教材和案例）、法（规定培训制度）、环（提供必要的培训环境）。在培训过程中运用 PDCA 循环，在培训的不同阶段进行必要的检查，以了解培训的效果。

培训的有效性首先取决于对培训需求的识别，这种培训是否真的有必要，与质量经营的要求是否吻合。有针对性的培训是实现培训有效性的前提条件，所以应在培训前对培训的针对性，是否符合需求进行认真的论证，包括结合企业实际、工作的重点、热点和难点进行培训。培训的有效性也取决于教材和案例的提供是否符合需求，必要时，在培训前应征求学员对培训内容的意见。教师在培训中的作用是非常重要的。有效的培训与教师水平有很大关系，所以应当正确选择培训教师，对企业不同层次的培训，培训教师也应不同。有的企业有专职培训教师和兼职培训教师，对现场作业人员，包括作业长，应请具有现场生产技术和管理经验的人来培训。适当的培训场所、环境和手段对培训效果也有影响。

12.6 员工的发展

企业应采用多种措施鼓励和支持员工发展，提高员工技能和工作水平，适时提升岗位级别或职务职称，提高薪酬和待遇，使其充分发挥能力，为企业发展做出贡献。

宝钢在员工发展上，首先关注的是员工的职业发展，建立以员工需求为出发点、以提高员工满意度为立足点的、员工与企业共同发展的机制。培育并形成与各产业板块发展相适应的各类人才群体与组合，满足公司二次创业和规划发展的需要。其次，在员工薪酬上，要在资产效率和劳动效率持续提升的前提下，改善员工的薪酬和福利，重视内部的公平性和外部的竞争性，完善分配关系，健全薪酬激励体系，使员工的薪酬福利与公司的经营业绩同步发展。

宝钢在员工发展上，注意处理物质激励和精神激励的关系。为了企业的发展，既要使员工始终充满活力，保持激情，又要让员工分享企业发展成果，促进员工精神和物质生活水平逐步提高。既发挥物质激励的效用，建立公开、公正、公平的薪酬体系，又重视精神激励机制，激发员工的奉献精神。

宝钢为了提升企业的竞争实力，非常重视提高员工的素质。努力将员工队伍打造成一支蓬勃向上、充满活力、忠诚敬业、技能全面、素质一流的适应公司发展战略要求的优秀团队。公司各级领导注意倾听员工的声音，了解员工的需求，解决员工的问题；经常到基层去，到班组去，接近员工、相信员工、依靠员工，充分发挥员工的作用，将公司的发展与员工的发展紧紧联系在一起。

12.7 提高员工满意程度

员工满意也是质量经营的绩效之一。员工满意是员工的一种主观的判断和心理的感知。企业也应监视员工关于企业是否满足其要求的感受的相关信息，并确定获取和利用这种信息的方法。监视员工感受可以从诸如员工满意调查、来自员工的意见调查、员工流失分析、员工赞扬、批评、抱怨等来源获得输入。员工满意度是员工期望与员工实际感知相比较的结果。满意不满意是相对的，超出员工的期望是满意的；达到员工的期望是基本满意的；低于员工的期望是不满意的。影响员工满意度的主要因素是工作安排、薪酬奖励、工作环境、人际关系和企业绩效。有的企业在调查员工满意度时发现，员工不满意的主要原因是对最高管理者和上司缺乏信任、人际关系不好、对工作绩效评价和薪酬待遇不满。员工满意度调查是企业了解员工的方式，通过员工满意度的调查可以了解员工对企业的要求和评价，能够改进与员工的关系和激励员工的积极性和创造性。员工满意度调查和衡量的方法很多，应根据企业实际加以选择。比较简单有效的方法有对话、座谈和问卷调查等。通过员工满意度调查不仅可以了解员工对其工作安排、薪酬奖励和工作环境的意见，也可以看出员工对企业经营管理的评价，有利于企业发觉存在的问题，提出持续改进的目标和方法。员工满意度高会减少人才流失、提高工作效率、增加企业效益和提高顾客满意度。

员工满意是质量经营的基础，提高员工的满意程度是人力资源管理的重要业务之一。员工只有满意了才能热情地工作，向顾客提供满意的产品或服务，才能保证企业的持续生存和发展，增加企业的效益。员工满意度高，人员稳定，外流率低，减少给企业带来的损失。为了提高员工满意程度，应改善工作环境和劳动条件，使员工感到安全、轻松和愉快，时刻保持工作热情和干劲。另外，也应注意建立相互尊重、彼此关心的人际关系，使员工感受到自己是企业的一员，激发员工的积极性和创造性。另外，在工作安排上，也使员工感受到技能多样、任务完整、作用重要，使员工有信任感和成就感。鼓励员工参与企业的有关活动，听取员工建议，包括方针目标的制定，经营管理的改进和绩效评价等，使员工感受到自己的工作对企业是很有意义的。企业的权力较多地集中于高层，对员工的参与是不利的。特别是有的民营企业，不仅对一般职工，即使是对管理层的干部也没能适当授权。有了成绩，全是老板的；出现问题，全部推给下属，经常责备和批评员工，导致员工经常“跳槽”。

为了提高员工满意程度，应加强沟通，包括高层与一般员工之间、上司与下属之间、部门与部门之间、一般员工与一般员工之间4个层次的沟通，其中特别重要的是上司与下属的交流沟通问题。一般来说，面对面的沟通是最有效的，有的企业的高层领导与员工共进午餐，借机与员工沟通；但有的企业高层领导几乎与员工没有接触，员工满意程度必然很低。在沟通中应重视制度化和公开化，让员工更多地了解自己的企业。

第13章

过程设备管理

ISO9001标准要求企业应“确定、提供并维护为达到符合产品要求所需的基础设施”。基础设施包括：建筑物、工作场所和相关的设施、过程设备（硬件和软件）、支持性服务（如运输、通讯或信息系统）。在基础设施中，过程设备是主要的。对钢铁企业来说，主要包括焦化、烧结、球团、高炉、转炉、电炉、精炼炉、连铸和轧钢设备等。

13.1 过程设备管理的内容

过程设备管理包括过程设备运用的全过程，从确定、采购、验收、安装、调试、使用、维护、保养、检修、改造、报废和更新等过程。过程设备管理的主要内容有：

（1）正确地选择、采购和提供技术先进和经济合理的过程设备，满足顾客对产品的要求。

（2）保证过程设备处于正常的技术状态，功能正常，高效运转，满足生产过程的技术要求。

（3）对过程设备进行维护、保养、检修、改造和更新，满足生产对过程设备的使用要求。

（4）不断改进和创新，使过程设备的运行达到节能减排、降低成本和提高效率的要求。

过程设备对产品质量影响最大的是基础设施。过程设备的技术状态直接影响生产过程的正常运行和产品的质量水平。近年来，我国钢铁行业生产过程的机械化、自动化和信息化程度不断提高，过程设备也在向大型化、机械化、自动化、高效化和精密化方向发展。设备的投资越来越大，设备的维护保养和检修的费用也在不断提高。设备使用、维护保养和折旧的费用在产品成本中的比例也在不断增加，既影响产品质量，也影响产品成本，因此设备的管理对质量经营也非常重要。质量经营中对设备的管理已经淘汰传统的管理方法，推行全面的设备管理模式（TPM）。把设备管理不仅看作是一个过程，更重要的是一个体系，从技术和经济两个方面进行控制，提高设备寿命周期内的技术功能和经济效益。

13.2 过程设备的选择、采购和提供

为了向顾客提供满足要求和增值的产品，必须选择、采购和提供技术先进、经济合理的设备。

一般在采购和提供过程设备前，先进行选择评价。选择和评价的方法有费用效率法、现值法和投资回收期法。

（1）费用效率法：费用效率法是通过设备的系统效率与其寿命周期费用的对比来进行评价。

费用效率是单位寿命周期费用支出所取得的效果。寿命周期费用最小，而系统效率最大的设备是费用效率最佳的选择。系统效率可以采用生产效率来表现。寿命周期费用包括原始费用（投资或采购费用、安装和调试费用）和使用费用（经营费用或维持费用，包括能源消耗、维护保养、检修改造等费用）。费用效率可以用单位费用的生产效率（例如万元的日产量）来衡量。

（2）现值法：现值法是一种经济分析方法，即在设备功能、生产效率和使用寿命均可以满足一切时选择寿命周期费用最低的设备。把设备不同时期开支的费用，通过现值系数折算成期初的费用，然后进行对比。最经济的设备应使包括采购费用和各年开支的经营费用的现值寿命周期费用最低。

（3）投资回收期法：投资回收期是设备投资费用与采用该设备后每年的节约费用之比，在满足要求的前提下，应选择投资回收期最短的设备。

上述选择方法是比较传统的方法，在当前和今后，对过程设备的选择和评价，应增加环境保护、节约能耗和安全生产的要求。

13.3 过程设备的使用

过程设备使用状况能够反映设备使用的经济效果。反映过程设备使用水平的指数有：现有设备实际使用率、实用设备安装率和已安装设备利用率等。

过程设备利用率低是一种浪费，应尽可能提高设备的利用率。具体措施包括：选择企业适宜的设备，积极组织设备投入运行，开发市场增加生产任务，提高设备时间利用率。连续作业设备和间断作业设备的时间利用率计算方法不同，但是都可以表征设备的时间利用状况。另外，也可以用设备能力利用率来评价设备的使用效果。使设备满负荷使用，可以提高设备利用效果。

为了充分发挥设备能力和利用效率，应尽可能降低设备故障，例如慎重地搬运、精确地安装、严格地验收和认真地试车，可以降低设备运行初期的故障；加强日常维护保养和设备检查，可以应对偶发故障；进行预防性维修或改进维修，可以预防劣化故障。如果设备出现事故，能够认真分析原因，采取针对性措施，坚持“三不放过”：事故原因未查明不放过，责任者未经处理和员工未受教育不放过，无预防措施不放过，对设备的有效利用具有重要作用。

为了保证过程设备正常运转，必须预防设备故障的发生。为了防止故障的发生，必须对引发故障的原因进行深入的分析。在设备的整个寿命周期，在使用初期，故障比较多，主要是因为设计、制造、运输、安装和调试等原因造成的，所以在设备投入使用初期应找出设备可靠性低的原因进行调整和控制，保持设备故障率稳定。在设备投入正常运转后，不再容易发生故障，但是由于操作失误或维护不好等原因，也会引发偶发故障，应对操作者进行适当的培训，提高其操作技能和技术水平，关注维护保养，减少或杜绝偶发故障。在设备运转的晚期，由于零部件的老化、磨损或腐蚀，故障多发。这时应强化对设备的点检、维护和检修，防止设备故障对产品质量、能源消耗、环境保护和安全生产的影响。

13.4　过程设备的维护保养

过程设备在使用过程中，有可能会出现一些不正常的现象，如果不及时处理就会引发设备过早损坏。为了避免不应有的损失，应对设备进行清洁、润滑、紧固、调整等作业，保持设备在正常状态运行，这就是设备的维护保养。

过程设备的维护保养按工作量大小可分为：

（1）日常维护保养：重点是进行清洗、润滑、紧固容易松动的零部件和检查零部件。日常维护保养由设备操作人员负责执行。主要要求是操作者应严格执行操作规程使用设备，经常观察设备运转情况，并在班前或班后记录。保持设备完整，零部件齐全，安全防护设施正常，线路管道完整无损，保持润滑和油路畅通。

(2) 一级维护保养：除日常维护保养外，还包括部分对设备的调整，主要内容是检查、清扫、调整电器部位和机械零部件，发现故障隐患和异常时要及时采取措施，予以排除。一级维护保养以操作人员为主，由专业维护保养人员配合进行。

(3) 二级维护保养：主要是进行内部清洗、润滑、局部解体检查和调整、更换或修复磨损的零部件，局部恢复精度，二级维护保养由维护人员执行，操作人员协助。

(4) 三级维护保养：主要是对设备主体部分进行解体检查和调整，同时更换一些零部件，并对主要零部件的破损情况进行测量分析。三级维护保养由维修人员执行，操作人员协助。

13.5 过程设备的修理

设备的修理是指修复由于正常或不正常的原因而形成的设备损坏或精度劣化，经过修理更换已磨损、老化或腐蚀的零部件，使设备功能得到恢复。设备修理的方式有：事后修理和预防修理。预防修理又称为“预防性计划检修”。

预防性计划修理是一种比较科学的制度，主要体现在计划，根据设备实际使用情况和零部件损伤情况规定修理计划、周期和内容，但是由于设备不同、条件不同和主次不同，统一按预防性计划修理也存在一定的问题。

预防性计划检修按修理程度和工作量又分小修、中修和大修。

(1) 小修是工作量最小的修理，通常只需修复、更换部分磨损较快和使用期限等于或小于修理间隔期的零部件，调整设备的局部机构，以保证设备正常运转到下一次修理时间。

(2) 中修是对设备进行部分解体，修理或更换部分主要零部件和数量较多的其他磨损件，并校正设备的基准，恢复达到技术要求。中修后的技术性能应与大修基本相同。

（3）大修是工作量最大的修理，把设备全部拆卸、调整，更换和修复所有的磨损零部件，全面恢复设备原有的精度、性能、效率，达到设备出厂的水平。

由于设备的结构、性能和用途不同，上述 3 种修理应包括的具体内容和要求也不完全相同。

预防性计划检修按检修时间划分有 3 种方法：检查后修理法、定期修理法和标准修理法。

（1）检查后修理法是事先规定设备检查计划，根据检查结果和以前的修理信息，确定修理的日期和修理的内容。

（2）定期修理法是根据设备实际情况，参考有关检修周期，编制修理计划和工作量。具体的时间和内容，则根据每次修理前的检查来确定。

（3）标准修理法是根据设备的磨损规律和零部件使用寿命，对设备的修理日期、类别和内容预先制订具体计划，并严格按计划进行。

在修理设备时可根据实际情况，采用各种先进的组织技术方法，包括部件修理法、部分修理法、同步修理法和网络计划技术等方法。

13.6　过程设备的维修制度

一般对设备的维修分阶段进行，例如事后维修、预防维修和生产维修。在 20 世纪 70 年代，日本推行全面生产维修制（TPM）。该管理是以提高设备的全面效率为目标，建立以设备寿命周期为对象的生产维修系统，实行全效益、全系统和全员参加管理的一种设备管理和维修制度。

全面生产维修制主要内容为：

（1）首先由企业领导决定全面生产维修制的基本方针和目标，按方针目标进行管理，符合质量经营的管理模式的要求。

（2）由最高管理者到基层建立推行全面生产维修制的管理机构，体现发挥领导作用和全员参与的原则。

（3）企业对全面生产维修制规定有明确的职责权限和分工，有利于提高维修工作效率。

（4）对设备进行分类，明确哪些设备是重点设备、主要设备、一般设备和次要设备，针对不同类型的设备采用不同的维修对策和措施。

（5）开展日常点检、定期点检和精度点检等预防性检查，为定修提供具体信息和依据。

（6）对所有维修建立和实施标准化管理，特别是对重复性的维修，应规范维修过程和活动。

（7）实行设备维修目标管理和建立生产维修小组，将目标逐级分解，让维修小组工作目标和内容明确。

（8）对参与维修的员工进行培训，提高维修能力和水平，并对设备的维修技能进行传承。

（9）采用5S管理维修现场，提高员工素质，保证检修现场文明。

（10）对维修过程进行记录和分析，并在分析基础上持续改进。

点检和定修是全面生产维修制的核心和重要组成部分。

（1）所谓“点检”就是把设备可能出现故障的部位设定为点检对象，规定点检标准、方法、周期和人员，开展所谓“五定制”（定点、定标、定法、定期、定人）进行点检。

1）定点：包括功能下降的设备的状态点检和突发事故设备的倾向点检。

2）定标：有企业标准和行业标准的点检。

3）定法：一般有解体点检和非解体点检。

4）定期：分为日常点检、定期点检和精密点检。

5）定人：日常点检由操作人员进行，定期点检由专业点检人员进行，精密点检由专职技术人员进行。

（2）所谓“定修”就是在点检的基础上，根据设备的实际情况规定检修计划，一般每月定修时间是固定的，每次定修时间不超过16小时。

点检定修制的目的是通过对设备按规定的检查点，定点、定标、定法、定期、定人进行预防性检查，取得设备状态信息，制订有效的维修措施，将设备维修做在发生故障之前，这对保障设备正常运行，发挥设备应有的效能，延长设备使用寿命，具有重要的作用。图13-1是点检定修示意图。

点检定修制具有以下特点：

（1）点检定修制与一般大、中、小修不同，预防设备故障。

（2）点检定修制是以点检为核心的设备维修管理制度。

（3）点检定修制是以预防措施为主的维修管理制度。

（4）点检定修制可以采用外包实现检修过程社会化。

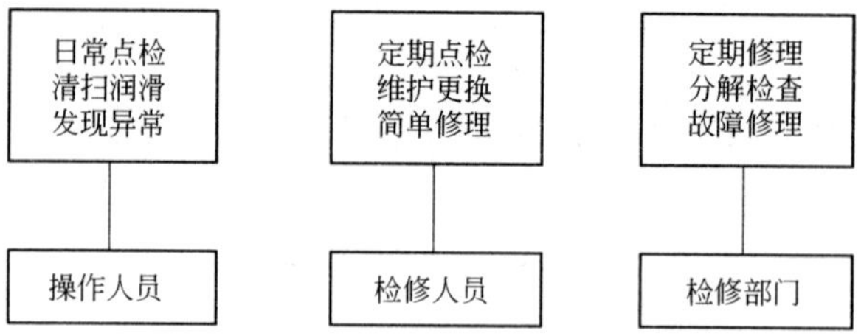

图13-1 点检定修示意图

（5）点检定修制依靠点检、维修和生产三方密切配合。

（6）点检定修制也实行目标管理，与公司目标相结合。

（7）点检定修制强调设备检修计划的严肃性和准确性。

（8）点检定修制要求与生产计划结合减少停机的损失。

（9）点检定修制强调良机获得率，对延长设备寿命有利。

（10）点检定修制包括信息反馈、数据分析和持续改进。

另外，在20世纪70年代，英国在设备工程学的基础上，创建了一种新的设备管理模式，叫做“设备综合管理”，近年来受到很多国家的重视和采用。所谓“设备综合管理”是以设备的整个寿命周期为对象，研究如何提高设备利用效率，达到以设备寿命周期费用最经济为目标的综合性管理科学。“设备综合管理”的主要内容有：

（1）实行设备全过程管理，将设备的整个寿命周期作为一个整体系统进行综合管理，即对设备从规划、设计、制造、安装、调试、使用、维护、改造和更新直至报废全过程进行综合管理。

（2）追求设备整个寿命周期费用最低和综合效率最高的目标，加强设备管理，提高使用效率，降低设备折旧和维修检修成本，使设备的有效利用成为企业的经营目标之一。

（3）对设备从工程技术、财务与组织3个方面进行综合管理，即对设备进行可靠性、保养性和维修性设计，尽可能消除设备故障。保证设备具有良好的技术性能和经济效益；在组织管理方面应采用适合设备的组织、人员和管理方法；在财务方面要降低设备制造费用、运输安装费用、维护保养费用和折旧费用，使设备具有经济寿命。

（4）进一步加强设备使用阶段的维护工作，探索最佳的检修技术和方法，使设备处于最佳状态，保证产品质量、过程参数和经济效益。

（5）实行设备的全员管理，规划、设计、制造或采购、运输和安装、调试和使用、维护和检修各过程的员工都参与设备管理。

13.7 过程设备的更新和改造

设备更新是企业技术创新的内容之一。设备更新不是简单的更换，而是以先进淘汰落后，以高效代替一般，以经济取代浪费，延长设备使用寿命。设备的寿命包括物质性寿命、经济性寿命和技术性寿命。为优化上述3个寿命而策划设备的更新和改造，达到投资少、时间短、收益快的目标。不同的企业，对设备更新有不同的要求，可以采用不同的设备更新形式。有的是在原型设备已磨损到不能继续使用的程度时，以相同的设备进行替换。有的采用先进技术改变现有设备的结构或改善现有设备的性能，使其达到新设备的水平。有的以技术先进、经济合理、节能减排、本质安全的新设备，淘汰落后的设备。对多数企业来说，应以技术改造与技术更新为主要形式。现有设备仍然是完成生产任务的主力，所以应加强对现有设备的管理，在做好对现有设备维护修理和改造的基础上，必要时，再考虑设备更换（引进或设计制造新型设备）。

13.8 设备维修的安全管理

钢铁企业的设备检修过程面临很多危险因素和危害因素，其中比较重要的因素有设备拆卸、安装和吊运过程产生的伤害，高空立体交叉作业引起的伤害，作业环境恶化形成的伤害，清洗、修磨、更换、安装过程的伤害等。为了防止和消除在维修过程中对检修人员造成伤害，应采取一些安全技术和管理制度。

宝钢在十多年前建立的检修安全管理体系是以设备点检定修制为依据，针对检修过程中的危险因素和危害因素及伤害特征采取对策；以检修安全有关的法律法规为标准，以检修安全计划为中心，以安全组织为保证；一方面推进检修工程设备停机、开机、试运转与使用工、器具的安全化；另一方面进行安全教育、纠正习惯违章，促进人的行为安全化。推进的方法是危险预知活动、类似事故防止活动、标准化作业、安全巡视、班前5分钟安全讲话、安全学习、事故案例等，以达到减少、免除检修中发生人身伤亡事故，保持并增强检修人员的身心健康，促进高质量、高效率地完成检修任务。

宝钢的检修安全管理体系是在国家、行业与地方的法律法规的基础上，以生产现场管理为主，设备、安全、环保管理等部门参与监管，以设备管理、生产操作和设备检修三方安全联络为纽带，由检修单位自主管理的安全管理体系。年修、定修、日修和抢修的安全体制由检修工程量的大小、检修范围、危险程度、工期长短和紧急情况而定。

检修安全规章制度是检修制度的重要组成部分，也是整个安全规章制度的重要组成部分，对设备检修过程的顺利进行起着保证作用。检修安全规章制度包括安全管理规章制度、消防保卫规章制度和安全技术规章制度。为了贯彻实施检修安全管理体系，必须对员工进行检修安全教育，包括三级教育、特种作业人员的安全教育、职业健康教育、各工种安全教育等。在设备检修过程中将安全与检修进行一体化管理，另外对检修的外协或外包单位也进行安全管理。

图13-2是宝钢的检修安全管理体系。

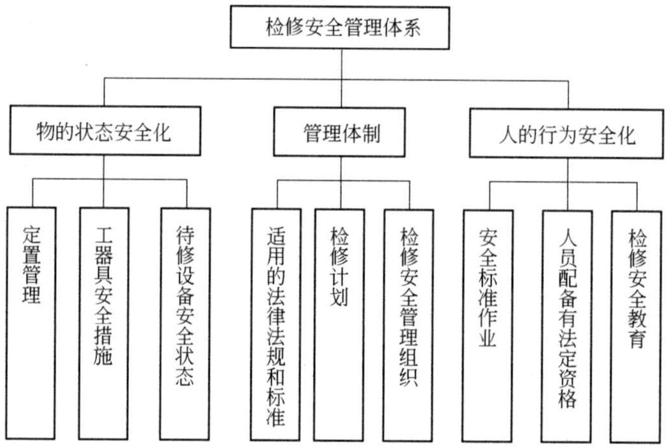

图13-2 宝钢的检修安全管理体系

检修安全标准化是检修过程标准化的组成部分，也是检修安全管理体系的重要内容。检修安全工作标准化能够有力地推进检修工作安全、有序、规范和有效地进行，对提高员工素质和检修质量，具有重要作用。检修安全标准化包括规范检修工程委托单，规定检修的安全组织，进行现场调查和安全交底，安全确认和联络挂牌，危险预知和定置管理。安全巡视和安全会议等是推行检修安全管理体系有效运行的基本准则。

第14章

生产现场管理

质量经营不仅要求产品质量好、服务质量好，也要求工作质量好、管理质量好、生产现场管理质量好。只有管理好的生产现场才能激发员工情绪，保证过程受控，产品质量可靠，所以质量经营也非常强调生产现场管理。

14.1 什么是生产现场管理

现场管理就是运用科学的管理方法对现场的各种生产环节有效地进行管理和控制，使生产处于良好的状态，以达到优质、低耗、安全、稳定生产的目的。现场管理的目的是使员工遵守现场管理规定，整理整顿工作环境，规范劳动行为纪律，使设备、设施完好正常运行，物资流、能源流和信息流无阻畅通，执行计划保证生产均衡，提高质量严格执行规程，信息准确可视反馈经营。

通过现场管理能够落实企业的理念、愿景、使命和战略，执行经营管理方针、目标和指标，构筑企业文化，改进企业形象，并主动寻找不足、主动分析原因、主动解决问题和主动总结提升。

现场管理的主要方法主要有：定置管理、看板管理、可视化管理、精益生产管理和5S管理等。

14.2 定置管理

定置管理是我国钢铁企业普遍采用的一种现场管理方法。定置管理是把生产现场的物品，包括原材料、半成品、零部件、工模具、设备仪器等放到规定的位置，使人与物之间实现优化组合。不仅物质流受控、信息通畅，而且使现场操作文明化、生产过程高效化、管理过程规范化。

定置管理也起源于日本。20世纪80年代传到中国，并在很多企业中推广应用，对规范现场管理起到了一定的作用。但是“定置”不能理解为仅仅把物品固定地放置或放在固定的位置，其核心含义是根据现场生产的要求，为了提高生产效率和产品质量，实现安全生产和员工的生理要求，把有影响的物品放在适当的位置，便于现场操作人员有效地、安全地和心情舒畅地进行生产活动。现场生产活动的基本要素是4M1E，即人（Man）、机（Machine）、料（Material）、法（Method）、环（Environment）。在生产活动现场，最重要的是人与物的关系，只有人与物有效结合，才能顺利进行生产。为了实现人与物的有效结合，必须采取一定方法处理好生产空间与物的关系，生产空间与物的有效结合是人与物有效结合的基本条件。定置管理就是使生产现场的人与物之间实现优化组合。“定置”并不是把设备位置画出来挂在墙上就行了，“定置”是通过对生产现场中人与物进行作业和动作分析，按生产过程的需要、技术工艺的要求和员工的希望，科学地将物固定在生产现场的特定位置上，以达到物与场所有效结合，缩短人用物的时间，消除人的重复动作，减轻人的劳动负荷，提高人的劳动效率，有利于提高产量、降低成本和改进质量。

定置管理有不同的内容，包括工厂区域定置、现场区域定置和可移动物件定置等。对钢铁企业来说，主要的定置管理是对可移动物件定置，如原材料、半成品、成品、工模具、量具、文件和记录等，也包括工业垃圾容器、安全急救设施、消防器材和不合格品的定置。

定置管理也与其他管理类似，按PDCA程序和循环进行。

（1）策划阶段：由企业领导主持进行现场环境调查，分析存在问题；制订定置准则和计划，必要时绘制定置管理图。定置管理图是将现场定置管理以图形或图标的形式表现出来，用可视的形象表示定置管理的要求。

（2）实施阶段：由企业各级领导带头，发动员工，全员参与，贯彻执行。对现场的人、机、料按定置管理规定进行整理，使人、机、料达到有效结合的状态。

（3）检查阶段：组织检查，按准则和计划进行严格检查和验收。有的企业用定置率进行考核。

（4）改进阶段：通过检查与考核，发现问题采取纠正措施，并不断改进和提高定置管理水平。

目前现场管理存在的问题是：现场管理涉及专业领域多，缺乏综合性或系统性的策划。现场管理层次不高，多限于卫生、标志、工装或文明作业方面。没有按工艺设计和技术要求进行策划。现场管理的检查往往流于形式，缺乏实效性。有的只把固定的设备位置画在图上，挂在墙上。多数企业的现场管理缺乏有效的策划、实施、考核和激励机制。

14.3 看板管理

看板管理是日本丰田汽车公司为了达到准时生产（JIT）控制现场生产流程的工具。准时生产（Just in Time，JIT）是日本丰田汽车公司在20世纪60年代实行的一种生产方式，是通过生产的计划和控制及库存的管理，追求一种无库存，或库存达到最小的生产系统。

企业生产活动中的浪费现象很多，例如：工作失误提供了有缺陷的产品或不满意的服务；计划不周造成了产品积压和多余库存；过度加工增加了不需要的加工程序；多余搬运造成不必要的物品移动；不能按时转序形成了停工待料；多余动作使生产程序复杂；产出废品以致无法提供给顾客。准时生产要求在必要的时间，按必要的数量，生产必要的产品。坚持下道工序向上道工序提取零部件和半成品，各道工序尽可能作到在必要的时间，生产必要数量的产品，用最后的工序来调节平衡全部生产。必要时宁可中断生产，也不积压储备。要作到看板与实物一起运行，下一道工序带着看板到上一道工序领取零部件或半成品，上道工序只根据看板的种类和数量要求进行生产，没有看板不搬运、不生产，不合格品不准挂看板。

由于看板是实现准时生产的工具，具有计划和调度指令的作用，又是企业内部各工序间信息交流的媒介，起着实物凭证和核算依据的作用。在编制看板时，一定要内容齐全完整、标识清楚、便于制作，易于保管，且保证内容与实物相符。看板总体上分为3大类：信息传送看板（工序间）、生产过程看板（工序内）和临时作业看板（维护检修等）。看板的作用主要通过减少看板的数量来实现。看板数量的减少意味着工序间在制品库存量的减少。

看板管理就是在同一道工序或者前后工序之间进行物流或信息流的传递。JIT是一种拉动式的管理方式，它需要从顾客订货合同或最后一道工序通过信息流向上一道工序传递信息，这种传递信息的载体就是看板。JIT生产方式就是看板管理方式。准时生产（JIT）采用看板管理可以杜绝或减少上述这些浪费。美国麻省理工学院教授詹姆斯.P. 沃麦克等认为，日本丰田汽车公司的这种生产方式是最适用于现代制造企业的一种生产组织管理方式，并称之为“精益生产管理”。看板管理对现场管理也具有重要的作用，不仅能够实现人、机和料的有效结合，而且还能够减少现场积压和混乱，实现物质流和信息流同步，树立企业良好的形象。

14.4 可视化管理

以公开化和透明化视觉显示为特征的管理方式，也可称为“看得见的管理”。这种管理方式的特点是以视觉信号显示为基本手段，以公开和透明化为基本原则，以可视化作为交流方式。可视化管理的方式有标牌、标语、手势、看板、灯具、图表、画线和影视等。

可视化管理的主要内容如下。

（1）将现场管理制度公开化。为了规范现场管理、提高生产效率、实现安全生产和严格劳动纪律，凡是与现场管理有关的规章制度、产品标准、操作规程和劳动定额等，都公开展示在岗位上，如作业指导书、操作程序图、技术工艺卡等，并要始终保持简明、扼要、可视和整洁。

（2）将生产计划进度图表化。企业计划指标要量化和分解，落实到车间、班组和个人，把计划指标和时间与实际完成情况都相应地按期公布，可能的话尽可能用图表予以展示，让现场员工每个人都能了解各项计划指标的完成情况和存在的问题，以促使各单位和个人都能按计划指标完成任务。

（3）将定置管理要求可视化。在定置管理中，为了规范现场材料和设备的存放位置，必须有清晰和准确的标识或标志，包括标志线和标识牌。可视化管理将定置管理的要求用公开透明的方式表现出来，包括将不同区域（例如煤气作业区）、各种通道（例如消防通道）、工模具（如轧辊、导位、工具）、生活用品（更衣柜等）采用标准颜色或标记显示。

（4）将作业控制方法形象化。为了有效地进行生产作业控制，使每个生产环节、每道工序能严格按产品标准和操作规程进行生产，采用能够使现场操作程序形象化的方法对操作人员进行管理，特别的流水作业，有的采用连环图表形式显示，使操作人员一看便知道如何操作。甚至于显示应该做什么，不应当做什么。有的在质量管理点设置质量控制图，显示质量情况，如有异常，可及时发现和及时处理。

（5）将搬运储存保护标准化。也可以利用可视化将产品搬运、储存保护实行标准化，例如，规定堆放高度和位置，在库房内 X 方向按 A、B、C、D，Y 方向按 1、2、3、4 堆放，便于领取或发放。如果用条码标识，更有利于用红外识别和计算机控制自动搬运、储存保护。

（6）将现场人员着装统一化。现场人员的着装不仅具有劳动保护作用，而且着装统一化还能够表现企业形象和员工素养。在现场的相关方（检修方或供料方）的着装不一样。日本有的企业不仅着装统一，而且在服装和安全帽上标识员工名字，每天按规定更换环保、安全和 QC 活动日胸前标识，使员工在生产现场的活动公开化和规范化，并与考评相结合，给员工的现场表现以压力和动力。另外员工还佩戴其他标志，如胸章、胸标、臂章等，也具有类似的作用。

14.5　精益生产管理

精益生产管理，是以客户需求为拉动，以消灭浪费和不断改进为核心，使企业降低经营成本和提高经济效益的生产管理模式。精益生产的理念最早起源于日本丰田汽车公司的准时生产 JIT（Just in Time）管理。精益生产（Lean Production，LP）是美国麻省理工学院教授詹姆斯 . P. 沃麦克等通过对全世界 17 个国家 90 多个汽车制造厂的调查和对比分析而提出的，并认为日本丰田汽车公司的 JIT 生产方式是最适用于现代制造企业的一种生产组织管理方式。实现精益生产管理，最主要的内容是消灭浪费。因为企业生产和经营活动中的浪费现象很多，要消灭浪费，首先要识别企业活动中的增值活动和非增值活动。精益生产将所有的非增值活动都视为浪费，并提出生产中有 7 种浪费（浪费的日文汉字是無駄むだ，读音为 Muda），实施精益生产主要是消除这 7 种浪费（Muda）。长期以来，企业非常重视增值活动，并努力改进和提高效率，而忽视非增值活动中是否存在提高效率的潜力。有的研究表明，从原料进厂到产品出厂，只有 10% 的时间是增值的，精益生产将提高效率的关注点转移到占 90% 时间的非增值活动上去。

精益生产管理也与 JIT 管理相似，是以拉动式准时化生产为核心，吸收全面质量管理和QC小组活动的方法，对生产现场进行管理。通过消除企业所有环节上的不增值活动，使物质流、信息流和资金流连续和有效运行，从而达到降低成本、缩短生产周期和改善质量的目的。控制手段有两个：一个是靠自动化（例如ERP），另一个是靠准时化，即在必要的时间、按必要的数量、生产必要的产品。准时化的具体内容包括：

（1）在生产线上采用U型布局；

（2）选用适当流程式生产设备；

（3）一个人高效生产标准作业；

（4）用技术软件防止设备故障；

（5）确保生产现场的产品质量；

（6）用5S或可视化管理现场；

（7）全流程生产的标准化作业；

（8）根据品种快速更换工模具；

（9）快速传递看板管理的信息；

（10）坚持持续改进和追求完美。

有的专家认为，精益管理的理念和思路是可取的，但是精益生产管理，特别是JIT生产管理对汽车制造等制造业比较适合，对钢铁企业这种流程性材料的企业不一定完全适用。包括日本企业在内，现场管理的模式也都结合企业实际在探索，以提高企业的“现场改进力”。特别是在一些大型企业陆续发生产品缺陷和产品召回，严重影响日本产品的声誉时，更加重视企业的现场管理。日本专家认为产生上述质量问题的原因是非常复杂的，归纳起来有以下几点：

（1）产品寿命周期短期化导致设计和开发的时间缩短了；

（2）产品质量的高功能化导致设计和开发的工种扩大了；

（3）返修过程繁多导致现场过度疲劳；

（4）熟悉现场的技术人才少了；

（5）外包过程增加，管理不到位；

（6）临时工增加、在职培训软化和现场技能下降；

（7）产品使用的软件增多了，客户的要求也提高了。

为了解决上述问题，日本非常强调现场管理，并主张依然以5S管理为主，不断改进，提高“现场改进力”。

14.6　5S 管理

14.6.1　什么叫 5S

5S 就是整理（Seiri）、整顿（Seiton）、清扫（Seiso）、清洁（Seiketsu）、素养（Shitsuke），因为这 5 个词的日语拼音全是“S”开头，所以缩写成“5S”。5S 起源于日本，通过规范现场和现物，创造一个好的工作环境，培养员工良好的工作习惯，以此来提高员工的素质。

（1）整理：将工作场所任何东西分为有必要的与没必要的，把有必要的东西与没必要的东西严格地分开，把没必要的东西要尽快处理掉以便腾出空间，使空间得到有效利用。这样做也能防止发生误用和误送现象。

例如在炼钢现场经常有一些残余的原辅材料，在轧钢现场也会有不合格品、返修品或返工品等，既占了地方又妨碍生产，包括一些使用的工具或设备，如果不及时清除，就会使现场变得非常杂乱、窄小，过通道也不方便。

为了进行整理，首先应规定“要”和“不要”的标准，将需要的留下，将不需要的清除。即使需要的物品也要分析使用次数和用量，规定放置的位置，并经常检查是否符合规定要求。

（2）整顿：把整理后需要留在现场的物品分类放置，排列整齐，明确数量，清楚标识。使工作场所整洁美观，寻找物品也方便，有助于提高工作效率。

例如炼钢现场的原辅材料堆放的位置、数量和名称标识清楚，轧钢现场的工卡量具也规定保留的数量、存放的位置和标识名称及编号。甚至安全帽存放的位置和标识也应十分清楚。

为了进行整顿，首先应明确规定物品放置场所、数量、标识，生产线附近允许放置真正需要的物品，并且不允许超出规定。在规定中对放置的物品、放置的方法、标识的方法、放置的场所应做详细的要求，以便可以操作和检查。

（3）清扫：将工作场所打扫干净，保持工作环境整洁、明亮和美观。这种环境有助于提高产品质量，减少工业污染和人身伤害。

例如炼钢现场操作平台整洁，操作室也明亮，室内外一样清洁；轧钢现场同样应清扫干净，没有油污和废水外溢，废弃物及时扫除，并分类存放。

为了实行清扫，应建立责任制度，按责任区（室内、外）实行例行清扫，并建立清扫标准，定期进行检查。

（4）清洁：将整理、整顿、清扫制度化，就能够达到清洁的效果。清洁是整理、整顿、清扫制度化的成果。

例如我们到日本或宝钢参观，室外绿树成荫，室内明亮整洁，非常干净。参观时可以穿白大褂，带白手套，现场参观回来后依然非常干净，因为现场非常清洁。而我国有些钢铁企业实行一阵子，一段时间后又回到老样子。

为了达到清洁，首先要搞好前面的3S，并按规定经常检查，建立考评方法和奖惩制度。在日本公司最高管理者定期带头进行卫生大检查，使之成为制度和习惯。

（5）素养：也有人翻译成“行为”或“纪律”。实际上是指员工的素质修养、文明行为和礼貌水平，按标准化规定，养成良好的习惯，并遵守纪律。这样坚持下去不仅员工个人是讲礼貌、懂文明、有纪律的，也有助于营造团体精神。

例如早晨见面互相问候：“早安”，在车间见面互呼“安全”，下班时互道“再见”。上班时着装整齐，标识清楚。走路注意礼让，在车间注意安全。不论是否有车辆来往，在路过路口或交叉点时，都用手指向左右，确认安全后才走。见有顾客或来访者，施礼致敬，以示欢迎。

为了形成有素养、懂礼貌、守纪律的行为，应制订服装、仪容、标识等标准以及应共同遵守的有关规则，并对员工进行培训。尤其在新员工的进厂培训中列为必读课程。对在职员工也通过组织各种活动（例如QC小组活动），提高员工的素质和职业道德，逐渐变成一种企业文化。

14.6.2 如何推行5S

学习了5S的基础知识，并不意味着就具备了推行5S活动的能力。有不少企业很久以前就准备实行5S管理，实际上只是停留在口号上，没有付之于行动。因为缺乏适当的推行步骤和方法，走了形式，没有效果。

推行5S活动应遵循如下步骤：

（1）成立推行组织：为了推行5S管理，一般应建立推行领导小组和/或办公室，一般由企业的主要领导担任5S活动推行领导小组的负责人，具体工作可由办公室负责安排。

（2）制定推行方针及目标：制定方针作为推行 5S 管理的指导原则，设定目标作为推行 5S 管理的方向和预期的成果。

（3）拟定计划和推行方法：包括拟定计划、进度和方法，特别是应界定“要”与“不要”的物品区分方法，制定 5S 活动评比的方法和奖惩办法。

（4）培训、宣传与动员：对全员进行培训，包括 5S 的目的、内容、实施方法、评比方法等。一般由最高管理者进行动员，并利用各种宣传手段，例如闭路电视、内部报刊、局部网络或其他方式进行宣传，使员工知道为什么和如何推行 5S 管理。

（5）实施：在讲解了推行 5S 管理的目的、意义和方法后，首先应对现场进行一次大清扫，做到“翻箱倒柜”进行彻底的大扫除。在地面划线规定定置位置和物品标识，根据规定进行 5S 日常确认。

（6）检查评比和奖惩：按规定的、规范的检查表进行现场检查，并对存在的问题进行确认和咨询。规定评比方法，包括评分和加权的方法等。根据评比和奖惩办法进行评比和奖惩。

（7）处置和改进：各部门根据检查中发现的问题进行纠正，采用纠正或预防措施进行改进。对行之有效的办法或制度纳入标准化程序，使之成为标准化制度。

14.6.3　5S 的顺序变了

最近日本把 5S 的顺序做了改变。不是以整理（Seiri）打头，而是将素养（Shitsuke）放在第一位。过去，“5S”活动目的是打造有利于作业的工作环境，但是往往因为没有把培育素质作为前提，缺乏持续改进和形成习惯的素质。“5S”活动的核心应是素质，如果员工素质得不到提高，“5S”活动往往流于形式，难以长期坚持下去。如图 14-1 所示，新的 5S 的目标是打造能够去做应当做的事情的团队，目的在于培育人才和提高效益。

新的 5S 是以提高员工素质为出发点，不仅对现场起到整理、整顿、清扫和清洁的作用，而且还有 7 大效果：安全第一（伤亡为零），质量保证（废品为零），降低成本（浪费为零），缩短交付期（拖期为零），生产维护（故障为零），降低库存（积压为零），多品种化（交替为零）。

5S 管理不局限于现场管理，已成为质量经营的重要组成。

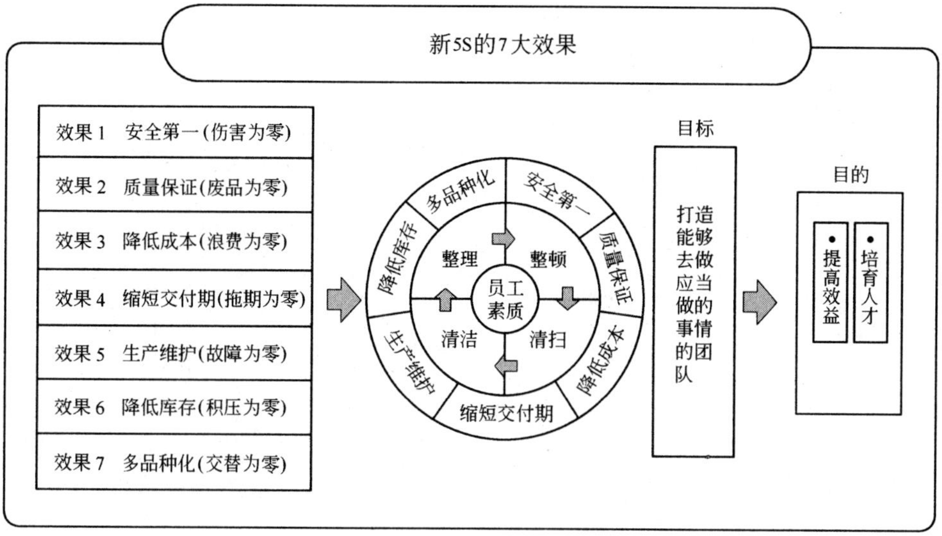

图 14-1 新的 5S 管理的 7 大效果

（引自日本《品质管理》，2010，No. 7）

14.6.4 以 5S 构筑企业文化

通过 5S 管理规范现场，创造一个好的工作环境，培养员工良好的工作习惯，以此来提高员工的素质。在我国有不少钢铁企业把 5S 作为质量管理中重要的现场管理方法，对生产现场的人、机、料、法、环进行管理，目的在于使现场处于优质、高效、低耗、均衡、安全和文明的生产状态。通过现场管理期待实现遵守规定整理工作环境，劳动行为规范纪律严明，设备设施完好正常运行，物资流、能源流无阻畅通，执行计划保证生产均衡，提高质量严格执行规程，信息准确可视反馈经营。现场管理有助于落实企业的理念、愿景、使命、战略、方针、目标和指标，构筑企业文化，改进企业形象。

第15章

信息化管理

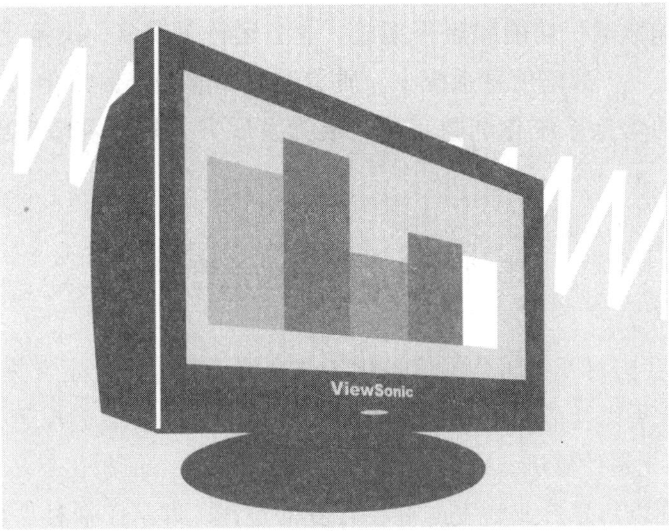

质量经营要求信息准确和灵通，并作到及时传递与沟通。国外有的企业把 OA 和 ERP 整合，有的企业将 CRM 与 ERP 整合，并将每天的经营信息可视化。把合同数量变化、应收应付资金、交付期的准时率、产品产销率、销售利润率、顾客满意率、高端用户使用率、设备完好率和运转率等信息统计分析并形成企业生产经营“晴雨表”。让企业每位员工在视频设备上看到本企业今天是“晴天”还是“阴天”，从而与自己的工作联系起来，持续改进。目前，我国钢铁企业已建立起信息管理系统，但是多数局限于企业内部，缺乏与顾客、供应商、分销商集成以及和协力的企业间的供应链系统。“信息孤岛”问题影响数据、功能和流程集成。业务运行系统多，决策支持系统少，普通信息系统多，战略信息系统少。质量经营要求提升信息化水平，将与质量经营有关的信息系统化和数字化，成为发展方式转变和战略经营决策的依据。

15.1　什么是信息化管理

1997 年我国召开首届全国信息化工作会议，对信息化定义为：“信息化是指培育、发展以智能化工具为代表的新的生产力并使之造福于社会的历史过程。”信息化是计算机、通信和网络技术的现代化。信息化是从以物质产业为主的社会向以信息产业为主的社会转变的过程，即从工业社会向信息社会进化的过程。企业信息化就是用信息化技术有效地管理和控制企业活动的过程。实现信息化需要开发利用信息资源，建设信息网络，推进信息技术应用，发展信息技术和产业，培育信息化人才，制定和完善信息化政策等。目前的信息化技术包括计算机技术、通讯技术、网络技术、数字化技术和智能技术等。随着计算机技术、网络技术和通信技术的发展，信息化已经在企业的生产、经营和管理等领域得到了广泛的应用，使得生产更高效、经营更流畅和管理更精细，已经成为企业实现可持续化发展和提高市场竞争力的重要保障。

15.1.1 信息化管理的目的

信息化管理是借助计算机技术、通讯技术、网络技术、数字化技术和智能技术等，有效地运用人力、物力和财力等资源，以适量投入获取最佳效益和达到企业经营目标的过程。信息化是手段，运营是关键，业务流程的重组和优化是核心，最终的目的是提高经营管理水平，增强企业的核心竞争力。

15.1.2 信息化管理的关键

信息化管理的关键是管理创新，不能把信息化用于落后的生产过程和管理系统。当信息系统与现行的生产过程和管理制度发生矛盾时，必须对管理进行创新，否则信息化管理将无法有效地运行。通过信息化可以带动企业流程优化和管理创新，包括组织机构、技术规范和管理制度的改革。例如，济钢的 OA 系统实现网络办公；MES 实现一体化的生产与经营；ERP 实现“三流合一”；资金管理系统实现了财务结算、网上银行、信贷融资、资金预算和风险控制等；开发市场信息系统建立了统一营销管理模式。

15.1.3 信息化管理的特点

信息化管理是动态管理，是持续渐进的。因为企业内外部环境是变化的，所以企业信息化管理的系统软件也要与之相适应，实施动态管理。包括管理信息系统的设计、开发、选型、采购、实施、应用均是动态过程，并与企业的战略目标和业务流程紧密联系在一起。例如，太钢为了适应信息化二期的需要，全面引入能力成熟度模型集成（CMMMI）模式，规范开发过程、提高软件质量和降低开发成本。

15.1.4 信息化管理的作用

信息化管理对钢铁企业的结构调整、节能减排和转型发展具有重要作用。例如，济钢在“十五”初期启动“信息化推进战略”，“十一五”时期实施“信息化带动战略”，从建立支撑企业核心业务流程的生产运营管控平台，到形成以全面融合、整体提升为主要内容的“大管控”格局，信息化不仅提高了济钢的管理水平，而且推动了结构调整、节能减排和升级转型。济钢体会到信息化是企业科学发展的引擎，是经济增长的“加速器”，是发展方式的“转换器”，是管理提升的“助推器”。湘钢建设的能源管理系统集过程控制、能源管理、能源调度和能源平衡优化于一体，整合自动化和信息化的管控一体化系统，使湘钢的吨钢综合能耗降低到605kg标准煤，达到行业先进水平。

15.2 钢铁企业的信息化

目前，我国大多数钢铁企业在生产过程自动化和管理过程信息化两个方面正在实现信息化管理。

生产过程自动化一般分为3级：第1级是驱动设备运转、监测过程参数和测量产品特性，第2级是控制生产设备，第3级是控制生产过程。管理过程信息化也分为3级：第1级是对在线作业进行管理，第2级是对生产和营销进行管理，第3级是对经营决策进行管理。

钢铁企业的生产流程长、过程多、工艺技术复杂、生产设备多样、能源资源消耗大，节能减排任务重，为了提高生产效率和产品质量，降低生产成本和能源消耗，非常需要进行自动化控制。一般钢铁企业的自动化是从自动检测、设备控制和过程控制开始陆续发展到生产管理、经营管理和决策管理，有的钢铁企业一次到位形成管控一体化系统。检测系统一般采用数字化或智能化仪表或传感器；设备控制一般采用DCS、PLC；过程控制采用小型计算机。生产过程自动化从三电（计量、电控和仪表）一体化，发展到回路调节、程序控制、传动控制和多媒体一体化，有些过程（例如高炉）采用智能控制，有些过程（例如电弧炉）采用模糊控制。生产管理、经营管理和决策管理多采用大中型计算机和微机群，例如宝钢的计算机控制系统是管控一体化的集成系统。

管控一体化就是将基础自动化、生产过程控制、在线作业管理、生产计划管理和经营决策管理整合联动，从合同订货到产品交付全部用计算机管理。近年来，自动化技术在钢铁企业的能源系统中也得到了应用，通过建立能源管理中心（EMS），利用监测技术、信息技术和计算机技术，优化能源管理，达到节能降耗的目标。

企业信息化管理的核心是信息集成，建立数据采集平台，并通过信息管理系统把企业的设计和开发、采购、生产、财务和营销等各个管理环节集成起来，共享信息资源，提高产品质量，降低生产成本，准时交付，降低库存，快速应变，有效地支撑企业领导的决策，增强企业的市场竞争力。信息化管理对质量经营具有重要作用。

为了实现信息化管理，企业必须推进管理创新。钢铁企业在进行信息化管理时采用各种不同的方式使生产流程和管理系统优化，充分发挥信息化的作用。具体做法有以下 3 种。

（1）改变企业的传统管理模式，实行以顾客为中心的扁平化管理和网络化管理。这就要求重新设计和优化企业的业务流程，使企业内部和外部的信息传输便捷和实现资源共享，有利于上下和内外信息交流与沟通。

（2）加强对基础设施和生产过程的自动化控制，建立数学模型优化控制系统。将计划、采购、销售、生产、质量、检测、财务、环境和安全生产等管理业务的信息统一采集、整合优化。

（3）加强对企业的物流、资金流和信息流进行有效控制和管理，逐步实现“三流”同步，实现信息数字化、传输网络化、结算电子化，实现资源共享和实时监控，推进管控衔接，实现系统集成，有效地支撑企业领导的科学决策。

信息化管理是以信息化推动企业生产自动化，实现企业管理现代化的过程，它是将现代信息技术与先进的管理理念相融合，转变企业生产方式、经营方式、业务流程和组织方式，重新整合企业资源，提高企业效益、增强企业竞争力的过程。

我国钢铁企业信息化管理从单纯的管理信息系统（MIS）发展到管控一体化系统（CIMS），从企业资源计划（ERP）将物质流、资金流和信息流同步管理，又发展到以顾客为中心的管理系统（CRM）和供应链管理（SCM）。

（1）MIS（Management Information System）管理信息系统。

MIS（Management Information System）管理信息系统是企业将业务管理的各个环节产生的信息和数据进行加工、处理、储存、传输和交换而建立的管理信息系统。MIS 可以划分为若干子系统，例如规划规律、生产管理、财务管理、营销管理、质量管理、采购管理、仓库管理、设备管理、人事管理、环境管理、安全生产管理以及办公子系统等。

MIS 分为 3 级：第 1 级是数据处理，第 2 级是数据分析，第 3 级是辅助决策。MIS 实质是一个数据库。

（2）CIMS（Computer Integrated Manufacturing System）计算机集成制造系统。

CIMS（Computer Integrated Manufacturing System）计算机集成制造系统是利用计算机辅助把生产过程控制和经营管理业务等整合在一起的管理系统。这种信息管理系统在制造业应用比较多。钢铁企业 CIMS 系统是管控一体化的。从基础自动化、生产过程控制和在线作业管理扩展到生产计划执行管理和辅助经营决策管理。钢铁企业多数已经建立了这种系统，并获得了明显的效果。

（3）ERP（Enterprise Resource Planning）企业资源计划。

ERP（Enterprise Resource Planning）是企业资源计划的英文缩写。企业资源计划，是利用信息技术集成企业的物流、资金流和信息流，为企业决策、计划、控制、管理和经营提供全面的和系统的手段。企业为了满足顾客需求，首先应当对管理模式进行改革，将企业管理转移到以顾客为中心，通过业务流程重组（Business Processing Reengineering，BPR）使流程优化，减少管理层次，提高企业竞争能力和管理的有效性和效率。ERP 可以使 BPR 的效果有效地固化。

ERP 是一个面向供应链管理的管理信息集成，包括供应商、生产、采购、销售、财务、顾客关系管理、市场需求预测等。ERP 是将供应商、制造厂、分销商和顾客形成一个供应链，在供应链上不仅有物资流、资金流和信息流在流动，同时还存在工作流和增值流。物资、资金和信息本身是不会流动和增值的，只有通过企业的业务活动（工作流），才能使物资、资金和信息流动起来，并不断增值（增值流）。根据这些业务预先设定功能模块、科目和计算方式，利用计算机软件统一计算、统一记录和统一处理，实现物资流、资金流、信息流、工作流和增值流同步。ERP 的作用是为企业提供分析、控制和改进这种增值过程的能力，提高企业核心竞争力、战略优势和长期效益。

ERP 是一个通用的管理工具，ERP 能否成功的前提是企业有没有系统化的管理思想和信息化的技术基础。企业应在分析原有经营战略与业务流程的利弊之后，开展业务流程重组（BPR）。业务流程重组包括引进先进的企业管理理念、组织结构和运作方式。ERP 的设计是针对优化的业务流程，而不是企业旧的组织机构和运作方式来完成。不经过优化业务流程 BPR，就没有 ERP 的有效性和效率。另外，ERP 是在建立在信息技术基础上的，需要有信息化的硬件和软件的支持。

(4) CRM (Customer Relationship Management) 客户关系管理。

CRM (Customer Relationship Management) 客户关系管理是企业经营管理的重要革新，从以内部管理为主扩展到以客户为关注焦点，它不仅与质量管理结合得更紧密，而且也是质量经营的一部分。客户关系管理是采用信息技术使市场营销、销售管理和客户管理等信息及时和充分地交流，有效地利用市场和客户信息资源进行经营的系统。

客户关系管理的内涵主要在于以客户为中心，将客户看成重要的资源，将它利用于设计开发、生产制造、销售和服务的全流程。客户关系管理可以跟踪和记录客户的详细情况，包括客户信息、销售信息、售后服务信息等，通过这些信息与企业内部信息的集中管理，满足客户个性化或差异化需求，完善企业内部组织结构、加速设计和开发创新，规范生产和管理过程，提高产品和服务水平，稳定老客户，开发新客户，实现客户管理、时间管理、销售管理、价格管理、电子商务和相关方管理，并具有对市场预测和分析等功能，从而对销售活动进行动态控制，增强企业竞争力。国内已经有些钢铁企业采用客户关系管理，并建立了以客户为中心的信息系统，让客户可以随时查询其合同或订单中的产品处于什么状态，是在生产过程中，还是在仓库存放，还是已经运出交付。

(5) SCM (Supply Chain Management) 供应链管理。

SCM (Supply Chain Management) 供应链管理主要是通过信息技术，对供应各个环节中的各种物料、资金、信息等资源进行管理、控制与利用，实现对客户、中间商、生产厂、原料供应商的全部供应过程的整体功能进行管理。

供应链管理的主要内涵是以链的形式将原材料供应商、生产企业、中间商和客户连接在一起，以供应链为核心，对物流、信息流、资金流、价值流、工作流进行管理与控制，目的在于建立企业和客户间供、产、销的战略合作伙伴关系，最大限度地减少供应成本，提高供应效率，实现供应链整体效益最优化。供应链管理有利于加强与供应商的集成，实现企业、供应商、重要客户之间信息共享，优势互补，共担风险和长期合作。

在 ERP、CRM 和 SCM 系统中有许多相同、相似或相近的功能，例如客户管理、订单管理、采购管理、生产管理、产品管理、人力资源管理、财务与成本管理、销售与营销管理、售后服务管理和决策支持管理等，为了做到信息共享和系统优化，应尽可能将ERP、CRM和SCM系统进行整合。整合的方法可以根据企业实际进行选择，例如采用兼容的中间件技术、在整合系统的服务器间建立数据同步复制功能或对整合系统进行修改，或在原有的基础上增设模块或进行二次开发等。

（6）EMS（Energy Management System）能源管理系统。

EMS（Energy Management System）能源管理系统是利用计算机技术、网络信息技术、控制理论和人工智能等对能源的采购、生产、转换、分配和利用进行管控。由于钢铁企业能源介质品种多，生产流程连续复杂，设备大型化自动化程度高，对能源质量要求不断提高。钢铁企业的能源管理是一项非常复杂的系统，采用计算机技术和信息化技术建立能源管理中心，可对传统的能源系统管理进行改造和优化，将过去条块分割的管理转化为集中一贯式管理。可以减少管理层次与环节，优化能源管理流程，提高生产效率，降低能源管理成本。如果遇到故障，可以立即响应应对。另外对能源信息会及时采集和处理，对能源设备会全面监视与控制，不仅对信息进行归档和处理，并能利用屏幕显示，实现可视化。

15.3 信息化管理与质量经营的关系

信息化管理对提高产品质量、降低生产成本、缩短生产周期、加速资金流动、节能减排和满足客户要求具有重要作用。CIMS是以产品为中心，实现监控一体化，有助于提高生产效率、改进产品质量、降低生产成本和缩短交付周期。ERP是以资源为中心，使物流、资金流和信息流同步，有利于资源优化配置、资金有效利用、信息及时传递与交流，可以提高企业的经营效益。CRM是以客户为中心，明确顾客需求、推进技术创新和提供个性化和差异化产品，提高企业竞争力。SCM是以供应链为中心，优化供方-组织-客户流程，有助于建立战略合作伙伴关系。CIMS和ERP偏重企业内部管理，CRM和SCM将内部管理与外部关系相结合，不仅为质量经营提供全面信息，而且有助于合理利用资源、优化过程管理和及时监测绩效，提高经营管理业绩。

今后，钢铁行业的信息化管理一定要进一步与生产过程自动化和管理过程的现代化相结合，使信息化为企业的全过程服务，包括产、供、销和人、财、物，形成系统化的管理。例如，将电子商务与企业的供销系统和ERP系统相融合，从合同评审到产品交付全过程实现数字化管理。国外企业把战略决策、过程管理、现场信息、经营动向、部门之间沟通以及经营业绩全部实现数字化和可视化，并建立经营业绩评价模型，每天员工都可以从视屏上看到企业的生产经营状况，并显示系统中各种因素的影响，从而得到及时信息和进行自动控制。即使遇到风险，也有应急准备和响应机制。

质量经营不仅要求各个部门和各个过程以标准化的管理达到预定的目标和完成规定的任务，而且还要求所有部门和过程相互沟通和密切配合，使人、机、料、法、环等得到科学有效的管理，保证整个经营体系的质量满足发展战略和规划的要求。质量经营还强调企业与市场、顾客、供方和其他相关方的沟通与交流，使企业在战略决策、市场定位、物流配送、原料供应、资金管控、产品开发、技术创新等方面能够正确策划、规范实行、及时反馈和持续发展，信息化管理不仅能够为质量经营提供信息与分析，而且能够支持领导决策和经营运行，使经营管理智能化、自动化、网络化和可视化，提高经营质量，实现名副其实的质量经营。

第16章

监视测量和数据分析

GB/T19001：2008《质量管理体系 要求》的第 8 章 8.2 监视和测量中包括对顾客满意、体系、过程和产品的监视和测量。对顾客满意的监视和测量采取顾客满意度调查和分析，判断顾客满意与不满意；对管理体系的评价是采取内审、外审和管理评审的方法判断质量管理体系是否符合标准要求和策划安排；对过程的评价采取过程方法判断各项管理过程是否符合质量目标要求。评价的内容是：是否符合标准要求进行策划，是否按策划实施，是否按要求进行检查分析，是否根据分析进行改进。具体来说，评价与判断过程是否予以识别和适当确定，职责是否予以分配，程序是否被实施和保持和过程是否有效。对产品的评价采取检验和试验的方法判断产品是否合格。判断质量管理体系的符合性和持续改进质量管理体系的有效性，包括对统计技术在内的适用方法及其应用。

质量经营也要求企业的经营业绩进行监视和测量。除了对顾客满意、体系、过程和产品的监视和测量外，也重视员工满意度和质量经营度的评价。

16.1 监视和测量

16.1.1 "顾客满意"

"顾客满意"的监视和测量列为首项是因为它是企业经营的"晴雨表"。

很多企业为了向认证机构提供质量管理体系符合性证据，制订了"顾客满意"监测程序，并将"顾客满意"量化为"顾客满意度"，以表示不仅符合质量管理体系标准的要求，而且"顾客满意度"逐年提高，具有持续改进的表现。

"顾客满意"并不只限于是顾客对组织提供的产品或服务是否满意的一种反映，更重要的是对质量管理体系绩效的一种评价。确定获取和利用这种信息，不仅应重视监测方法，更应重视监测的内容和结果。不应只局限于从提供的产品或服务来进行“顾客满意度”调查，还应根据用户意见调查、流失业务分析、顾客赞扬、投诉、索赔和经销商报告之类的信息，构成企业经营的“晴雨表”。为此，应对“顾客满意”进行正确的和完整的理解。

为了满足顾客需求，企业应推进顾客满意活动。推进顾客满意活动一般包括以下内容：

（1）提供满意的产品或服务。优质的产品和良好的服务是赢得顾客满意的基本条件。首先，企业营销人员必须通过了解顾客需求，确定顾客满意的产品或服务；然后设计和开发与生产并提供顾客满意的产品和服务。

（2）提供增值的产品和服务。在提供某种产品或服务的基础上，企业如果能够提供使顾客增值的产品或服务，既可以使顾客获得更好的经济效益，赢得顾客的满意和信任，又可以与顾客建立长期合作、互利共赢的战略伙伴关系。

（3）提供沟通信息渠道。提供沟通信息渠道是顾客满意的重要组成部分。建立顾客关系管理系统，是企业实施质量经营的重要内容之一，包括CRM 系统，可以有效地把各个渠道传来的顾客信息集中在一个数据库中，公司各个部门共享顾客资料数据库。同时，顾客也可以通过 CRM系统了解他们的订货，在企业中生产和提供的情况。既有利于赢得顾客信任和稳定顾客关系，又有助于构建顾客与企业之间的牢固关系。

（4）加强和巩固顾客关系。加强和巩固顾客关系，除了不断地提高产品和服务质量外，还应明确顾客，特别是关键顾客查询信息、交易和投诉的主要方式，明确处理投诉的过程和职责，建立顾客关系的定期评价方法等，以便增加顾客重复购买的频次和数量。另外，企业给予关键顾客以优惠和奖励，提供产品最新信息，定期举办沟通活动，加深与顾客的感情和信任，密切双方关系。

“顾客满意”不应只监测满意信息，更应监测不满意信息。顾客对组织提供的产品或服务，满意和不满意是同时存在的。只了解满意或满意度，不了解产品或服务存在的缺陷和不足，是不可能获得产品或服务持续改进的信息的。顾客不提出不满意也并不意味产品或服务质量没有问题。在“顾客满意”的监测过程中，如何能够了解到顾客不满意是非常重要的。顾客不满意并不完全等于产品或服务质量下降了，有可能是顾客要求有变化或者竞争对手的产品或服务质量提高了，如果不能及时了解这种信息，就会影响组织的竞争力。

“顾客满意”不应只从满足产品标准角度进行监测，更重要的是应从满足顾客隐含的或潜在的要求出发进行评价。国家标准是通用的和共性的准则，即使满足国家标准要求，产品的实物质量与顾客的特性化需求仍会存在一定的差距。为了提高顾客满意度，在订货时不应只以国家标准为依据，而主要是以满足顾客隐含的或潜在的个性化要求为目标，在顾客使用过程中达到增值的效果，从而在市场竞争中既赢得了顾客满意，又建立了本企业的品牌。

“顾客满意”不应只从满足当前需求出发，更重要的是应了解顾客对未来的要求。“顾客满意”不只是对已交付的产品或服务的评价，同时也有可能提供未来的需求信息。这些信息为组织今后产品或服务设计和开发过程提供了重要输入，是技术创新的动力。

“顾客满意”不应只监测中间环节，更重要的是应监测最终用户。目前不少钢铁企业的“顾客满意”的信息是从钢材经销商那里收集的，未必全部真实可靠。原因在于有些钢材经销商也不一定清楚终端用户的使用情况；另外，为了维持经销关系也未必能够如实反映问题。到钢材终端用户去了解产品或服务是否能够满足顾客增值要求，才能真实地反映顾客满意什么，不满意什么，才能有的放矢地去改进。有的钢铁企业为了满足顾客需求，到使用钢材的现场跟踪了解应如何进一步改进钢材质量，把“不满意”转化为“满意”。图 16-1 是顾客满意信息的类别和作用，从中可以看出，了解顾客满意

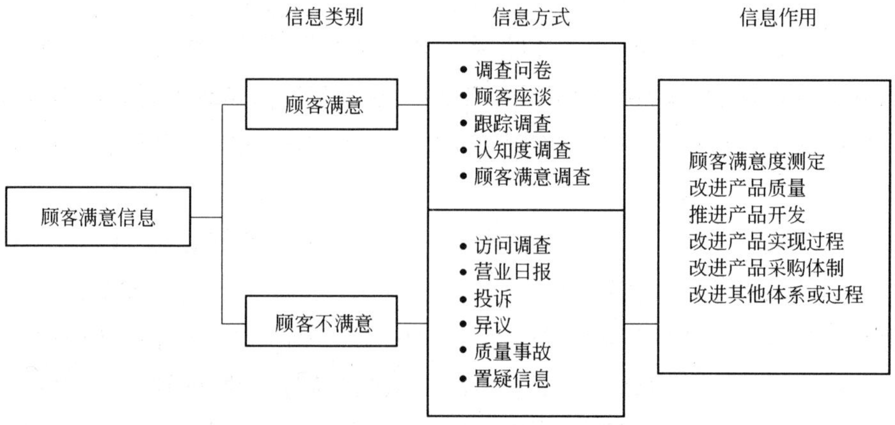

图 16-1 顾客满意信息的类别和作用

和不满意的方法也是不同的。例如采购不良产品的顾客直接投诉比调查问卷更及时和更直接。同样，采购了满意产品的顾客信息，不一定在投诉中心获得，用调查问卷更适合。

“顾客满意”不应只从狭义质量概念上来衡量，更重要的是应从组织的经营战略上来思考。现在多数钢铁企业的“顾客满意”调查内容是征求顾客对钢材化学成分、力学性能、表面质量、包装交付和异议处理等方面的意见。采用这些内容来监测“顾客满意”是低层次的，只能表示组织对顾客要求的符合性对应。高层次的监测内容应了解产品或服务对不同顾客的增值效应。同样的产品或服务提供给不同的顾客很可能要求具有不同的特性。了解和满足顾客的个性化和差异化需求，应是组织的经营战略。“顾客满意”的监视和测量是企业生产经营的“晴雨表”，顾客关系管理（CRM）应向顾客满意经营（CSM）转移和提升。表16-1是顾客满意度与企业质量经营的关系。

表16-1　顾客满意度与企业质量经营的关系

顾客满意度	信息传递方式	质量经营绩效
超过顾客要求	顾客满意度调查	扩大顾客范围
超过竞争对手水平	顾客满意度调查	提高产品形象和市场竞争力
满足顾客要求	顾客满意度调查	增加回头客，提高销售率
顾客不满意	质量异议或投诉	质量投诉多，质量成本提高
顾客不信任	退货或赔款	质量事故多，销售成本提高

16.1.2　质量管理体系评价

审核是质量管理体系的监视和测量的手段，也是对质量管理体系的运行评价。通过审核应向管理者提供有关质量管理体系的有用的信息，为管理者决策和管理提供参考。不论是内部审核或外部审核都应是客观的、独立的和系统的，但审核是授权的。对审核应进行策划和管理，以保证有效性和可信性。在审核过程应用规定的方法和技术审核，以保证审核的一致性。在审核前应预先界定审核范围、目的和审核准则，审核组组长和成员应具有较高的审核能力和适当的专业水平来执行审核任务。审核组成员应具有正确的意识和遵守规定的道德规范，特别是审核应具有保密性，审核员应当承诺保守秘密。

应根据审核的类型、时间和频次、经营类型、审核活动的性质、标准、法律法规和其他审核准则、上一次审核项目的结果以及相关方的影响等确定审核范围。为了提高审核效率，审核前应确定审核项目的权限、目的和范围，明确管理审核项目的责任、资源和程序、审核包括哪些项目、如何监测和评审。在审核过程中应保存记录。内审的权限和职责一般由最高管理者授予，而外审是由认证机构授权的，但均应与受审核方协商后确定。审核组由熟悉审核和管理技能的审核组长负责。审核组应明确和提供审核活动所需要的资源。

在现场审核时，对管理职责和资源管理（除管理者），尽可能与产品实现过程同时审核。产品实现过程应以与顾客有关的过程为起点，按顾客要求→产品实现过程的策划→设计和开发→采购→生产和服务提供过程→监视和测量装置的控制顺序进行审核。测量、分析和改进也应尽可能与产品实现过程同时审核；质量目标和持续改进是所有过程和单位必查的内容。为了提高审核的有效性，在审核设计和开发、生产和服务提供过程和产品的监视和测量过程时，应尽可能安排具有专业能力的人员。

在审核活动中应根据审核准则收集证据以产生审核发现，审核发现可以是合格或不合格。在审核的适当阶段，特别是在与受审核方召开末次会议之前，审核组应对审核发现进行评价。审核组长主持的末次会议的目的是提供审核发现和结论。审核报告应是审核过程总结，在商定的时间内发布。受审核方负责对不符合项采取纠正的措施。纠正措施及其后的跟踪活动，应在协商的期限内完成。受审核方应将纠正措施活动通报给审核方。纠正措施应根据程序进行验证。

管理评审是最高管理者对照质量方针和质量目标、定期地和系统地评价质量管理体系的适宜性、充分性、有效性和效率。管理评审可包括考虑是否需要修改质量方针和质量目标，以适应相关方需求和期望的变化，也包括确定是否对发现的问题采取措施。审核报告与其他信息源，主要包括来自顾客、产品和过程与体系以及其他相关方的信息，一同用于质量管理体系的评价。

16.1.3 过程的监视和测量

为了使企业的经营有效运行，必须确定和管理众多相互关联的活动。通过使用资源和管理，将输入转化为输出的一项或一组活动，可以视为一个过程。通常，一个过程的输出直接形成下一个过程的输入。系统地识别和控制组织所应用的过程，特别是这些过程之间的相互作用，应按过程方法控制、监视和测量（图16-2）。

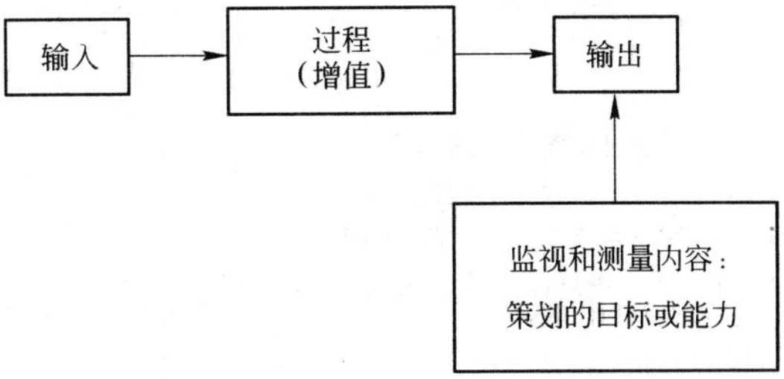

图16-2 过程监视和测量示意图

产品实现过程的输出是产品，但是为了满足客户要求，不仅仅是满足客户对产品质量的要求，还应包括交付期、成本和安全等要求。将与此有关的过程全部进行控制，就是系统管理方法。按系统管理就必须对与产品要求有关的所有过程进行控制、监视和测量。这也是质量经营关注的重点。管理过程是策划(Plan)-实施(Do)-检查(Check)-改进(Action)循环过程，对任何过程均存在监视和测量的工作。监视和测量过程就是PDCA中的C。

过程的监视和测量首先必须明确监视和测量的对象是什么，其次再确定监视和测量方法，然后再分析监视和测量的结果是否达到了策划的能力。

从图16-3可以看出，质量管理体系中任何过程均与产品质量有关，对过程监视和测量的主要目的是实现方针目标和生产满足客户要求的产品。监视和测量的对象和项目与监视和测量过程的特性有关，监视和测量的方法与监视和测量的对象和项目有关，对监视和测量结果的判断与监视和测量的对象和项目的标准或准则有关。过程的监视和测量是所有过程的PDCA循环的C过程。例如采购过程，如表16-2所示。

表16-2 采购过程的监视和测量

过 程	主要工作	目标、指标或标准	监视测量项目	监视测量方法	记 录
采购过程	对供方评价和选择	对供方评价和选择准则	进货验证情况（质量、价格、交付期等）	按月进行验证	评价和选择记录合格供方名单
	采购合同管理	采购控制程序或采购管理办法	（1）提出采购的要求是否适当？ （2）供方能力如何？	按批进行检验	采购产品进厂验收记录

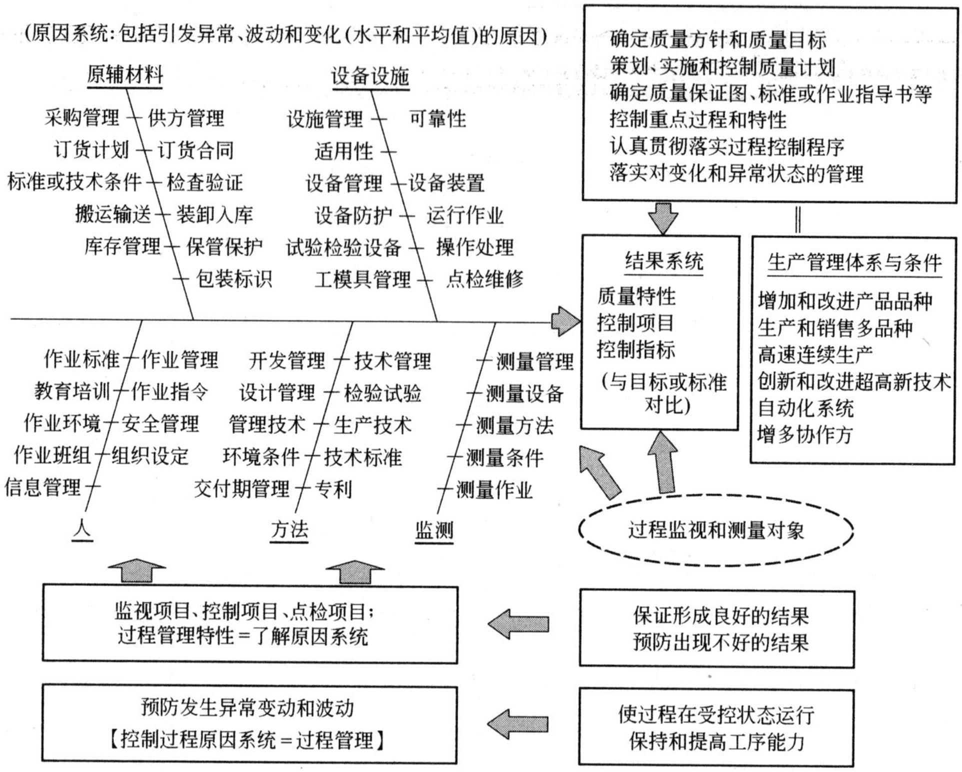

图 16-3　过程的监视和测量

(引自《クオリテイマネジメント》，2005，56(9)：46)

16.1.4　产品的监视和测量

为了证明产品符合要求，必须进行监视和测量。在生产过程的哪个阶段和对哪些产品进行监视和测量，由顾客要求、产品标准和操作规程的策划来确定。所有产品的监视和测量必须做到结果有记录，判定有准则，放行有授权。没有来得及完成监视和测量的产品必须得到顾客同意才可以交付，没有来得及完成监视和测量的半成品必须得到下工序同意才可以转序。应当说这是质量保证的基本点或原点，也是质量经营的重点。

随着技术进步和经济发展，各行各业对产品的要求越来越高，越来越严，相应地质量保证的概念也越来越被提升和拓宽。过去出厂的产品在交付时，如果有上述监视和测量的结果和质量保证书，就认为符合要求和有质量保证了。现在有些行业和顾客不仅要求产品在交付时有监视和测量的结果和售后服务的承诺保证，而且还要求产品在整个使用过程中满足使用功能和寿命要求，甚至在整个寿命周期不应对环境造成危害，能够实现再利用和再循环。

钢铁产品也是如此，仅仅用产品的监视和测量结果是不够的，必须关注质量保证的其他方面的要求。也就是说，质量和质量保证的概念扩大了。质量保证不仅应保证符合性，还应保证稳定性、持续性和可靠性。顾客对产品质量的信任不仅来自产品的监视和测量结果，更重要的是关注产品的生产过程、设计和开发过程，甚至从企业的经营理念、企业文化和社会责任等方面来选择和评价产品。

尽管如此，产品的监视和测量仍然是当前质量保证的主要表现形式。为了满足顾客要求，并赢得顾客信任，必须认真策划和严格控制产品的监视和测量过程。仅仅达到结果有记录，判定有准则，放行有授权是不够的。随着顾客要求的多样化和高档化，产品的监视和测量过程应考虑以下几个问题并加以改进和提高。

（1）根据顾客的质量要求和产品的实际水平来确定监视和测量的项目和内容，包括进货、半成品、成品和交付的检验和试验，是全数、抽样、$n=1$或免检等。如果是抽样，应明确抽样的数量和部位。钢铁产品标准只规定了成品的检验和试验，没有对进货和半成品的检验和试验做出规定，为了提高产品的监视和测量在质量保证方面的作用，应策划和控制对进货（原料）、过程（半成品）的检验和试验。有部分企业对半成品的检验和试验并不严格，甚至不能做到结果有记录，判定有准则，放行有授权。

（2）主要原材料和辅助材料一般有进货验收和使用前分析检验。进货验收属于采购控制。使用前分析检验属于产品的监视和测量。有些原材料的进货验收不能替代使用前的分析检验。不仅因为原材料（包括焦煤、铁矿石、铁合金等）的贮存和运送会发生质量变化，而且不同供方和批次也会引起原材料的波动，所以在使用前应对原材料和辅助材料进行分析检验。如果原材料质量发生变化可以及时采取应对措施，保证半成品和成品的质量。特别是在对钢材中某些元素的当量和有害元素进行控制时，使用前的分析检验和过程分析是不可缺少的。

（3）半成品的监视和测量具有产品生产过程控制和质量保证双重作用。产品的生产过程控制包括产品特性和过程参数的监测。半成品的监视和测量在一定程度上反映出生产过程的受控程度和水平，为工序能力指数提供量化的信息。对半成品监视和测量的策划和实施（包括取样部位和数量，分析检验的对象和结果）是非常重要的质量保证活动。如果半成品不合格，必然会影响成品的质量。如果质量目标是“零缺陷”，必须对半成品进行监视和测量。大规模和自动化的钢铁工业生产线具有日益完备的在线检测装置，但是对关键的工序进行人工抽检验证仍然是不可少的。

（4）强化对新产品的监视和测量，特别是设计和开发过程的新产品质量不够稳定，应策划和实施有效的检验和试验方法和程序。尽可能在评审和验证阶段提供充分的质量保证证据。新产品的设计和开发的输出不仅应包括产品特性（产品标准）和过程参数（操作规程），也应包括产品的监视和测量（检验和试验规程）。现在有的企业把新产品试制只看成是提高经济效益的措施之一，提供了产品后对能够形成操作规程和检验和试验规程的信息没有作为设计和开发的输出进行管理，不利于产品监视和测量过程的提升。

（5）既要充分利用仪器设备的效率，也要重视人工技能在产品检验和试验中的作用。在钢铁产品大批量生产过程中进行成分分析和性能检测时，仪器设备起到了十分重要的作用；但是对产品的表面质量，无损探伤也很难完全替代人工的目视检验。也就是说，仪器设备对测量（或试验）有效，而人工技能对监视（或检验）有用。即使在生产过程设置了自动检测装置，有些产品在成品和交付检验时，人工的检验也不可缺少。为了提高质量、保证能力，应重视人工检验技能的培养和传承。对监视和测量人员来说，能力要求和培训应以提高技能为主，并设置资格认可和等级要求。

（6）判断有准则、操作有规程应是产品监视和测量的主要管理内容。判断准则有国家标准和企业标准两大类。如果企业标准只做内控，国家标准才是准则的话，产品的差异化就是一句空话。只有在是否合格的判断准则中具有针对顾客个性化要求的内容，才能体现企业产品的品牌水平。产品的监视和测量过程也需要受控，操作规程应属于受控的程序。操作程序不仅应包括组批、取样、检验和试验程序，还应规定数据处理和分析，不仅应记录检验和试验结果，还应根据判定准则做出是否合格的结论。合格品由授权人签字交付，不合格品转入不合格品原因分析和处置程序。

（7）产品的监视和测量过程必须有适宜的分析仪器和检验设备，资源配置合理，检定校准合规，标准物质齐全，维护检修及时。多数企业将监视和测量设备的控制规定交由计量部门负责，其实这种职能分工不一定合适。因为监视和测量设备控制的过程不仅仅是检定和校准，最重要的是规定产品的监视和测量活动，用什么样的设备和方法，监测产品的哪些特性，并规定监测的范围和精度等，这些显然是产品检验和试验部门的工作。计量部门只应负责监视和测量设备的量值传递和数据溯源。

（8）产品的监视和测量也是一个过程，对该过程应如何评价？有不少企业对从事该项工作的部门（技术中心或质量处）按产品合格率进行考核，显然是不合适的。合格率是生产出来的，不是检验出来的。产品的监视和测量部门应将不漏检和不误判作为目标。只有做到漏检率为零，误判率为零，才能赢得顾客的信任，增强企业的信心，才能提升质量保证的水平。

（9）关于产品监视和测量的管理体制问题，各企业应根据实际情况确定，没有统一的模式。有的企业将产品的检验和试验、判定和放行交由质量管理（或监督）部门执行，有的企业下放到生产部门自行检验和试验，最后由销售部门开具质保书。如果生产现场的员工质量意识不强，自动检测手段不全，下放到生产部门自行检验和试验，就难于赢得顾客的信任。例如，核电工业用户要求供货钢铁企业必须有质量保证部门，并对产品质量进行监测。有的企业用经济责任制来控制产品的监视和测量工作，但最根本的动力在于顾客意识。只有认识到向顾客提供可靠的和增值的产品是企业生存发展的关键，也是必尽的社会责任，才能精心地做好产品的监视和测量工作。

16.2　质量信息和数据分析

16.2.1　质量信息的组成

质量信息主要包括来自顾客、供方、体系、过程和产品监视和测量的信息。

来自顾客的信息不仅仅包括顾客满意度、质量异议、顾客投诉、质量索赔、产品退货等，企业应当从顾客那里收集更多的信息和数据，例如对产品的进一步要求、订货合同的增减、顾客经营发展状况、市场动态和竞争对手的相关信息等。

来自供方的信息也不仅限于进货不合格率、外包的不合格率、采购产品质量稳定程度、不同供方提供同一产品的质量差异、供方对质量异议处理的情况等，也应包括供方的技术水平和发展动态。

来自体系的信息除内审和外审报告（包括不符合项数量、性质和分布）外，对质量经营的过程，包括领导作用、人力资源、质量成本、经济效益、环境保护、安全生产和社会责任等信息都应进行收集和分析。

来自产品的信息不仅包括合格率，还应包括不合格品数量、性质、发生的工序（进货、过程、检验、交付或退货）和采取的措施以及措施的效果，还应了解客户在使用过程的信息以及竞争对手同样产品的水平等。

来自过程的信息，包括销售、采购、生产、检验、计量、设备、财务和培训等方面的信息，例如市场占有率、产品产销率、产品库存、销售价格、采购成本、生产计划完成率、检验有无漏检和错判、计量配置和检定、设备状态、检修计划、检修前后产品质量变化、产品成本、质量成本、人员资格和培训等信息。

16.2.2 质量信息的获取和传递

这些信息应规定获取单位和获取方式以及传递的路线，使所获取的信息能够及时地为有关部门所利用。例如图 16-4 是来自顾客的投诉信息的获取和传递示意图。当销售部门接到顾客投诉时，应向质量部门传递，质量部门除

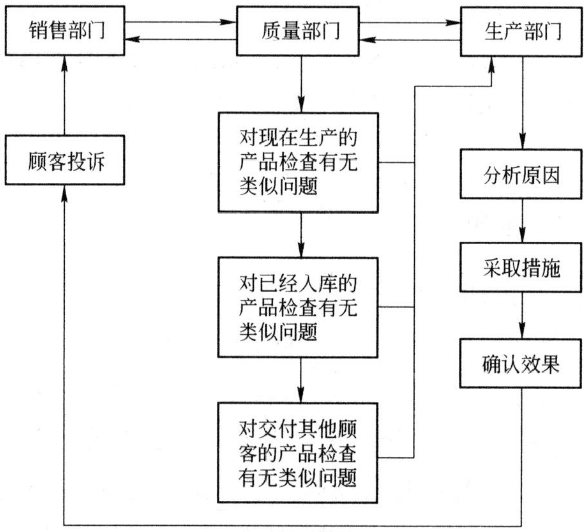

图 16-4 来自顾客的投诉信息的获取和传递示意图

向生产部门反映，让生产部门分析原因、采取纠正措施外，还应对现在生产的、已经入库的和交付给其他顾客的产品有无类似问题进行确认，如果也有类似问题，也应提出让生产部门分析原因、采取纠正措施。又如图16-5所示，当收集到竞争对手的产品水平超过本企业产品水平时，对这一信息应当进行比较、分析，找出差距，提出措施，改进和提高本企业的产品水平。

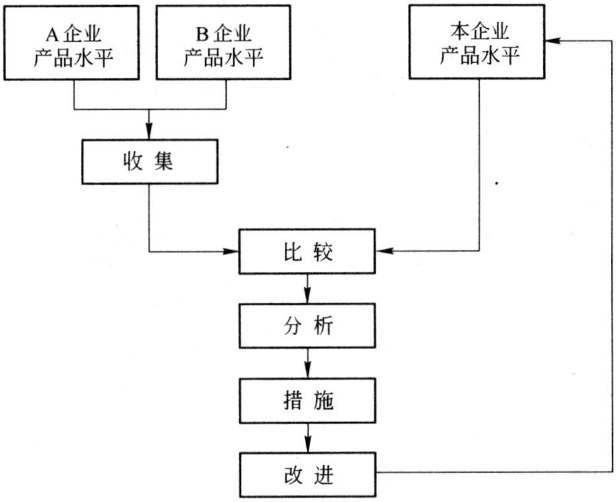

图16-5 收集和分析竞争对手产品水平和提高本企业产品水平示意图

数据的收集和传递应注意分析数据的准确性、真实性。同时也应发现这些数据对本企业是否适用，数据是否完整。必要时应进行分类、核对、选择和加工。在传递时应特别注意遵守程序，保证合法和及时。对信息的反馈应加以协调和处理。

16.2.3 数据分析对象和方法

数据分析首先应识别信息需求，为收集和分析数据提供目标和要求，并确定收集数据的内容、途径和方法。ISO9000标准要求分析来自4个方面的数据（包括资料），即来自顾客的信息（满意或不满意）、来自体系的信息（内审资料）、来自产品的信息（产品质量趋势）和来自过程的信息（过程的趋势）。但是，多数企业把数据分析简单化了。顾客的信息只考虑顾客满意度调查、测量和分析，体系的信息只考虑内审报告，产品的信息只考虑合格率，过程的信息基本是没有量化的数据信息。质量经营对数据分析和统计技术提出更高的要求。除上述信息外，还应对资源信息、采购和销售信息、成本和利润信息、环境和安全信息等进行收集和分析。系统的数据分析应可以判断企业的质量经营的问题和改进的方向，甚至可以为采取改进措施和技术创新提供依据。

数据分析一般采用统计技术作为工具。统计技术是以概率论和数理统计为理论基础的应用数学的一个分支，是研究随机现象中确定的统计规律的学科。确定现象：当给定一组条件时所发生的结果是确定的现象叫做确定现象；当给定一组条件时所发生的结果是不确定的现象叫做随机现象。质量特性是随机现象，但这种随机在一定范围内服从确定的统计规律——概率分布。统计技术又分为：统计抽样技术、统计过程控制技术和统计实验设计技术。

（1）统计抽样检验技术是在产品批量较大或需进行破坏性检验而无法全检的情况下使用的一种统计技术。通过对样本数据的统计计算和分析，预测尚未发生的事件和对总体质量水平进行推断，为质量问题的解决提供事实依据。方法本身并不能减少波动。其目的是确保抽样的正确性和样本的代表性。

（2）统计过程控制技术是区分生产过程产品质量受何种因素影响的一种统计方法，包括新老 7 种工具、方差分析、回归分析、时间序列分析等。通过对样本数据的统计计算和分析，判断过程的稳定状态，识别波动因素，为采取措施消除过程中的异常因素、保证质量特性的分布处于稳定受控状态提供事实依据。

（3）统计实验设计技术是在统计过程控制的基础上，通过调整设计和工艺参数使质量特性波动进一步减小的方法。在实际生产中，加工质量除受一些可控因素影响外，还受加工技术的影响，特别是工艺方法、工艺参数和加工设备等，而且这些因素对加工质量的影响很难通过对加工过程的控制来消除，只能通过改进技术，特别是改进工艺和设备来实现。统计实验设计技术提供了一种将技术改进与质量工作相结合的方法，包括正交设计、均匀设计、三元设计（系统设计、参数设计、容差设计）等。

统计控制技术的上述 3 个基本方法和工具的内容不能互相代替，在使用中只有有机地结合在一起，才能形成一个有效的质量改进过程。将收集到的数据通过整理和分析转化为有用的信息。

表 16-3 是 ISO 推荐的质量管理体系中适用的统计技术。但是从我国钢铁工业的实际情况出发，不宜选择非常复杂的统计技术，一般的统计方法就足够了。

表 16-3 ISO 推荐采用的统计技术

ISO 条款	使用统计技术的目的	适用的统计技术
管理评审	按照质量方针目标对组织的体系运行给予量化评价	统计描述、抽样、SPC 控制图等
合同评审	对合同或订单进行统计分析以确定是否有能力满足要求	过程能力分析、可靠性分析等
设计输入	识别并评审输入的适宜性	统计描述、假设检验、过程能力分析、可靠性分析等
设计输出	评定设计输出是否满足输入要求	统计描述、假设检验、回归分析、可靠性分析等
设计验证与确认	确保设计符合规定要求和用户使用要求	过程能力分析、假设检验回归分析、可靠性分析等
纠正措施	评定对顾客投诉及不合格品报告处理过程的有效性，分析不合格与产品、过程或质量体系有关的原因，确认纠正措施的有效性	统计描述、假设检验、回归可靠性分析、抽样、时间序列分析、SPC 控制图等
预防措施	对实际或潜在的不合格的相关产品或过程的数据进行归纳和分析，确保预防措施的有效性	统计描述、实验设计、假设检验、回归分析、可靠性分析、抽样、SPC 控制图
另外，在监视、测量、过程控制、贮存、包装、防护、交付、内部质量审核、顾客满意度调查等工作中大量使用统计技术		

我国钢铁企业在信息化和自动化过程中陆续将质量数据纳入信息化管理，并与自动化过程对接。但是多数企业在每月生产统计报表中包括有产品质量的信息，例如合格率、成材率、不合格品率或废品率等。但是，这些数据远远满足不了质量经营的分析和决策的要求。

16.2.4 数据分析的作用

从数据分析中我们可以了解产品、过程和体系的动态，有助于找出差距进行改进，没有数据和数据分析，改进是盲目和缺乏针对性的。特别是在现状分析中，数据分析能够发挥重要作用。

（1）提供产品质量特性的数据。数据分析能够为产品的质量特性提供数据，来证实产品是否符合要求。为了分析产品特性，不仅要求有特性数据，还必须有判定准则（产品标准），对比后才能做出结论。只有符合要求并由授权者签字才能向客户交付。

（2）研究质量特性值分布规律。数据分析能够为产品质量特性的分布规律做出分析，如果只提供符合或不符合的数据，而对产品质量的现状和趋势不能做出分析，则是对数据资源的一大浪费。例如，利用正交设计寻找合金设计的最佳成分和性能，比“炒菜法”科学有效。

（3）掌握质量经营管理的状况。通过来自客户的信息和分析，可以掌握客户的满意度、市场占有率和质量经营状况，包括合同和客户的变化，为改进质量经营提供依据。通过供方的信息可以了解原辅材料供应情况和成本趋势。

（4）分析质量变化趋势和原因。在生产现场利用直方图或控制图可以分析产品质量变化趋势，利用因果图能够找到变化的原因，为稳定或提高产品质量提供科学依据。特别是对质量控制点，数据采集和分析非常重要。

（5）研究抽样及检验试验方案。如果检验是破坏性的，检验的对象是连续性的，产品数量、项目和费用比较多，利用抽样及试验方案比较适宜，但也必须规定样本量、试验方案和判定准则。每一个抽样方案对应一个OC曲线。

（6）研究各种策划原理和方法。策划是质量经营的重要组成阶段，策划不仅提出目标，也需要收集信息进行分析和预测，然后才能确定方案和对策。统计描述、假设检验、回归可靠性分析、抽样、时间序列分析、SPC控制图等均有助于策划过程的研究。

数据也是审核和评审的基础，通过数据分析可以判断过程和体系的运行水平，并发现改进的空间。通过数据分析为考核与奖惩提供了客观的依据，有利于提高员工的积极性和创造性。

目前有不少企业采用标杆管理（Benchmarking）收集竞争对手的数据进行分析，对照最强的竞争对手与本组织的产品、服务以及行事方式进行比较，并制订达到或超过竞争对手的目标和计划，提高本组织的竞争力。目前，研究开发机构在数据分析和持续改进方面与生产企业相比，差距很大。原因是多方面的，主要原因是没有把本组织放在企业的位置和竞争的环境中去。市场竞争压力不大，没有深刻感受到管理方面的压力。“科研管理最不科学”的说法不是没有道理的。但是，随着市场经济体制的逐步完善，研究开发的管理也日益重要，作好质量管理是一个起点，是一个从不规范到规范、从符合性到有效性的过渡。因此按质量管理原则办事是关键。

为了正确地进行数据分析，应当策划数据分析的体系，应当收集什么数据，从哪里收集，公开的、秘密的、技术的、经济的、收集到的数据如何处理，应将哪些数据提供给管理者，哪些数据提供给执行者，是否需要公示，是否需要共享，应当通盘策划。不少钢铁企业已经实现物流-资金流-信息流三流同步。产品到哪里、成本数据到哪里、所有的信息（合同号、标准、炉号、批号、牌号、成分、性能、质量、重量、顾客、发货地点等数据）同时到位。如果 ERP 上线的话，整个供应链也在管理范围内。目前有些研究开发单位也有统计报表，多属于财务或劳资方面的数据；涉及产品、过程和体系的质量趋势、供方表现和顾客意见的数据还不多，更不用说完整的信息系统。从这个角度来看，研究开发机构距离质量管理和质量经营的要求还有一定的差距和不小的改进空间。总之，数据分析对质量改进非常重要，但是，有些企业目前没有将这一资源很好地利用起来，心中无数，胆子大、决策失误和浪费惊人的现象仍然不可忽视。

第17章

持续改进

近年来，我国钢铁工业快速发展，装备不断更新，产能不断扩张，10 年间钢产量翻了一番，2003 年钢产量突破 2 亿吨，实现了跨越式发展，2011 年上半年粗钢产量已经超过 3.5 亿吨，成为了世界上第一产钢大国。我国钢铁工业工艺装备的现代化正在变成现实，但是，有了先进的装备，并不等于产品质量也达到了先进水平。我国每年从国外还要进口两三千万吨钢材，就足以说明我国钢铁工业的品种质量同市场需求相比还有明显的差距。原因之一在于我们的质量管理跟不上装备的升级和产能的扩张。不少钢铁企业虽然已经完成 ISO9000 质量管理体系标准认证，但仍存在一些需要改进的问题。

17.1　钢铁行业一些需要改进的问题

（1）“效益第一”淡化了“顾客第一”。办企业必须讲效益，但是顾客毕竟是企业生存发展的前提。在市场形势比较好的时候，有些钢铁企业忘记了“以顾客为关注焦点”的基本原则，甚至失去了诚信。表现在超资源订货，收了顾客的货款，不能按时交付产品，合同兑现率低。有的企业甚至向顾客明示合同兑现率 85%。还有的企业收了顾客采购硬线的预付款，却不安排生产，反而去生产效益更好的产品。顾客多次上门催货，不理睬，不兑现，顾客抱怨颇多。长此下去就会失去顾客，丢掉市场，也就没有了长远效益。

（2）“最低成本”降低了“固有特性”。质量是“一组固有特性满足要求的程度”。降低成本也是企业永恒追求的目标。但是，有些企业用牺牲质量的办法来降低成本，甚至还把这种做法当成一种“成功的模式”，是不可取的。任何一种产品必须具有满足顾客要求的固有特性，而生产这些固有特性必须具有一定的成本。我们应当追求“合理成本”，而不是“最低成本”。过分地降低成本下限，过多地控制负偏差，实际上是降低了产品的实物质量。

（3）“让步接收”形成了“合法程序”。“让步接收”是对使用或放行不符合规定要求的产品的许可，让步通常仅限于在商定的时间或数量内，对具有不合格特性的产品的交付。但是，现在有些企业对不符合规定要求的产品（就是不合格品），包括原材料和半成品的不合格品随意使用或放行，甚至在顾客有质量异议时，也采取让顾客让步接收的办法（包括赔款），形成了一种“合法程序”。特别是目前焦炭、矿石和废钢供应紧张和铁水质量下降的情况下，让步接收使产品的冶金质量存在巨大的潜在危机。

（4）产能扩张缺乏系统优化原则。常常听到这样的口号：“以连铸为中心，以炼钢为基础，以设备为保证。”那么炼铁和轧钢过程是什么？这是一种以产量为核心的高效率生产思想，没有体现产品实现全过程的系统增值和优化原则。在策划扩张产能时只重视主体设备，系统配套不完整，特别是对产品质量有直接影响的设备，例如精炼和精整设备，计量和监测设备，往往被忽视。生产出来的产品不但内部质量有问题，表面质量也很差。市场决定产量和规模，顾客决定品种和质量，以此为输入，按人、机、料、法、环进行系统配套，才能得到满足顾客要求的输出——产品。

（5）缺乏研究开发固有技术的能力。企业的核心竞争力就是企业的固有技术，即“标准 + α”中的α。目前很多企业建立起技术中心，承担着研究开发企业固有技术的工作。但是其中很大一部分没有研究和开发固有技术的能力。最糟糕的是技术中心的牌子挂上了，新产品和新技术没有开发出来，现有的生产技术也没有人管了。有些技术中心只热衷于试制一些具有暂时或局部效益的“新产品”（其实是本企业没有生产过的标准化产品），对现实存在的质量问题和未来的品种开发没有兴趣。即使有些研究开发性质的工作，也没有执行设计和开发程序，没有积累成企业的知识产权，这种倾向必将影响企业的发展后劲。

（6）忽视人力资源的培训增值作用。为了向顾客提供满意的产品和服务，首先必须有能够胜任工作的人力资源。胜任体现在教育、培训、技能、经验和意识等多方面的能力。人才优势是一个群体，并有发挥才干、得到信任和继续增值的机会。有些企业不大注意人力资源经过培训不断增值的作用，所以也就缺乏创新意识和能力。有些企业用高薪挖角别的企业的人才，但是由于缺乏管理和沟通，仅有临时雇佣观念，没有长远打算，也不能形成人才优势。充其量只用了其“存量”的知识，而没有发挥其“增量”的作用。

（7）没有形成持续改进意识和机制。持续改进是质量管理的基本原则，是企业永恒的目标。持续改进是渐进的、循环的和持久的。持续改进支持着产品质量的提高，并具有广泛的群众基础。企业管理者应建立支持持续改进的机制，例如QC小组活动等，利用它来提高满足顾客要求的能力。遗憾的是不少企业对此并不重视，反而热衷于某些管理形式，什么时髦喊什么。一会儿搞5S，一会儿搞6σ，不是这些管理方法不好，而是经常“变调”、不结合企业实际，收效甚微。虽然多数钢铁企业已经完成了ISO9000认证，但只是规范了质量管理体系的基本要求。为了满足顾客要求，适应市场竞争形势，还有很长的路要走，也就是说，应持续改进质量体系，向质量经营方向转移，防止潜在质量危机的发生。

17.2 QC小组活动是持续改进的好形式

17.2.1 QC小组与持续改进的程序一致

持续改进是任何组织的永恒目标，它是一种提高产品或工作质量的渐进的、循环的群众活动。但数据分析和持续改进并不是自发的活动，单位领导和职能部门应当号召和引导员工参与这些活动，并有激励机制或鼓励措施，使其形成一种长效的活动。武钢是由工会组织领导开展这一活动的。宝钢是由管理创新部管理，自主管理性的持续改进活动更加活跃。他们在活动过程中都采用了PDCA循环和统计技术，有相当多的成果解决了降低成本、提高质量、保证安全和保护环境问题，获得了很好的经济效益和社会效益。

在ISO9000：2005质量管理体系-基础和术语的2.9持续改进中明确规定，持续改进包括下述活动：

（1）分析和评价现状以识别改进范围；

（2）设定改进目标；

（3）寻找可能的解决办法以实现这些目标；

（4）评价这些解决办法并做出选择；

（5）实施选定的解决办法；

（6）测量、验证、分析和评价实施的结果以确定这些目标已经满足；

（7）将更改纳入文件。

必要时，对结果进行评审，以确定进一步改进的机会。从这种意义上说，改进是一种持续的活动。

在贯彻实施ISO9001：2008标准的8.5.1持续改进时，按上述PDCA程序进行，质量经营过程的持续改进也应按上述程序进行。

众所周知，在全面质量管理中广泛采用的QC小组活动也是有固定程序的，归纳起来有以下几点：

（1）分析评价现状；

（2）设定改进目标；

（3）分析问题原因；

（4）提出解决办法；

（5）实施选定办法；

（6）评价实施结果；

（7）纳入标准化。

QC小组活动程序与持续改进是相同的，所以说，QC小组活动是进行持续改进的好形式。如果将QC小组活动用于持续改进，有利于将QC小组活动与贯彻实施ISO9000标准结合起来，防止“两层皮”。

为了使QC小组活动与持续改进活动融合得更好，QC小组活动更应注意通过使用质量方针、质量目标、审核结果、数据分析、纠正和预防措施以及管理评审的机会来寻找课题，持续改进质量管理体系的有效性。

17.2.2 QC小组活动本身也在改进

QC小组活动是20世纪60年代在日本企业中兴起的一项群众性的质量管理活动。在20世纪70年代逐步形成了QC小组活动的纲领，即“认识存在价值、尊重工人个性和重视现场管理”的理念。到了20世纪90年代又提出了“使顾客满意、贡献社会和发挥领导作用”的方针。虽然那时的QC小组活动也强调以顾客为关注焦点和领导作用，但仍然没有脱离原有的活动范围。致使发源于日本的QC小组活动处于萎缩状态，企业领导也没有从前那么重视了。后来，日本质量管理界开始调整QC小组的纲领和方针，QC小组活动开始转向与业务工作相结合的方向。从自下而上（bottom up）发展成上下结合（top down and bottom up），进一步又转移到自上而下（top down）的方式进行，小组活动的基本理念也发生了根本变化。从20世纪70年代开始强调“发挥人的能力并启发无限的创造力”；发展到90年代的“对企业的实力的改进和发展做贡献”。因为这些活动对改进和发展企业实力有作用，是培养人才和管理现场的重要活动，除劳动者自身应参加到QC小组活动中去，同时还提出领导也应参加QC小组活动，并指导、鼓励和号召全员参与。目前，日本的QC小组活动虽然没有以前那么活跃，但是却从“重视参与”发展到“重视实效”上来了。于是产生了一种所谓“悬赏型（wanted）”的QC小组，是由企业领导出题目，劳动者进行改进的活动。由于活动本身对企业质量经营有作用，所以企业领导又开始重视并支持QC活动。由此可见，QC小组的活动必须与企业的质量经营实际相结合，否则不可能受到重视，更不可能有发展。

QC小组的活动必须与企业的质量经营实际相结合，不仅是日本QC小组的发展方向，也是中国QC小组必须重视的问题。那么怎么才能使QC小组的活动与企业的质量经营实际相结合呢？我认为在贯彻实施ISO9000标准时，持续改进是与企业质量经营最好的结合点。持续改进与其他质量改进一样，也是致力于增强满足质量要求的能力。如果说纠正措施和预防措施也是质量改进措施的话，那么持续改进比上述这些措施具有更积极的意义。持续改进并不仅仅限于消除已发现的不合格或潜在的不合格，而是针对更高的目标进行改进，而且是循环的活动。即使没有发现显在的或潜在的不合格，也要进行改进。使持续改进成为每一个人的活动，成为企业的永恒目标。在ISO9000标准中规定持续改进包括分析和评价现状、识别改进范围、设定改进目标、寻找可能的解决办法以实现这些目标、评价这些解决办法并做出选择、实施选定的解决办法、测量、验证、分析和评价实施的结果以确定这些目标已经满足和将更改纳入文件等程序。必要时，对结果进行评审，以确定进一步改进的机会。

17.2.3 QC小组活动应与企业实际密切结合

为了使QC小组活动与持续改进活动融合得更好，QC小组活动更应注意通过使用质量方针、质量目标、审核结果、数据分析、纠正和预防措施以及管理评审的机会来寻找课题，持续改进质量管理体系的有效性。目前有些QC小组已经跳出自主管理的小圈子，放眼企业质量经营大局，选择题目，甚至向企业领导“请战”，把企业的难题作为QC小组活动的重点。例如提高产品实物质量、降低质量经营成本、减少和消除安全隐患、治理可能形成的环境污染等，受到了企业领导的重视和支持，使QC小组在企业中的地位有了提高。在我国加入WTO以后，提高企业核心竞争能力成为当前、乃至今后相当长一个时期的关注焦点。核心竞争能力主要表现在技术创新能力上面。QC小组活动不仅应强调参与，更应强调贡献。像过去提倡“技术革新”一样，QC小组应强调出成果，出有水平和有效益的成果。QC小组活动不在于人数和组数多少，关键在于进行什么活动；不在于发表不发表，关键在于发表什么成果；不在于形式，更在于内容，在于给企业质量经营带来实实在在的效果。从某种意义上来讲，这对QC小组活动既是挑战，也是机遇。在当前形势下，必须从为质量经营做贡献的方针出发，利用一切机会，进行持续改进，QC小组才会具有新的生命力。为此，今后的QC小组应围绕企业的质量经营方针和目标，寻找课题，甚至请企业领导出题目，领导“招标”和“悬赏”，QC小组“投标”和“请战”。这样，把QC小组活动与企业的质量经营紧密联系在一起，用持续改进来提高企业质量管理体系和其他管理体系的有效性和效率，QC小组活动一定会有新发展。

17.2.4 QC小组活动需要领导重视和教育培训

为了使QC小组能够充分发挥持续改进的作用，首先企业的领导必须重视QC小组的活动，并给予支持，建立QC小组评价方法，形成一定的激励制度和机制。但是，对我国钢铁企业的QC小组来说，最根本的是坚持“始于教育，终于教育”的问题。日本的质量管理专家石川馨曾经指出，质量管理的四大支柱是教育培训、PDCA、数据说话、QC小组。QC小组活动也要用数据说话，也要采用PDCA，当然更要加强教育和培训。当前，钢铁企业面临新形势和新任务，应为“问题解决型”和“问题创新型”两种QC小组提供规范的活动程序，为QC小组的正确活动和健康发展提供指导性教材和有效性培训。另外，还应对QC小组活动中常用的统计方法，从应用方法到错误分析进行比较详细的介绍，为小组活动提供操作性比较强的指导，推动QC小组的健康发展。

但是，由于企业的情况各异，QC小组的活动内容和形势也会不同。各企业应根据本企业的实际情况，以解决问题和创新发展为目标，从实际出发，以事实为依据，方法越简单越好，程序越方便越好，关键是讲究实效。通过QC小组的活动，为企业的持续改进和技术创新，以及提高核心竞争力贡献力量。

17.3　持续改进的范围应进一步扩大

质量经营与质量管理的区别在于不仅仅局限于产品质量的管理，而应扩大到企业经营管理的所有领域，因此质量经营的持续改进应进一步扩大。宝钢向日本新日铁学习，将 QC 小组活动改为 JK 活动，JK 是日文“自由管理”发音的字头。“自由管理”是以持续改进为永恒目标的，范围不局限于产品质量或质量管理，扩展到保护环境、安全生产、降低成本、现场管理和企业文化等。

（1）质量管理持续改进的重点与企业实际情况有关，可能各有不同，但是也有类似的情况。例如，日本钢铁企业早在 20 世纪 70 年代就提出“废品为零”，而国内企业不仅达不到“废品为零”，而且不少企业还将废品作为“让步接收”产品交付给客户或中间商；很多企业的顾客抱怨钢材表面质量或尺寸公差有问题，但是抱怨持续存在；如何减少废品并达到废品为零的水平仍然是钢铁企业持续改进的主要内容之一。莱钢通过采用钒氮微合金化的 3 种不同的处理方法改进工艺，发现强制穿水冷却工艺，可以获得高强度精轧螺纹钢筋，适合莱钢中小型生产线高强度精轧螺纹钢筋的生产。

（2）节能减排是钢铁企业的社会责任和经营目标，要达到国家法律法规要求也必须进行持续改进。为了降低能源消耗，除节约工序能耗外，回收利用二次能源对钢铁企业来说也是持续改进的课题，既要从设备和技术上采取对策，也应在操作上开展持续改进活动。武钢能源动力公司燃气厂根据气柜的柜位及时调整煤气输送量，控制风机出口管网压力，提高了二炼钢转炉煤气回收率。马钢将炼焦装炉原料煤的水分从 10% 调整到 6% 左右，可以降低干馏热量、提高生产效率和焦炭质量，达到增产 8%，节能 5%。安阳钢铁公司调整氰化氢分解槽进料配比、降低液体夹带量和降低进入脱硫吸收塔的煤气含萘量，使得脱硫开工率由 67.1% 提升到 82.3%，合格率提高 15.2%。但是现在还有不少企业将含油棉纱和手套到处乱扔，在垃圾箱中生活垃圾和工业垃圾混在一起，如何将生产现场的固体废物分类回收和处理，需要全员参与和持续改进。

（3）钢铁企业存在的风险之一是安全生产事故，安全生产必须“软硬兼施”，在设备上实现本质安全的同时，也必须同时提高员工的安全意识，安全教育必须进一步加强。有些企业员工流动性大，对安全生产缺乏认识和经验，如何将危险源预知作为班前活动和按预知防范生产过程的风险，也应是持续改进的重要内容。宝钢多年来一直坚持将安全生产列为自主管理的重要内容，包括安全管理、安全设施、安全检修、行车与交通安全、煤气与防火防爆、4S与工业卫生自主管理。通过安全生产的自主管理，提高了员工的安全意识、整体安全素质、安全管理水平、设备的安全化程度，并改善了生产和劳动环境。例如，莱钢动力部供电车间检修QC小组通过改变接地方式和更换不合格电缆降低了电力电缆故障停电时间。

（4）降低成本和提高效益是企业的重要追求目标，并有相当大的潜力和空间。目前多数QC小组降低成本的课题是通过提高成材率和生产效率来实现的，对质量成本的改进不多。当前生产过程形成的不合格品、产品交付后顾客投诉和质量异议（赔款）给企业带来的损失也比较大，所以降低内部故障成本和外部故障成本也应成为降低成本的目标。承德钢铁公司提钒炼钢一厂针对结晶器质量不好、冷却强度偏大、二三段争水严重、喷嘴堵塞和足辊冷却效果差等问题分别采用措施，使连铸坯脱方和内裂现象明显降低，内部故障损失明显减小。

（5）将精益生产管理和5S管理作为持续改进的管理手段。精益生产的思路是由顾客确定产品价值结构，由顾客拉动生产，变“成批移动”为“单件流动”，并消除产业价值链的浪费。产业价值链中存在的浪费，有的认为有7种，即过量生产、动作浪费、等待浪费、运输浪费、加工浪费、库存浪费和返工返修浪费，有的认为有8种浪费，即多一个：没有创意也是浪费。消除没有价值的活动，减少差错机会，减少后续改进过程中的资源投入是精益生产管理的主要思路。精益生产管理能够大幅降低库存，减短生产周期，稳定提高质量，提高各种资源（能源、空间、材料、人力等）的利用效率，减少各种浪费、降低生产成本，增加企业利润。同时，可以提升员工士气、企业文化、领导能力、生产技术和企业的竞争力。精益化生产管理的方法很多，包括价值流程图（VSM）、5S管理、可视化管理、生产单元设计布局、标准化工作（SW）、快速换模（SMED）、精益维护（TPM）、物料拉动系统（看板）、日常管理（DM）、生产准备过程（3P）、质量流程改善（QPI）、防错（Poka Yoke）等。但是对流程性产业的钢铁企业来说，QC小组或JK活动是最合适的方法。

从精益生产管理来定义改进的话，改进就是寻找浪费，推出智慧，低费用、高速度地排除浪费的系列活动。在生产经营中具有增值的过程只有10%，没有增值的过程占90%。没有增值的过程就是浪费，其中包括：完全没有必要的活动，例如返工、返修或等待作业；完全没有增值作用的活动，例如搬运、检验和交接班等。

为了消除浪费，5S管理非常重要。整理和整顿不到位的企业，绝对不可能生产出低成本、高质量的产品。整理、整顿与产品的质量和成本有密切的关系。企业的持续改进如何，作为顾客或第三方去现场看看整理、整顿状况就可以得到基本的了解。现在多数企业在整理、整顿、清洁、清扫这4S中是以清扫为主，如果企业的整理、整顿、清洁不到位，即使清扫了，使参观者印象不错，但也绝对不是可视化先进的企业。整理→整顿→清洁→清扫逐一进行非常重要。现在日本将素养放在5S的首位，就是给持续改进提高了要求，没有素养就不可能使整理→整顿→清洁→清扫有序和持续进行，这一改变对树立先进的企业文化也具有重要作用。把5S与员工素质密切结合，员工素质高的企业，整理、整顿、清扫、清洁才能够成为习惯，持之以恒。5S就是消除上述7种浪费的重要的持续改进方法。

以消除浪费为目标的持续改进有两个非常重要的方法：一是关注细节；二是关注不同。关注细节就是重视微小的浪费，包括1秒的时间浪费、1步的动作浪费和1个多余的部件浪费。关注不同就是重视动作不规范产生的不同的作业。表17-1是日本デンソ-公司关注动作规范性的作业改进。

表17-1 动作关注点和改进重点

动作关注点		改进重点
动作大小	缩短步行距离	现场布置合理
		设备大小适宜
	缩小手的动作	选择方便操作的设备
		部件和工模具的位置
		同一作业点高度和深度
动作难易	减少动作被动	工模具拆卸容易
		工模具安装容易
		零部件索取方便
		工模具取、放、用方便

续表 17-1

动作关注点		改进重点
动作顺序	两手作业	消除一手空闲
		消除左右手更换
		消除单手作业

为了进行规范性作业，必须进行标准化管理。在标准化作业指导书中规定，左右手同时作业的顺序和时间，不允许有 0.1s 的误差。只有经过标准化作业指导书培训和达到要求的员工，才能上岗作业。就像开汽车一样，没有经过培训和持证，是不能上路开车的。

经过 PDCA 循环完成的改进的过程一定要经过 SDCA（S 是 Standard 标准、D 是 Do 执行，C 是 Check 检查，A 是 Action 总结）标准化，如图 17-1 所示，只有把持续改进的成果标准化才有可能长期坚持和规范管理。持续改进是没有终点的，但是每次的改进必须是有成果的，而且成果不仅是应发表的，更重要的是应标准化的，使持续改进活动对质量经营是有效的，改进的水平才能不断地提升。

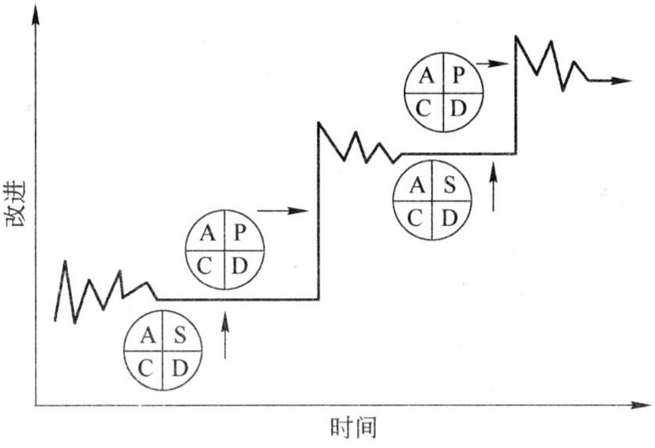

图 17-1　SDCA 和 PDCA 的关系

第18章

质量经营评价

18.1 企业绩效评价

对企业的业绩评价一般是运用数理统计和运筹学的方法，建立综合评价指标体系，对照相应的评价标准，将定量分析与定性分析相结合，对企业的经济效益、资产管理、风险管理以及经营趋势等经营业绩进行定量评价。对企业的发展战略、经营决策、发展创新、风险控制、基础管理、人力资源、行业影响和社会贡献等8个方面，一般进行定性评价。对定量评价和定性评价结果，按照既定的权重和计分方法，计算出业绩评价总分，并考虑相关因素进行调整后，得出企业综合业绩评价分值。综合评价结果是根据企业综合业绩评价分值及分析得出的评价结论。最后根据业绩评价结果编制综合评价报告，包括评价目的、评价准则、评价方法、评价过程、评价结果和评价结论。综合评价报告附件应当包括企业业绩分析报告、计分表、调查问卷等内容。

有的企业用企业的关键业绩指标（Key Process Indication，KPI）进行评价，KPI是用企业内部某一单位或过程业绩的关键参数来衡量绩效的一种量化指标，是把企业的战略目标分解为可操作的管理目标的工具，是企业绩效管理系统的基础。为了考核企业或企业内部各单位或过程的绩效，首先应明确企业的战略目标，并将战略目标转换成企业或企业内部各单位或过程的关键业绩指标，然后各部门或过程再将关键业绩指标进一步细分，分解为各岗位或活动的更具体的关键业绩指标，这些业绩指标是考核的主要依据。建立KPI指标应注意指标的系统性、完整性、可分解性和可测量性，或定性和定量相结合。

企业绩效管理是最高管理者和各单位或过程在建立目标及如何实现目标达成协商和共识的过程。最高管理者给下属单位或过程下达的目标是来自和用于基层，才能保证每个单位或过程都按照企业领导的要求去实现。企业目标的展开是将目标分解为子目标后再将它分配到基层去，在展开和分解过程中应当注意由谁来展开和分解，应当采用什么样的过程和需要什么样的资源，规定具体进度和考核方式。成功展开形成 KPI 指标的一个基本架构，不仅能够保证目标的展开和分解，而且能够对目标的实现过程进行控制。

KPI 指标的展开是将目标转换成可操作的项目、计划和方案，即目标应当展开或分解成若干子目标，再把子目标落实到项目上，各项目有的可能一个单位或部门就可以完成，有的则需要跨部门来完成。

目标的展开和分解应当分层次进行，如图 18-1 所示，企业的目标可以展开和分解到各职能部门和基层单位，然后再由各职能部门和基层单位向下展开和分解。如何进行展开和分解是很有讲究的。日本采用一种方法叫“传球”（catch ball）。

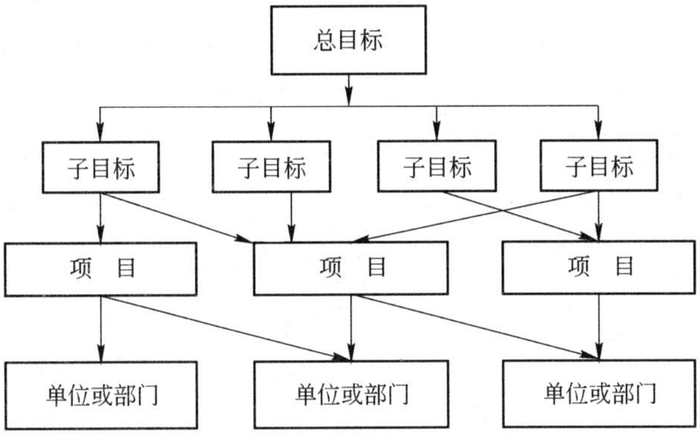

图 18-1　目标的展开和分解

“传球”是展开和分解过程一种很好的沟通方式。例如上级和下级、部门与部门、单位和单位之间充分交换意见。将目标展开和分解的意见上下左右充分传递和交换，不仅有利于上下之间的理解和左右之间的沟通，而且有利于树立整体观念和协作精神。绩效管理最重要的是让员工清楚和理解企业的要求，以及如何开展和改进工作。可测量的或量化的也有利于评价和考核各层次的业绩，例如顾客满意程度、关键过程能力、不良品比率、质量成本等。企业关键业绩指标展开和分解的目标，还应当有相应的措施，包括人力、财力和物力资源以及有关过程与活动。对目标的实现情况应进行评审，确认已经达到的水平与设定目标的差距，以便采取措施实现追求的目标。

绩效考核是绩效管理的一个重要环节，绩效考核主要目的，一是业绩评价，二是业绩改进。绩效管理实际上也是按PDCA循环模式实现绩效改进。企业关键业绩指标不仅能够用于考核绩效，还能够用于评价被考核者的能力。在企业管理过程中，要求员工具有一定能力，目的在于使其有预期的工作表现，能达到预定的工作目标。具有能达到目标的能力，才是对企业有价值的。企业关键业绩指标的考核应采用取证方式，从工作结果或过程输出中收集员工达到业绩标准的证据，或者找出与业绩标准的差距。关键业绩指标标准及其考评方法不但有助于完善考核体系和考核制度，也有助于企业管理优化。

18.2 卓越绩效模式评价

在现代质量经营系统环境下，质量不仅追求合格，而是在“追求卓越”。所谓“追求卓越”就是通过综合的企业绩效管理方法，使企业和个人得到进步和发展，提高企业的整体绩效和能力，为顾客和其他相关方创造价值，并使企业持续获得成功。理解卓越绩效模式是以卓越的过程创取卓越的结果，卓越绩效模式是履行企业的义务和个人道德的准则。卓越绩效模式也拓宽了质量管理的境界。卓越绩效模式包括对领导、战略、顾客与市场、资源管理、过程管理、测量、分析与改进以及经营结果等有比ISO9000更严格和更广泛的要求。卓越绩效模式要求企业关注相关方利益，做到利益平衡和综合满意；要求企业践行循环经济，做到可持续发展；要求企业尽到社会责任，有利于社会和谐发展。质量管理同其他管理一样，也需要引导和激励。卓越绩效管理模式是一种可以量化评审的管理模式。量化评审有利于进行标杆对比，引导和激励企业管理走向追求卓越。GB/T 19580《卓越绩效评价准则》规定了企业卓越绩效的评价要求，用于企业自我评价和质量奖的评价。GB/Z 19579《卓越绩效评价准则实施指南》对GB/T 19580内容做了详细说明，为企业追求卓越绩效提供了实施指南，用于指导企业进行自我评价和外部对企业的评审。它们的关系类似于GB/T 19001与GB/T 19004的关系。

卓越绩效模式的评价的内容按GB/T 19580《卓越绩效评价准则》规定共7个方面：(1) 领导，包括领导的作用和社会责任。(2) 战略，包括战略的制定和竹竿略部署。(3) 顾客和市场，包括对顾客和市场的了解、顾客关系与让顾客满意。(4) 资源管理，包括人力资源，财务资源，基础设施、信息、技术和相关方的关系。(5) 过程管理，包括创造价值的过程和支持过程。(6) 监视测量、分析和改进，包括企业绩效的测量与分析、信息和知识的管理以及改进。(7) 经营效果，包括顾客和市场的结果、财务结果、资源结果、过程有效性结果及企业的治理和社会责任结果。如表 18-1 所示，在每个评价项目中还分有子项和分值。标准具体内容由 7 个类目、22 个项及 37 条款组成，形成一个完整的网络。7 个类目，总分为 1000 分，对 22 个项的分值分别做了规定。

根据《卓越绩效评价准则》的规定和被评价企业的信息，按过程、结果两种评分项进行评分。“过程”是指企业为实现标准中各评分项要求所采用的方法、展开和改进的成熟程度。用方法-展开-学习-整合 4 个要素评价企业的过程处于何种阶段。“方法”评价要点是企业完成过程所采用的是什么方法，这种方法对标准评分项的要求是否适合，方法应用是否有效，是否能够提高数据和信息的可靠性。“展开”评价要点是为实现要求所采用方法的展开到什么程度，是否能够持续应用，是否适用于企业的所有部门。“学习”评价要点是评价这种方法是否在不断地学习与完善，并有所创新。“整合”评价要点是这种方法与标准要求和企业实际是否协调一致，企业各过程、各部门的计划、过程、结果、分析、学习和行动是否协调一致，以完成企业的方针目标。

表 18-1 卓越绩效模式的评价项目和子项

序 号	评价项目	分 值	子 项	分 值
1	领 导	100	企业的领导	60
			社会责任	40
2	战 略	80	战略制定	40
			战略部署	40
3	顾客和市场	90	顾客和市场的了解	40
			顾客关系与顾客满意度	50
4	资源管理	120	人力资源	40
			财务资源	10
			基础设施	20
			信 息	20
			技 术	20
			相关方关系	10

续表 18-1

序 号	评价项目	分 值	子 项	分 值
5	过程管理	110	创造价值的过程	70
			支持过程	40
6	测量、分析与改进	100	企业绩效的测量与分析	40
			信息和知识的管理	30
			改 进	30
7	经营结果	400	顾客和市场的结果	120
			财务结果	80
			资源结果	80
			过程有效性结果	70
			企业的治理和社会责任结果	50

18.3 质量经营的评价

日本每年对质量经营进行一次调查和评价，调查评价采取问卷式，分项打分、加权计算、分项和综合排序。日本的第 5 次企业质量经营度调查的企业有 500 家，回答的有 225 家，占 45% 。如图 18-2 所示，在问卷式调查中有 6 个方面的调查，其中对最高管理者的承诺提出 11 个问题，对质量培训和人才培养提出 7 个问题，对标准化和管理体系提出 6 个问题，对现场管理和改

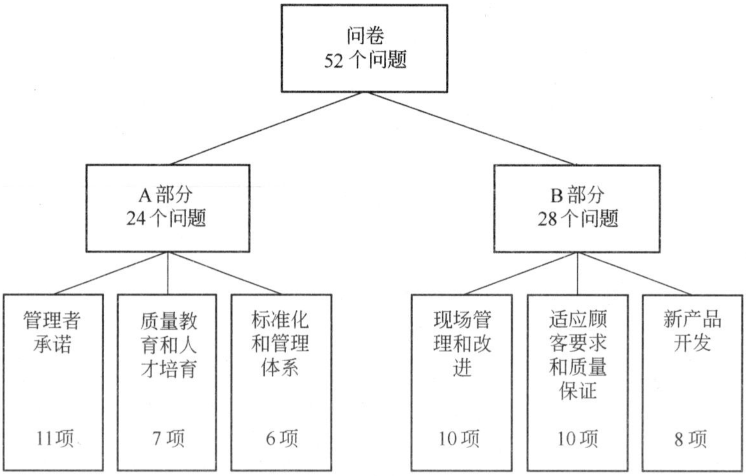

图 18-2 质量经营的 6 个因素（问卷调查）

进提出10个问题，对适应顾客要求和质量保证提出10个问题，对新产品开发提出8个问题，可以看出他们对质量经营的认识和实践的重视。

质量经营的6个方面的调查结果，管理者承诺占前3名的是丰田汽车、东芝、爱信精机；质量教育和人才培育占前3名的是松下、丰田汽车、日立；标准化和管理体系占前3名的是松下、富士胶卷；现场管理和改进占前3名的是丰田汽车、富士胶卷、电装；适应顾客要求和质量保证占前3名的是松下、夏普、富士胶卷；新产品开发占前3名的是大日本印刷、松下、富士胶卷。

质量经营度综合评价占前3名的是松下、富士胶卷和夏普。丰田第4、爱信精机第5。作为钢铁企业的住友金属工业居第13位。

在附件中提供的质量经营度评价提纲，是根据质量经营管理模式编写的，仅供参考。

附件

质量经营度评价提纲

（仅供参考）

1. 发挥领导作用

（1）领导是否明确了本企业的价值观、使命、愿景、发展战略、方针和目标？

（2）领导是否有以顾客为关注焦点的观念，是否与顾客建立了长期战略伙伴关系？

（3）领导是否履行社会责任，是否建立了节能减排的目标？

（4）领导是否关注相关方的利益，是否建立了长期稳定的供应链？

（5）领导是否关注员工的利益，是否建立了创新、学习和激励机制？

（6）领导是否建立了宽度层次适宜、工作效率高、分工协作好的组织机构？

（7）领导是否承诺确定、配备和使用质量经营所必须的资源？

（8）领导是否建立了绩效评审指标、制度和方法？

（9）领导是否组织识别、学习和遵守适用的法律法规？

（10）领导的个人能力和人格魅力是否得到员工的认可？

2. 关注顾客要求

（1）顾客中长期稳定的用户占多少，直接的或终端用户占多少？

（2）如何了解和确认顾客的要求，顾客有无超出标准的特殊要求？

（3）为了满足顾客要求，在生产过程控制和管理上采取哪些措施？

（4）顾客对质量的投诉有多少，企业对顾客投诉如何处理？

（5）如何与顾客交流与沟通，交流的内容与方式是什么，是否建立了CRM系统？

（6）如何监视和测量顾客满意度，顾客对哪些满意，对哪些不满意？

（7）如何处理顾客不满意，如何减少顾客不满意？

（8）如何监视和测量产品对顾客的增值？

（9）有无建立与顾客协商产品价格的机制？

（10）顾客变动有多大，是增加了，还是减少了？

3. 采购和供方控制

（1）是否界定了对企业质量经营有影响的采购原料、燃料、材料和零部件的范围？

（2）是否对供方有选择和评价程序及准则？

（3）是否根据生产经营情况对供方进行动态评价和选择？

（4）是否对采购的原料、燃料、材料和零部件有明确的技术、质量、环保和安全要求？

（5）在采购过程中是否按程序和准则规定进行？

（6）对采购的产品如何验证？

（7）是否与供方建立长期伙伴和互利共赢的关系？

（8）是否请顾客对供方进行评价？

（9）对外包方是否按采购程序进行管理？

（10）如何提高采购过程的质量，减低采购成本？

4. 标准化管理

（1）是否建立标准化领导和管理机构？

（2）标准化管理有无文件化程序？

（3）标准化管理是否包括基础标准、技术标准、管理标准和作业标准？

（4）有无将标准化工作导则、计量单位标准、术语标准、符号、标志标准、信息分类编码标准等纳入基础标准？

（5）技术标准是否包括产品标准、原辅材料标准、半成品标准、工艺标准、设备标准、仪器仪表检定标准、检验方法标准、环境保护标准、安全生产和工业卫生标准、产品质量验收、包装、标志及质量证明书标准等。

（6）管理标准是否包括管理基础标准、生产管理标准、技术管理标准、营销管理标准、能源管理标准、设备管理标准、物资管理标准、质量管理标准、环境管理标准、安全生产管理标准、管理方法标准？

（7）作业标准是否包括岗位操作标准、行为礼仪标准、沟通语言标准、办事程序标准、服装标志标准等？

（8）有无制定和执行标准化管理的考核制度？

（9）有无参与国际、国家和行业标准起草、制订或修订工作？

（10）有无获取标准认证和认可？

5. 技术创新

（1）是否根据市场和顾客需求制订技术创新规划或计划？

（2）技术创新规划或计划是否包括产品创新和工艺创新？

（3）产品创新是否针对市场或顾客超出标准的要求？

（4）工艺创新是否针对企业或行业的先进性和实用性？

（5）技术创新是跟踪性，还是首创性？

（6）是否为技术创新提供充分资源（人力、物力、财力和环境）？

（7）是否对技术创新的技术获取方式（消化吸收或原始创新）进行过论证？

（8）是否对创新成果的先进性、适用性、可靠性、配套性和经济性进行过评价？

（9）技术创新成果有无形成知识产权或专利？

（10）技术创新带来的经济效益和社会效益如何，占企业增效的比例有多少？

6. 生产过程控制

（1）生产计划是按合同组织，还是按计划组织？

（2）产品标准是国家标准，还是企业标准，产品是否按企业标准交付？

（3）生产过程有无操作规程，操作规程是否得到有效执行？

（4）生产过程的设备是否能够满足标准和规程要求？

（5）生产过程的产品特性和过程参数是否有监视和测量设备，这些设备是否按要求设置和检定？

（6）生产过程的产品特性和过程参数是否有记录，对生产过程的数据如何采集和分析？

（7）生产过程是否有质量控制点，采用什么方法进行控制？

（8）如何保证生产过程的物质流、资金流和信息流同步？

（9）对产品的标识、包装、储运、交付和保护有无规定，执行如何？

（10）有无将质量成本纳入生产过程？

7. 节能减排管理

（1）有无将节能减排纳入质量经营管理体系？

（2）有无将节能减排纳入方针目标管理？

（3）有无识别和评价本企业的重要环境因素？

（4）对节能和二次能源回收利用有哪些策划和措施，效果如何？

（5）对废水、废气、固废和噪声等环境因素有无控制程序？

（6）有无对环境因素进行定期或不定期监测，是否符合法律法规要求？

（7）有无节能减排的计划和措施？

（8）有无对环境事故的应急准备和响应预案？

（9）有无将节能减排的业绩作为社会责任进行公示？

（10）有无开展3R（减量、回收和再利用）活动？

8. 安全生产管理

（1）有无将安全生产纳入质量经营管理体系？

（2）有无将安全生产纳入方针目标管理？

（3）有无辨识和评价本企业的重要危险因素和危害因素？

（4）有无完善的安全生产管理制度？

（5）对本质安全采取哪些策划和措施，效果如何？

（6）对冶炼、机械、电气、火灾、中毒、窒息、起重、运输和职业病等危险和危害因素有无控制程序？

（7）有无对危险因素和危害因素进行定期或不定期监测？是否符合法律法规要求？

（8）有无生产安全措施计划？

（9）有无对安全事故的应急准备和响应预案？

（10）有无将安全生产绩效作为社会责任进行公示？

9. 质量成本管理

（1）有无将质量成本纳入成本管理中？

（2）有无建立质量成本管理程序？

（3）有无对质量成本进行预测和决策？

（4）有无规定质量成本的基本目标和指标计划方法？

（5）质量成本采用什么样的形式和方法？

（6）如何进行质量成本分析？

（7）如何进行质量成本控制？

（8）如何进行质量成本考核？

（9）如何减低质量损失？

（10）如何对质量成本管理进行评价？

10. 无形资产管理

（1）有无获得专利权，有多少发明创造，有多少实用新型？

（2）有无负责知识产权的管理机构或人员？

（3）有无关于知识产权的管理制度或办法？

（4）有无执行专利评估和保护制度？

（5）有无形成专利经营或交易，效益如何？

（6）企业是否有品牌产品，市场占有率有多高？

（7）企业是否具有品牌影响？

（8）能否具有品牌效益？

（9）企业是否具有传承的特殊技能？

（10）企业有无行业公认的专家？

11. 人力资源管理

（1）是否对员工的能力有要求，如何评价？

（2）质量教育计划是否以提高员工质量意识和能力而制订？

（3）质量教育是否按职务和岗位不同开展有针对性的培训或实习？

（4）质量教育是否包括必学和自学内容？

（5）质量教育是否配备充分的资源（教师、教材、教具、教室等）？

（6）质量教育是否包括创新技术和技能传承？

（7）质量教育是否包括质量管理、质量技术、质量成本和质量检验等内容？

（8）质量教育是否作为绩效评审的内容之一？

（9）质量教育如何评价培训的有效性？

（10）质量教育是否执行 PDCA 程序？

12. 过程设备管理

（1）是否对本企业的基础设施有要求？

（2）是否提供了符合要求的基础设施？

（3）对过程设备有无管理程序，是否包括整个寿命周期的管理？

（4）对过程设备的故障如何诊断和判断？

（5）对过程设备如何进行点检？

（6）对过程设备如何进行维护和检修？

（7）对点检和检修过程有无控制程序？

(8) 对检修后的设备如何检查和验收?

(9) 如何对设备状态进行分析判断?

(10) 对设备检修有无安全生产管理?

13. 生产现场管理

(1) 有无将现场管理纳入企业经营管理的重要内容?

(2) 采取什么方法进行现场管理?

(3) 对现场(人与物)工作环境有哪些要求?

(4) 对员工的劳动纪律行为如何规范,如何要求和检查?

(5) 对设备设施如何保持完好状态,是否具有点检维修制度?

(6) 对物资能源流如何保证畅通,是否建立 ERP 系统?

(7) 如何保证生产过程均衡进行,有无采用 JIT 等管理模式?

(8) 如何严格执行工艺操作规程,如果偏离如何发现和纠正?

(9) 现场信息如何准确及时反馈,采用什么信息化手段?

(10) 如何检查和评审现场管理的有效性?

14. 信息化管理

(1) 是否有生产控制系统的信息化管理?

(2) 是否有制造执行系统的信息化管理?

(3) 是否有企业资源管理体系的信息化管理?

(4) 是否有知识获取和管理体系的信息化管理?

(5) 有无经营决策信息化管理?

(6) 有无营销系统信息化管理?

(7) 是否建立供应链和客户关系信息化管理?

(8) 是否建立能源管理体系的信息化管理?

(9) 是否建立生产经营信息的可视化?

(10) 是否从单纯的管理信息系统(MIS)向管控一体化系统(CIMS)发展?

15. 监视测量和数据分析

(1) 是否规定了质量经营的监视和测量过程及其内容?

(2) 如何监视和测量顾客满意或不满意?

(3) 如何监视和测量产品和服务的符合性?

(4) 如何监视和测量过程或工作的符合性?

(5) 如何监视和测量体系的符合性和有效性?

(6) 如何监视和测量员工的满意度?

(7) 对监视和测量的数据和信息如何进行分析?

(8) 采用哪些统计技术?

(9) 采用哪些分析方法?

(10) 将监视和测量结果提供给哪些过程?

16. 持续改进

(1) 有无将持续改进作为企业经营管理的重要组成部分?

(2) 有无建立和执行持续改进程序?

(3) 持续改进是否是全员的活动，员工参加率有多少?

(4) 持续改进成果是否具有经济效益，大约为多少?

(5) 持续改进是有组织、有领导地进行，还是自主进行，两者各占比例多少?

(6) 领导对持续改进提供哪些支持和指导?

(7) 是否对持续改进成果有发布会或其他交流方式?

(8) 对持续改进有哪些激励或奖励政策?

(9) 为了进行持续改进，对员工进行过什么培训，效果如何评价?

(10) 持续改进成果有无形成企业知识产权或专利?

第19章

结束语

目前，我国钢铁企业正面临转变发展方式的严峻形势。在这种形势下，质量管理不能再只局限于产品生产或服务提供过程，应向经营管理中渗透。关注的焦点，不仅是顾客和向顾客提供的产品或服务，还应关注相关方（投资方、员工、供方和社会）的利益和要求、工作质量和经营业绩，也就是说，今后的质量管理应向质量经营方向发展，包括方针目标管理过程，与顾客有关的过程，供方和外包方管理过程，人、财、物资源管理过程，设计和开发过程，产品生产和服务提供过程，产品和服务检验过程，活动、过程和体系考核过程，消除废品和持续改进过程等。质量经营将用市场竞争力和经营业绩来衡量企业的产品质量、服务质量、工作质量和经营质量。质量经营应是转变发展方式的重要管理模式之一。

为了将质量管理向质量经营转变，应做到以下几点。

（1）树立先进的质量理念。质量经营中的质量不仅包括产品和服务质量，而且还应包括作业质量、管理质量和经营质量。产品和服务质量也不仅仅是符合或满足标准或合同要求，而是考虑到产品和服务的适用性、变化性、超值性、差异性和综合性等要求向顾客提供增值和满意的产品和服务。质量不仅涉及顾客利益，也与投资方的收益、员工的待遇、相关方的互利共赢关系、社会责任具有紧密关系。不应只追求企业效益最大化，而应同时保证相关方的利益最大化。

（2）充分发挥领导的作用。质量经营要求企业领导组织制定愿景、理念、使命、战略、方针和目标，并履行对顾客和其他相关方的承诺。领导作用中非常重要的是策划和设置精简和高效的管理机构，建立创新、学习、激励和沟通的机制。企业领导应履行对各相关方的承诺，并带领员工从为顾客提供使用价值提升到为顾客创造价值，并进一步提升到为相关方创造价值。领导者还应带头树立适应建立和谐社会的人生价值观、道德行为、经营能力和素质。

(3) 加强人才培养与开发。人才培养与开发有助于提升公司质量经营水平和企业核心竞争力。对质量经营来说，人力是重要的资源。不仅应重视人才选择（人员招聘和调配）、任用（绩效评估和能力分析）、稳定（报酬和奖励）和提升（发展机遇），更重要的是培养和开发，提高员工满意度。人才培养和开发既是质量经营的核心内容，又是质量经营其他要素发挥作用的必要条件。人才培养和开发中最重要的是质量经营能力和质量文化水平，不同企业基于各自的特点和所处的环境，应创建和形成各具特色的质量经营能力和质量文化水平。

(4) 建立质量经营供应链。原辅材料的供方是供应链源头，是产品或服务形成过程的第一个环节，是钢铁企业质量体系的组成部分。质量经营模式要求企业与供方和顾客建立长期战略合作关系。合格的供方和忠诚的顾客是企业的无形资产，能够维持这种战略关系的关键是互利共赢。如果缺乏正常的互利双赢的关系，会使部分冶金辅料企业陷入困境，而一些浪费能源和资源的供方又应运而生，甚至假冒伪劣产品也进入钢铁企业。从供方-企业-顾客的供应链来分析，为了企业与顾客的长期战略伙伴关系，必须建立供方与企业的长期战略伙伴关系。任何短视行为，必然损害与顾客的关系，最后殃及企业自身。

(5) 技术创新提高竞争力。我国是世界上钢材产量和消费量最大的国家，虽然产能总量过剩，但是还有相当一部分产品，特别是高技术含量和高质量等级的钢材仍然依赖进口。目前我国进出口钢材结构差异较大，进口高技术含量和高质量等级的钢材比例高，出口中低档钢材比例高。这表明我国钢铁企业技术创新仍然与钢铁先进国家有一定的差距。为了提高国际和国内市场的占有率和竞争力，技术创新是关键。技术创新关键不仅在于对未来市场的判断，更重要的是技术创新水平，应从跟踪型向原创型发展，开发高档次产品，提高企业经营竞争力。

(6) 强化现场执行力管理。质量经营对现场管理的要求不再仅限于整洁干净，而在于消除“浪费”，提高效率和持续改进，提高执行力。现场管理不是只对硬件的管理，更重要的还应对软件（标准化程序）进行策划和控制。设备更新不一定执行力强，同样的装备生产出来的产品具有很大差距的原因之一，就是现场管理问题。不论是5S、6σ 和精益生产管理，不能只追求表面效果，更应关注员工素质和工作效率。

（7）进一步提升信息化水平。质量经营要求信息准确和灵通，并做到及时传递与沟通，并将经营信息可视化。我国钢铁企业设备的自动化程度在不断提高，网络化也有新的发展，但是多数企业的信息化水平还有很大的改进空间。局限于企业内部，缺乏与顾客、供应商、分销商集成和协力的企业间的供应链系统。“信息孤岛”问题影响数据、功能和流程集成与两化的融合。业务运行系统多，决策支持系统少，普通信息系统多，战略信息系统少。质量经营要求提升信息化水平，将与质量经营有关的信息系统化和数字化，成为发展方式转变和战略经营决策的依据。

（8）结合企业实际做贡献。我国钢铁企业在贯彻实施全面质量管理和ISO9000 标准的基础上，有些企业正在追求卓越绩效和全国质量奖，事实上也是在向质量经营过渡。虽然日本和美国对质量经营已经从理论和实践两个方面发展，但它仍然是一种探索和创新的管理模式，既没有形成管理标准，也没有成为奖励模式，正在为不同的企业结合自身的实际，提供质量经营管理模式的思路。这种模式可能对打算超越 ISO9000，又不想创奖的企业来说更合适。企业所有制不同、规模范围不同、产品品种规格不同，用同一种管理模式不一定是合适的。质量经营是与企业实际相结合，可增可减、可多可少，是从 TQC 向 TQM 转变和过渡的一种管理模式，在贯彻实施过程中，积累管理经验、提升管理水平，对质量管理和质量经营会从理论和实践两个方面做出贡献。

参考文献

[1] 久米均．质量经营入门．马林译．北京：中国经济出版社，2009.

[2] 马林．日本的质量经营．北京：中国经济出版社，2009.

[3] 长田洋．生产企业的质量经营现状和课题．クオリティマネジメント，2010，61(1)：10～23.

[4] 那宝魁．解读质量管理．北京：冶金工业出版社，2006.

[5] 那宝魁．"绿色钢铁"和环境管理．北京：冶金工业出版社，2009.

[6] 那宝魁．钢铁企业安全生产管理．北京：冶金工业出版社，2008.

[7] 殷瑞钰．钢的质量现代进展．北京：冶金工业出版社，1995.

[8] 那宝魁．钢铁材料质量检验实用手册．北京：中国标准出版社，2009.

[9] 王绍文，等．冶金工业节能减排技术指南．北京：化学工业出版社，2008.

[10] 黄维明，梁国明．企业质量成本管理方法与实践．北京：中国标准出版社，2007.

[11] 漆永新．冶金企业管理信息化技术．北京：冶金工业出版社，2006.

[12] 长尾一洋，本道纯一．可视化经营．东京：中央经济社，2006.